BARTOLOMÉ DE LAS CASAS

LUIS MORA RODRÍGUEZ

BARTOLOMÉ DE LAS CASAS

CONQUISTA, DOMINACIÓN, SOBERANÍA

MEMORIA CRÍTICA DE MÉXICO

Título original: *Bartolomé de las Casas. Conquête, domination, souveraineté*
© Presses Universitaires de France/Humensis 2012

© 2012 Luis Mora Rodríguez

Diseño de interiores: Sandra Ferrer
Diseño de portada: Planeta Arte & Diseño / Estudio La fe ciega / Domingo Martínez
Ilustración de portada: Fotoarte creado con imágenes de © iStock
Fotografía del autor: © Olga Litmanova

Derechos reservados

© 2023, Ediciones Culturales Paidós, S.A. de C.V.
Bajo el sello editorial CRÍTICA M.R.
Avenida Presidente Masarik núm. 111,
Piso 2, Polanco V Sección, Miguel Hidalgo
C.P. 11560, Ciudad de México
www.planetadelibros.com.mx
www.paidos.com.mx

Primera edición en formato epub: septiembre de 2023
ISBN: 978-607-569-568-6

Primera edición impresa en México: septiembre de 2023
ISBN: 978-607-569-567-9

Impreso en los talleres de Impregráfica Digital, S.A. de C.V.
Av. Coyoacán 100-D, Valle Norte, Benito Juárez
Ciudad De Mexico, C.P. 03103
Impreso en México - *Printed in Mexico*

A María,
mi amiga,
mi amor

Índice

Dos horas después el corazón de fray Bartolomé Arrazola chorreaba su sangre vehemente sobre la piedra de los sacrificios (brillante bajo la opaca luz de un sol eclipsado), mientras uno de los indígenas recitaba sin ninguna inflexión de voz, sin prisa, una por una, las infinitas fechas en que se producirían eclipses solares y lunares, que los astrónomos de la comunidad maya habían previsto y anotado en sus códices sin la valiosa ayuda de Aristóteles.

AUGUSTO MONTERROSO, *El Eclipse*

Tabla de abreviaturas

Las referencias a las obras de Las Casas se indican según las siguientes reglas: el título abreviado en mayúscula, si es necesario seguido del tomo, en números romanos, capítulo, párrafo (si hay), en números árabes y número de página. Además, existe el caso especial de la *Historia de las Indias* y la *Brevísima relación de la destrucción de las Indias*, donde los números de página remiten directamente a la traducción francesa, salvo cuando el pasaje se cita en español, en cuyo caso el número de página procede de la edición de la Biblioteca Ayacucho. Para los Tratados que aparecen en la edición de *Opúsculos, cartas y memoriales*, luego de la abreviatura, se indica el título del tratado o del memorial correspondiente.

OC   *Obras Completas*, Madrid, Alianza Editorial, 1988-1998. 14 tomos.

AHS   *Apologética Historia Sumaria*, edición de Edmundo O'Gorman, México, UNAM, 1968.

C   *Controversia entre Ginés de Sepúlveda y Bartolomé de las Casas*, traducción *La Controverse entre Las Casas et Sepúlveda*, introducción, traducción de notas, por N. Capdevila, París, Vrin, 2007.

AP   *Apología de Bartolomé de las Casas contra Ginés de Sepúlveda*, Madrid, edición de Ángel Losada, Editorial Nacional, 1975.

DRP   *De Regia Potestate*, edición crítica bilingüe, Consejo Superior de Investigaciones Científicas, Madrid, 1984.

DUM   *Del único modo de atraer a todos los pueblos a la verdadera religión*, edición Agustín Millares Carlo, traducción, Atenógenes Santamaría, Fondo de Cultura Económica, México, 1942.

DT   *De Thesauris*, México, edición Biblioteca Americana, 1988.

HDI   *Historia de las Indias*, Caracas, Biblioteca Ayacucho, 1986, traducción, *Histoire des Indes*, trad. Jean Pierre-Clément y Jean Marie Saint-Lu, París, Seuil, 2002.

OCM *Opúsculos, cartas y memoriales*, Madrid, edición Juan Pérez de Tudela, Biblioteca de Autores Españoles, 1958.

BR   *Brevísima relación de la destrucción de las Indias*, edición André Saint-Lu, Cátedra, Madrid, 1984.

TIDS *Tratado de Indias y el doctor Sepúlveda*, Caracas, Biblioteca de la Academia Nacional de Historia, 1962.

TT   *Tratados*, México, Fondo de Cultura Económica, 1965.

Introducción

En 1937, Alcides Arguedas, uno de los más célebres escritores bolivianos, refería sobre el indio: «En general, el conjunto de su rostro es poco atractivo y no muestra ni inteligencia ni bondad, [el indio] es receloso y desconfiado, feroz por atavismo, cruel, parco y miserable, de nada llega a apasionarse de verdad. Todo lo que personalmente no le atañe lo mira con la pasividad sumisa del bruto, y vive sin entusiasmos, sin anhelos, en quietismo netamente animal».[1]

Esta descripción de un ser humano puede parecer fruto de un delirio personal y subjetivo. Sin embargo, el concepto del *Otro* que aquí se dibuja tiene sus raíces en la conquista y en la lógica del poder que marcó las relaciones de dominación sobre los territorios americanos. Son estas relaciones las que Bartolomé de las Casas trató de describir y denunciar. Sin duda, la fuerza de su obra y de sus acciones volvieron célebre su nombre, al punto que podemos preguntarnos si hay algo nuevo que decir sobre este personaje hoy en día.

Bartolomé de las Casas es conocido como un religioso que luchó en favor de los indios. Sus textos, en particular la *Brevísima relación de la destrucción de las Indias*, se difundieron en Europa desde la segunda mitad del siglo XVI, contribuyendo en gran medida a los

---

[1] Alcides Arguedas, *Pueblo enfermo*, 3.ᵃ ed., advertencia de Alcides Arguedas. Prólogo de Ramiro de Maetzu, Santiago, Editorial Ercilla, 1937.

debates sobre la justicia de la conquista española.[2] Esta figura del cura que denuncia las atrocidades cometidas por sus contemporáneos es la que más ha marcado los espíritus de la gente. Imaginamos fácilmente a Las Casas en la Corte de Carlos V, frente a los miembros del Consejo de Indias, contando la crueldad de la guerra contra los indígenas,[3] lo imaginamos también en los pueblos de Nicaragua o en su diócesis de Chiapas, clamando por justicia, defendiendo a los naturales de los encomenderos,[4] rechazando la absolución a aquellos que no los quieren liberar.

Esta imagen de Las Casas ha servido la mayoría de las veces para esconder los intereses imperialistas de otras potencias europeas. En efecto, fue así que se le erigió como el portavoz de los excesos del colonialismo español, lo cual permitió, al mismo tiempo, silenciar las acciones de los demás países europeos en su experiencia colonial. Este uso antiespañol de Las Casas le produjo bastantes enemigos. Sin embargo, la polémica tendió a ocultar sus aportes teóricos. En realidad, se tendría la impresión de que no hay nada más que decir sobre Las Casas y su defensa de los indios. Conocemos suficientemente su vida, así como el rol que tuvo en la condena de la conquista de América. Al situarlo como el «Apóstol de los Indios», solemos idealizar al hombre y a dejar de lado el aporte que su obra pudo tener en el dominio de la reflexión política.

---

[2] La primera edición holandesa data de 1578, y se cuentan 15 ediciones hasta 1664. La edición inglesa es de 1583. Hay cinco traducciones del texto hasta el siglo XIX. La primera traducción francesa es de 1579, publicada en Amberes por Jacques de Miggrode, con el título *Tyrannies et cruautés des espagnols, perpetrées ès Indes Occidentales, qu'on dit le Nouveau Monde*. Cf. Trinidad Barrera, *Bartolomé de las Casas en el siglo XIX: Fray Servando Teresa de Mier y Simón Bolívar*, en «América sin nombre», núm. 9-10, noviembre 2007, pp. 27-31.

[3] Imagen popularizada por la película de Jean Claude Carrière.

[4] Los encomenderos son los españoles responsables de las encomiendas. La encomienda es una de las instituciones que resultaron de la conquista. Se trata de un sistema de «puesta bajo tutela». El titular de la encomienda debía «tomar a cargo» (encomendar) a los indios, enseñarles las bases de la religión cristiana, las «buenas costumbres», la «civilización». A cambio, recibiría una parte del fruto de su trabajo. Esta práctica, empleada desde la reconquista, fue introducida por Colón en 1498. Analizaremos este proceso a detalle en la segunda parte de este estudio.

No obstante, es cierto que dicha obra ha sido estudiada en profundidad en el ámbito histórico y religioso. Incluso podemos notar que los textos de Las Casas forman parte del plan de estudios obligatorio de la historia literaria en ciertas universidades de América Latina. Sin embargo, subsiste un terreno donde Las Casas es casi desconocido: la filosofía política, lo cual se debe, quizás, a dos razones. Por un lado, se suele considerar que los asuntos de las Indias, los debates sobre la condición de los indios y la justicia de la guerra son exclusivamente problemas de España. Se trataría de un debate *premoderno*, puesto que no se inscribe en la problemática del Estado-nación y no aporta nada significativo sobre la emancipación del individuo frente al poder. Por otra parte, los principales teóricos que se interesan en esta cuestión han desarrollado siempre sus trabajos dentro de la doctrina cristiana, siendo así prisioneros de un perfume de escolástica que repugna, en cierta manera, a toda una verdadera filosofía política moderna.

Y cuando, a pesar de todo, se superan estos obstáculos, se tiende a favorecer el estudio de figuras como Francisco de Vitoria, autor que expuso su pensamiento en lecciones teóricas, tratando de conceptualizar la experiencia del «descubrimiento» y la relación con pueblos «distintos»; por tanto, se le reconoce un carácter mucho más «universal».[5]

Ahora bien, los debates en torno al «descubrimiento» y a la «conquista» de las Indias plantean cuestiones fundamentales para el pensamiento político moderno. Se cuestionan la legitimidad de la guerra, la unidad de la especie humana, la posibilidad de un derecho internacional, las relaciones entre Estado e imperio, así como los fundamentos y la justificación de la dominación política. Es en el seno de estas polémicas sobre el ejercicio del poder donde se desarrolla el pensamiento lascasiano. Este pensamiento, como lo hemos

---

[5] Véase «Introducción» a *La Controverse...*, Nestor Capdevila, París, Vrin, 2007. Como Capdevila señala, obras recientes en el escenario intelectual francés como *Histoire raisonnée de la philosophie morale et politique*, dirigida por A. Caillé, C. Lazzeri, y M. Senellart, París, La Découverte, 2001, o textos como *Histoire de la pensée politique moderne*, dirigida por J. H. Burns, PUF, 1991, no presentan ninguna reflexión sobre los autores españoles del siglo XVI.

señalado, ha sido muy estudiado desde el punto de vista histórico y religioso. La mayoría de comentadores de Las Casas se interesó por los aspectos revolucionarios de su obra en el terreno ético, como una lucha por la justicia de la conquista,[6] o como una defensa de la verdadera misión evangélica.[7] Otros se interesaron por sus proyectos reformadores,[8] así como por su trabajo como historiador.[9] En muchas ocasiones, dichos trabajos construyen una imagen apologética del dominico como «apóstol» y «defensor de los indios», la cual se opone a la que sus enemigos construyeron.[10] Ninguna de estas imágenes es la que queremos reproducir aquí porque no permiten ir muy lejos en el análisis de los conceptos políticos desarrollados por el dominico. Al contrario, queremos analizar su crítica de la dominación política. Al día de hoy, este trabajo no ha sido realizado.[11]

La crítica lascasiana va más allá de una denuncia moral de la acción de los conquistadores. No se limita a una condena ética incapaz de modificar sustancialmente la relación de fuerzas entre las partes

[6] Lewis Hanke, *Estudios sobre Bartolomé de las Casas y la lucha por la justicia en la conquista de la América española*, Caracas, Universidad Central de Venezuela, 1968.

[7] Marianne Mahn-Lot, *Bartolomé de las Casas: l'évangile et la forcé*, París, Éditions du Cerf, 1991.

[8] Marcel Bataillon, *Études sur Bartolomé de las Casas*, París, Centre de recherche de l'Institut d'études hispaniques, 1966.

[9] Juan Durán Luzio, *Bartolomé de las Casas ante la conquista de América: las voces del historiador*, Heredia EUNA, 1992.

[10] Las críticas a Las Casas son numerosas, sobre todo en los círculos intelectuales españoles. Se le acusa de haber sido el promotor de la «Leyenda Negra» española, es decir, se le acusa de traición. Una traición que se concretiza a través de la mentira y la exageración de las acciones de los conquistadores. Para hacerse una idea, se puede referir a una obra del siglo XVI: Toribio de Benavente Motolinía, *Historia de los indios de la Nueva España*, Madrid, Edición Castalia, 1985, y a una obra del siglo XX: Ramón Menéndez Pidal, *El padre Las Casas: su doble personalidad*, Madrid, Espasa-Calpe, 1963.

[11] El libro de Nestor Capdevila, *Bartolomé de las Casas: une politique de l'humanité. L'Homme et l'Empire de la foi*, París, Éditions du Cerf, 1998, estudia ciertamente el problema político planteado por la encomienda, pero el objetivo del autor es sobre todo establecer los fundamentos del proyecto imperial de Las Casas, subrayar sus contradicciones y estudiar su visión del hombre. Otro libro que se centra en el pensamiento político de Las Casas es de Ramón Queraltó Moreno, *El pensamiento filosófico político de Bartolomé de las Casas*, Sevilla, Escuela de Estudios Hispanos, 1976, pero esta obra solo explora las fuentes escolásticas del pensamiento lascasiano, sin proponer realmente un análisis de lo que podría haber de nuevo en este pensamiento.

en conflicto. Al contrario, esta crítica se presenta como una verdadera puesta en evidencia de los dispositivos y de las técnicas de poder que se establecen durante los primeros años de la conquista. Estos dispositivos y estas técnicas son a la vez prácticas y discursos nuevos que constituyen, de cierta forma, la dominación. Se trata de una dominación en ruptura con la noción tradicional de *soberanía* y que se manifiesta como una forma nueva de imponer el poder. Nos proponemos entonces estudiar, a partir de la crítica lascasiana, estas prácticas, técnicas y dispositivos. Para lo cual, debemos primero interrogar el concepto de *dominación*.

La cuestión de la dominación

En el siglo XVI, el concepto de *dominación* se entiende con respecto a dos fuentes del poder. Primero, se trata del poder político, encarnado, cada vez más, en la figura del rey por oposición a la figura del emperador. Los Estados europeos experimentan una progresiva afirmación del poder soberano, que se expresa en la creciente independencia de los monarcas frente al poder del papa y al poder medieval del emperador. Esta dominación debe ser también comprendida en relación con la jurisdicción eclesiástica. La pregunta que se plantea es la de las prerrogativas del poder papal, como cabeza de la Iglesia y como poder que regula la relación entre los príncipes cristianos.

En este sentido, se puede afirmar que la tradición española está marcada por el pensamiento de Tomás de Aquino.[12] De hecho, alejándose progresivamente de las posiciones agustinianas,[13] los contemporáneos de Las Casas abrazan la tradición tomista que tiende hacia una independencia relativa de la esfera política con respecto a la esfera religiosa. Aquino consideraba que la fuente del poder eclesiástico provenía directamente de Dios: se trata de un poder sobrenatural depositado en la Iglesia como guía de la comunidad cristiana. Por el

---

[12] Venancio Diego Carro, *La teología y los teólogos-juristas españoles ante la conquista de América*, Texas, Facultad de Teología, Universidad de Texas, 1951.
[13] Agustín, *La ciudad de Dios*, 2 tomos, Madrid, Biblioteca de Autores Españoles, 2000.

contrario, el poder político surge naturalmente de la asociación entre los hombres: estos son animales sociales que tienden a la unión con el fin de asegurar su supervivencia. Hay entonces dos sociedades que coexisten, cuyos objetivos son complementarios. La finalidad del poder político es el bienestar social, mientras que la finalidad del poder eclesiástico es la salvación.

Sin embargo, estos dos objetivos han de coincidir en una *misma* sociedad. Esta unión está perfectamente representada por la Corona española. Así, la dominación es pensada como la afirmación del poder soberano del rey sobre su territorio, pero a partir de un poder santificado por la referencia religiosa. La monarquía española se piensa a sí misma como «monarquía católica», contrariamente a los demás estados europeos donde se profundiza la independencia del poder político con respecto al poder papal. En el caso español, la *obediencia* al monarca es legítima en la medida que este es garante y protector de la fe.

Esta presencia de la fe como referente del poder político se explica de igual manera por la situación particular a la cual están expuestos los reinos españoles y portugueses. A partir de su posición geográfica, se encuentran en contacto con la alteridad no europea. De esta forma, para los contemporáneos de Las Casas, la unidad territorial es entendida como una «reconquista» que se realiza contra un enemigo religioso: el islam. El movimiento de consolidación política, es decir, la unión de los reinos de Castilla y León, se realiza al mismo tiempo que la unificación religiosa (la toma de Granda y la expulsión de los judíos). Así, se construye una identificación entre confesión y nacionalidad, patria y religión.[14] El Estado aparece entonces no como un Estado teocrático, sino como un Estado confesional, es decir, como una monarquía católica donde la religión ayuda a detener las fuerzas centrífugas, donde los religiosos forman parte de la estructura estatal y donde la difusión de la fe es vista como un «asunto de Estado».[15] Pero se trata también, en cierta medida, de un Estado que controla a la Iglesia: el Estado escoge y envía misioneros, posee un

[14] Fernando de los Ríos, *Religión y Estado en la España del siglo XVI*, Sevilla, Editorial Renacimiento, Biblioteca Histórica, 2007.
[15] José Antonio Maravall, *Estado moderno y realidad social (siglos XV-XVII)*, Madrid, Ediciones de la Revista de Occidente, 1972.

derecho de propiedad sobre los edificios eclesiásticos y distribuye los obispados.[16]

La «dominación» se entiende entonces a la vez como el imperio de la ley que se ejerce sobre un territorio y, por lo tanto, como «soberanía», pero también como unidad en la fe. Los autores españoles del siglo XVI contribuyen al desarrollo de la noción de soberanía, consideran el poder secular como el poder de la república, es decir, como una unidad indivisible, perfecta e independiente. Sin embargo, dicha unidad no es abstracta o artificial, por el contrario, es *natural* en la medida que proviene de Dios. Estos autores no piensan que pueda haber una independencia completa de la *potestas* del rey, con respecto a la *potestas* eclesiástica. Lo cual se acompaña de una consideración del individuo únicamente dentro de la comunidad y no, como sucede en otros Estados europeos, como unidad de lo político.[17]

La dominación debe entenderse en este contexto como la expresión justa del poder soberano, respetuoso de la fe católica. Por lo tanto, es un poder que se ejerce sobre un territorio, a través de leyes que protegen la comunidad y regulan las relaciones sociales. Pero esta comunidad solo puede estar formada por creyentes. Por dicha razón, cuando el pensamiento español debe enfrentarse a la expansión ultramarina, el problema de la dominación se vuelve más complejo, puesto que se trata de una dominación sobre pueblos no cristianos, así como sobre territorios «nuevos». Lo cual plantea, de entrada, la cuestión de la dominación sobre los infieles.

Esta cuestión es parte de una larga herencia medieval que busca regular las relaciones entre pueblos cristianos y no cristianos. El problema que se planteaba era el del *dominium* del papa sobre los territorios habitados por infieles. Se pueden distinguir entonces dos posiciones. Por un lado, la de Inocencio IV que defendía el *dominium* de los infieles sobre sus territorios y negaba toda posibilidad al papa de tener cualquier jurisdicción sobre estos. Por otro lado, la posición del Hostiensis, quien consideraba que la llegada de Cristo borraba toda

[16] Fernando Mires, *La colonización de las almas*, San José, DEI, 1991.
[17] Natsuko Matsumori, *Civilización y barbarie: los asuntos de Indias y el pensamiento político moderno (1492-1560)*, Madrid, Biblioteca Nueva, 2005.

jurisdicción particular y que los infieles perdían así su *dominium* sobre sus territorios.[18] Toda jurisdicción está entonces ligada al nombre de Cristo y a su persona, puesto que se le considera señor de toda la tierra, de tal manera que todo está bajo su mando. En este sentido, el papa, como vicario de Cristo, poseería legitimidad política y espiritual sobre los territorios de los infieles. Es el soberano espiritual de todos los hombres, sean estos fieles o infieles. No existe, por lo tanto, límite físico o territorial a este poder. Esta interpretación hace que los príncipes de los territorios infieles no posean ya ningún derecho sobre estos o sobre sus súbditos. El papa puede entonces acordar el derecho de someter estos pueblos por medio de la guerra con la finalidad de hacerles parte de la «verdadera» religión. Así, el lazo entre la difusión de la fe y la guerra se vuelve evidente cuando analizamos la «reconquista». Este proceso era considerado una «guerra justa» puesto que se trataba de «recuperar» territorios que históricamente habían pertenecido a España, y que, por lo tanto, se les consideraba territorios «ocupados» por el enemigo. A esto se sumaba la percepción de dicho enemigo como amenaza a la religión cristiana.

Sin embargo, equiparar la alteridad con *hostilidad* no agota el problema de la dominación. En efecto, es a través de la denuncia de los dominicos de la isla de la Española que será planteada la pregunta sobre los *medios* de la dominación. De esta forma se abre una comprensión del ejercicio del poder que estaba ausente en la idea de soberanía. Se trata de saber en qué medida puede haber soberanía del príncipe cuando la *fuerza* es el único lazo del cuerpo social,[19] pero también de entender cuáles son los medios adecuados para asentar el control justo de un territorio y asegurar la obediencia legítima de una población.

Es aquí donde se puede situar la originalidad política de Las Casas. Para él, la situación americana plantea un desafío al pensamiento de la dominación. En efecto, los pueblos indígenas no corresponden a esta definición de *hostilidad* que permitiría sujetarlos por

[18] Kenneth J. Pennington Jr, *Bartolomé de las Casas and the tradition of medieval law*, Church History, vol. 39, núm. 2, junio, 1970, pp. 149-161.
[19] Esta misma pregunta la analizará Rousseau en el *Contrato Social*, libro 1, cap. 3.

la fuerza y considerarlos enemigos de la fe. Se trata, además, de pueblos «nuevos» que poseen legítimamente sus territorios y sus autoridades políticas. ¿Cómo puede concebirse entonces la soberanía de los Reyes Católicos sobre dichos territorios? ¿Cuáles son las *formas* que debe tomar esta *dominación* para que pueda fundarse en *derecho*?

Evidenciar esta cuestión hace resurgir la noción de imperio. No obstante, en el siglo XVI esta noción puede tener un sentido ambiguo puesto que la herencia medieval se encuentra aún presente. Dicha herencia opone, como vimos, el poder del emperador al poder del papa. Al mismo tiempo, la ruptura con el pensamiento medieval se hace a partir de una afirmación del Estado contra el imperio.[20] En el caso de Carlos V se plantea también un problema de definición, pues parecería que hay una transición entre la noción medieval de imperio y su noción moderna. De hecho, por un lado, tenemos un emperador con pretensión europea y fundamentalmente cristiano. Y por el otro, un emperador que extiende su poder más allá de las fronteras mediterráneas con el descubrimiento del «Nuevo Mundo».[21]

Por lo tanto, se puede afirmar que el resurgimiento de la cuestión imperial junto a los asuntos de Indias no tiene nada que ver con tintes medievales. Al contrario, se trata de una coyuntura militar y política que va a actualizar este debate.[22] La noción de imperio debe comprenderse aquí como lo que permite articular a la vez la unificación de la cristiandad europea y la consolidación de Europa como potencia en expansión, extendiéndose más allá de sus límites geográficos tradicionales. Esta expansión se realiza también en competencia con el islam, enemigo tradicional que amenaza los límites europeos.

Con la incorporación del Nuevo Mundo, la noción de ecúmene se modifica. Las tierras «disponibles» para el ejercicio de la soberanía imperial aumentan. Pero este ejercicio de la soberanía es precedido por la guerra. De esta manera, la figura del *conquistador* se vuelve central: no es el emperador quien se involucra en la conquista, sino

---

[20] Véase la «Introducción» de Nestor Capdevila en C, París, Vrin, 2007.
[21] *Ibid.*, pp. 20-23.
[22] *Ibid.*

lo que podríamos denominar «mercenarios» privados al servicio de la Corona. Este es un elemento importante que debe tenerse en cuenta a la hora de analizar la posición de Las Casas.

Dominación y gobierno

Para Las Casas, el proceso de dominación de los nuevos territorios es contrario a la afirmación abstracta de la soberanía. Para él, la noción de «dominación» se refiere al poder *de facto* que ejercen los españoles sobre las poblaciones indias (poder como el que Hernán Cortés fundó en México). No obstante, esta dominación se instituye por la fuerza de las armas y deriva en la guerra de conquista. Este tipo de dominación es injusta en la medida que se impone a partir de una guerra ilegítima que se desarrolla contra pueblos nuevos que no entran en la categoría de enemigos. Se ejerce, por lo tanto, como *tiranía*, es decir, como poder personal que no busca el bien común, sino los intereses particulares. Esta dominación crea un sistema político, económico y social que se impone a las poblaciones indígenas. Este poder divide a las poblaciones, organiza el espacio y permite un estrecho control de la mano de obra. Así es como se puede afirmar que Las Casas opone en su crítica: dominación[23] y gobierno.

El gobierno detenta el poder que se ejerce sobre pueblos y territorios. Por un lado, es un poder *soberano*, es decir, libremente aceptado. Y por el otro, se trata un poder *legítimo* que emana de una autoridad reconocida. Ciertamente, este poder puede surgir de la guerra, pero entonces esta guerra debe fundamentarse jurídicamente con el objetivo de restablecer un equilibrio político y moral que haya sido roto. Por ejemplo, una guerra que busque reparar una injuria o que pretenda defenderse de una agresión. Dicho de otra manera, esta guerra no debe introducir entre vencedores y vencidos una diferenciación *absoluta* que pueda justificar la exterminación del Otro.

---

[23] A lo largo de este estudio, utilizaré el término *dominación* en el sentido definido por Las Casas, se trata siempre de una dominación por conquista que es fundamentalmente injusta e ilegítima.

En efecto, en el pensamiento lascasiano, la guerra justa se apoya en la igualdad de los combatientes. Esto significa que no hay una diferencia *esencial* entre las partes. Las diferencias solo son circunstanciales. Así, la paz que sigue al conflicto establece una serie de derechos y deberes para ambos bandos. Incluso los vencidos poseen derechos que han de ser respetados. Es entonces que puede fundarse en un poder legítimo, es decir, un poder que controla, a través de las leyes, sujetos y territorios, un poder soberano. Es de esta forma que Las Casas comprende el *imperio* que el rey posee en las Indias. Para él, en efecto, dicha soberanía deriva de la bula *Inter Caetera* sellada por Alejandro VI en 1493[24] y, además, está condicionada por la misión evangelizadora.

La lectura que Las Casas hace de dicha bula es que el papa otorgó el poder espiritual a los Reyes Católicos para evangelizar. Ellos deben utilizar todos sus medios temporales para cumplir esta misión. Lo cual se acompaña de la pretensión de ejercer un poder temporal legítimo sobre los indios como recompensa a la evangelización.[25] No obstante, para que dicha pretensión se convierta en poder efectivo, se deben respetar los derechos de los indios. Es necesario que los pueblos indígenas acepten libremente someterse al rey de Castilla.[26] Este se convierte entonces en *emperador* en el sentido de que su soberanía es de cierta forma superior a la de los reyes indígenas. Si estas condiciones no se cumplen, no existe un verdadero gobierno, sino una dominación pura y simple

Dicha dominación puede entenderse como una fuerza coercitiva donde la libertad de los sujetos se encuentra limitada, puesto que se convierten ellos mismos en «objetos» de poder. Se trata de un poder que deriva de la guerra, lo cual da lugar a una situación donde los

---

[24] Véase *La Controverse, op. cit.* p. 56.

[25] *Ibid.*, p. 56.

[26] Se trata de lo que Pérez Tudela llama la «tesis democrática»: «Según el derecho natural y el derecho de gentes, la elección de los reyes y del que ha de gobernar a los hombres y pueblos libres corresponde a los que han de ser gobernados, cuando ellos mismos se someten al elegido con su propio consentimiento, es decir, por un acto de la voluntad que no puede ser forzado, dado que originariamente todos los hombres nacen y son libres». (OC, X, 447, y 557-559), citado por Capdevila, *op. cit.*, p. 56.

vencidos no poseen ningún derecho. Dicha guerra no resuelve una situación desequilibrada, sino que la perpetúa. Este desequilibrio se materializa a través de una separación completa entre vencedores y vencidos: los vencedores ostentan todo el poder y fundan el «derecho» a partir de su victoria. No es posible entonces vislumbrar una «igualdad» entre ambos grupos, y mucho menos un «gobierno», es decir, una gestión de los asuntos públicos cuyo objetivo sería el bien común. El «bien» se reduce a intereses particulares que se imponen por medio de las «instituciones» que prolongan, afianzan y multiplican la injusticia del poder.

La fuerza de la propuesta lascasiana reside entonces en la distinción entre los conceptos empleados y los fenómenos a los cuales se refieren. La guerra contra los indios no puede ser una guerra de «reconquista», no puede ser tampoco una cruzada. Se trata de una guerra contra pueblos desconocidos, cuyas prácticas y creencias se ignoran, y que poseen territorios «nuevos» cuyo reclamo como antigua posesión resulta imposible. Son también pueblos que no están organizados bajo las formas de Estado que se conocen en la época y que no amenazan *a priori* el cristianismo. Para Las Casas, se trata entonces de una nueva forma de dominación, que se presenta como un «sistema» cuyas partes están íntimamente articuladas.

La dominación como sistema

La crítica de Las Casas no está completamente estructurada y acabada en una de sus obras. Se trata de una construcción progresiva y regular que identifica, varias veces, los elementos que constituyen la dominación. En lo general, esta dominación es criticada como una empresa política, económica e *ideológica*. Pero también se critica en lo particular, como un poder disciplinario que se ejerce sobre los cuerpos y las creencias.

Así, en primer lugar, Las Casas critica la pretensión política de dicha dominación, puesto que esta instituye la soberanía como extensión del poder central de la Corona. La conquista que se realiza por medio de las armas extiende los límites de dicha soberanía. Las

Indias son consideradas provincias nuevas que pertenecen al reino de Castilla. Son la «propiedad» de la Corona, por lo cual poseen los mismos derechos que las demás provincias y, en principio, sus habitantes son «sujetos» del Reino.[27] Sin embargo, Las Casas muestra que la guerra de conquista que se desarrolla en estos territorios funda un nuevo tipo de dominación que descansa sobre la diferenciación política, económica y social entre los sujetos del reino (los españoles) y los otros «sujetos» (los indios). La guerra funda un poder desigual que impide la emergencia de una nueva sociedad y, por lo tanto, de un verdadero «gobierno». Gracias a los textos de Las Casas, se puede comprender cómo, en la práctica cotidiana, los «sujetos» del reino son únicamente los españoles, mientras que los indios siguen siendo objetos (o sujetos pasivos) que no son considerados en la estructura política, pero forman parte de los «recursos» a disposición de los colonos. Las Casas denuncia el establecimiento de un régimen particular de poder que iría contra el ejercicio mismo de la soberanía. Como señalamos anteriormente, dicho régimen nuevo deriva de la guerra.

Hay que interrogar entonces la *naturaleza* de esta guerra. Lo cual conduce a estudiar la noción de *hostis*, puesto que es definiendo al enemigo que se puede justificar y comprender la guerra. ¿Quién es el enemigo? ¿Son acaso los indios enemigos a causa de su «barbarie», es decir que serían *inferiores* a los españoles y deberían ser sometidos por las armas? ¿O son acaso enemigos porque son *infieles,* es decir, *diferentes de facto* por su religión? Pero ¿son entonces estas categorías inmóviles, *esenciales* o, por el contrario, responden a criterios históricos y pueden ser cuestionadas? ¿Qué valor se debe acordar a estas definiciones de la alteridad.

Si bien la dominación comienza por la guerra, no se puede perpetuar a través del conflicto. En efecto, la particularidad de dicha dominación es que produce instituciones que perpetúan las *condiciones* de la guerra; es decir, la oposición absoluta entre ambos grupos. Es por esto que se vuelve necesario estudiar una institución como la encomienda. Esta institución se funda en la repartición de los indios en

[27] Carlos Stoetzer, *Las raíces escolásticas de la emancipación de la América Española,* Madrid, Centro de Estudios Constitucionales, 1982.

manos de españoles, es el fundamento de toda la empresa de colonización territorial y nace a partir de la derrota de los indios. Es necesario entonces interrogarse sobre su origen histórico, así como sobre su pretensión política. De hecho, Las Casas denuncia la constitución de una tutela particular sobre los indios que vendría a competir con la soberanía real. ¿Qué ocurre con el estatus de los indios como sujetos del reino? ¿Y qué sucede también con la autoridad real cuando existe un poder particular cuyo rol es ser intermediario en el control de las poblaciones y los territorios? ¿Qué límites plantea la institución de la encomienda a la soberanía? Y ¿cuáles son las nuevas *formas* de poder que esta institución hace surgir?

Reflexionar sobre la encomienda implica interrogarse también sobre la dimensión económica de la dominación. Dicha dimensión está ligada de cerca a concepciones políticas. En efecto, la repartición de los indios, concebida como una reorganización política del espacio y de las jerarquías, es de igual manera un paso previo para ponerlos a trabajar. Este trabajo es la principal fuente de ingresos en las Indias, los sujetos del reino deben pagar tributo como reconocimiento de su sumisión. Sin embargo, ¿qué características tiene este sistema económico? ¿Cuál es su validez cuando ha sido impuesto por la fuerza? Además, si el Estado es el responsable de la administración y la concentración de la riqueza en su territorio, ¿se puede acaso permitir el enriquecimiento desproporcionado de ciertos sujetos por encima de otros? La crítica lascasiana interroga el sistema económico que forma parte de esta nueva dominación ejercida sobre los indios. Denuncia la lógica de saqueo que sostiene este sistema, así como la explotación metódica que sufren las poblaciones autóctonas. Explotación que resulta en su destrucción y, por lo tanto, en el debilitamiento político de la Corona.

Al analizar las justificaciones de la guerra y la legitimación de la encomienda como instrumento de gobierno, las Casas se refiere a los discursos que se han producido sobre los indios. Nota que estos discursos transmiten y construyen una imagen determinada de la alteridad. Señala entonces el vínculo que existe entre la producción de discursos sobre los indios y la dominación que se ejerce sobre estos. La dominación posee un carácter *ideológico* en la medida en que *produce* discursos e ideas que buscan justificarla. Dicho carácter es doble. Por un lado, existen discursos que se presentan como racionales y verdaderos, por ejemplo, bajo la forma de discursos *históricos* (relatos de costumbres y acciones de los indios), o discursos *oficiales* (informes encargados por el rey sobre la racionalidad de los indios). Dichos discursos se sustentan en la oposición entre «civilización» y «barbarie», a partir de la cual justifican la servidumbre del Otro, en nombre de ciertos valores culturales considerados superiores. Por otro lado, está también el discurso religioso militante. Este discurso, ligado en parte a la dicotomía que acabamos de mencionar, justifica la dominación a partir de un sometimiento forzoso a la «verdadera religión». La dominación se apoya así en la necesidad político-ética de propagar la fe católica. Las Casas subraya el funcionamiento de estos discursos como garantes de la dominación. Muestra la colusión de intereses entre las instancias que producen estos «saberes» y las instancias que controlan los recursos materiales disponibles.

Además de estas tres dimensiones puestas en evidencia por la crítica lascasiana, el dominico muestra la realidad de un poder particular que se ejerce sobre los cuerpos y las creencias. En efecto, la obra de Las Casas permite ver cómo, por vez primera, el poder busca extenderse a diferentes dimensiones de la vida social. La dominación de los españoles es una dominación *corporal* que va más allá de la esfera de la soberanía. Dicha dominación se presenta como un control estricto y disciplinario sobre el cuerpo del Otro. Se trata de un poder ejercido de múltiples maneras, ya sea a través de las mutilaciones, como a través de la disciplina sobre los cuerpos que se reagrupan, se encadenan o se obligan a laborar. Esta forma de dominación está ligada al poder particular que ejercen los encomenderos por su lugar en la jerarquía colonial. Es también un poder sobre las creencias que se ejerce en la cacería contra las «idolatrías», en el castigo que acompaña el adoctrinamiento, así como en la imposición, por la fuerza, de una nueva religión.

Estos distintos elementos de la crítica lascasiana merecen ser estudiados puesto que constituyen no solamente una reflexión original sobre la naturaleza del poder que se ejerce en América, sino también un primer acercamiento a los elementos que estructuran las formas de la dominación *moderna*: la construcción de la alteridad como «barbarie» e «inferioridad», la acción civilizadora de la guerra, la extensión del poder a todos los ámbitos de la vida social, entre otras. Pero esta crítica no es únicamente una denuncia de este poder. Se acompaña de igual manera de una propuesta de reforma y, por lo tanto, de un proyecto alternativo que es necesario conocer e interrogar.

En efecto, la reflexión lascasiana sobre los asuntos de Indias hace surgir varias tentativas de reforma. La primera se inspira en la idea de un gobierno cuyas principales inquietudes son la conservación de las poblaciones y su evangelización. Aquí resulta interesante analizar la naturaleza de este nuevo poder y si puede distinguirse completamente de la dominación que se denuncia o, por el contrario, si guarda rastros de ella. Hay que interesarse en el lugar que ocupan la referencia religiosa y la acción evangelizadora. Y, finalmente, debe cuestionarse la posibilidad de una disociación entre el trabajo misionero y la sumisión política.

La misma pregunta sobresale cuando se analizan las últimas posiciones políticas de Las Casas. Su objetivo sigue siendo el mismo: reemplazar la «dominación» por el «gobierno». Este último asimilado cada vez más a una relación de vasallaje que sometería libremente los reinos indios a la autoridad del emperador. Se trata de la primera concepción de lo que sería una federación de «naciones» que estarían agrupadas a lo interno de un imperio con el rey católico a la cabeza. La construcción de esta estructura requiere la reparación de las injurias y de los crímenes de guerra de la conquista. Las Casas es el único teórico que reflexiona sobre la posibilidad de tal reparación, así como en el lugar político que deben ocupar los indios. Este proyecto de liberación influenciará más allá del siglo XVI y merece ser estudiado en profundidad.

Historia y filosofía

Nuestra intención no es explicar las posiciones lascasianas a partir de sus experiencias personales o de las dinámicas históricas del período. Lo que nos interesa es mostrar el surgimiento de problemáticas que interrogan el pensamiento de lo político: el lugar del Otro en el ejercicio del poder, la justificación de la violencia, el nacimiento de prácticas de control y de disciplina de las poblaciones, la importancia de los dispositivos discursivos en la legitimación del poder. Los conceptos que analizaremos no se explican a partir de un contexto histórico particular. Aunque en cierto modo dependen de este contexto, su importancia y su aplicación sobrepasan las circunstancias de su nacimiento.

No obstante, el análisis de una obra como la de Las Casas requiere un diálogo con otras visiones de esa época. Es por esto que escogimos incorporar en este libro el análisis de algunos textos de la primera mitad del siglo XVI. Se trata de documentos relacionados con la conquista de los territorios que constituyen América Central, textos escogidos en el Archivo Nacional de Costa Rica pero que se refieren al conjunto de la región del istmo. Dicha región es interesante por diversas razones. Primero, se trata de una región cuyas dinámicas de sometimiento y dominación no suelen ser estudiadas. Es una región marginal con respecto a los estudios que se concentran en la conquista de territorios más grandes, donde los españoles encontraron construcciones políticas más complejas, como el Imperio azteca o el Imperio inca. Además, se trata de una región donde se manifiestan las tensiones ligadas a la empresa de conquista, sobre todo la competencia entre conquistadores, gobernadores y colonos por el control de los indios. Esto permite estudiar el lugar que ocupan los autóctonos en las estructuras jerárquicas de la sociedad que comienza a emerger. Esto permite a la vez observar la forma en que las autoridades de la Corona actúan frente a los intereses privados de los conquistadores. Por último, se trata de una región donde Las Casas vivió, sobre la cual escribió y que marcó, sin lugar a dudas, su reflexión sobre la esencia de la dominación.

Dicha región fue conquistada por tres grupos distintos. Por un lado, los que venían de Panamá, donde se funda en 1513 el gobierno de Castilla del Oro, bajo el mando de Pedrarias Dávila.[28] Por otro lado, estaban los conquistadores bajo el mando privado de Gil González Dávila que recorrieron por tierra el litoral pacífico hasta la Nueva

[28] HDI, III, 53, 1986.

España, saqueando el oro y bautizando masivamente a los indios. Y, por último, hay un grupo venido del norte, bajo el mando de Pedro de Alvarado, teniente de Hernán Cortés.

El primer grupo logró conquistar en 1527, bajo la dirección de Francisco Fernández de Córdoba, el territorio de Nicaragua que poseía una población autóctona numerosa e importantes riquezas.[29] Los relatos sobre dichos recursos despiertan la avaricia de los conquistadores de México. A partir de 1524, México se convierte en una nueva base de conquista para América Central. Así, comienza una lucha entre varios conquistadores por la dominación del territorio y la legitimación de las posesiones. El grupo formado por Fernández de Córdoba, representante de Pedrarias Dávila, se opone al grupo de Pedro de Alvarado y Cristóbal de Olid. A esto se agrega la presencia del conquistador privado, Gil González Dávila. Esta lucha es ganada finalmente por Pedrarias Dávila, quien se convirtió en gobernador de Nicaragua.[30]

Los documentos que introdujimos en este trabajo permiten comprender mejor la construcción teórica que Las Casas realiza. En efecto, estos textos ilustran la práctica cotidiana de la dominación. Muestran la forma en que esta nueva dominación establece un régimen particular de organización social y política sobre los indios.

Este estudio se divide en tres partes. La primera presenta brevemente la vida y la obra de Las Casas, lo cual permite comprender tanto la evolución de sus ideas como la construcción progresiva de su crítica de la dominación. Analizamos enseguida los elementos que dan nacimiento a la institución de la encomienda y al sistema de dominación colonial. En una segunda parte, se estudian las teorías de la guerra. Primero abordando la concepción del *hostis*, así como las motivaciones de la guerra en Vitoria, Sepúlveda y Las Casas. Enseguida, se realiza un análisis de los discursos que narran el «descubrimiento» y la conquista. Se examina la construcción de la alteridad y su rol como recurso para la violencia. Se desarrolla aquí la crítica que

[29] Claudia Quirós, *La era de la encomienda*, San José, Editorial Universidad de Costa Rica, 2002.
[30] *Ibid.*, p. 24.

Las Casas realiza de estas construcciones discursivas con pretensión de verdad, analizamos cómo reconstituye la historia y muestra su eficacia política. Finalmente, luego de realizar el recorrido por esta crítica de la dominación, la tercera parte aborda las propuestas lascasianas de reforma. Esta última parte estudia cómo dichas propuestas constituyen una nueva forma de «gobierno» para los cuerpos y para las almas. Proponemos entonces una crítica a la teoría lascasiana de la restitución como fundamento de una concepción original de la soberanía.

Las Casas y el sistema de dominación colonial

Capítulo I

Las Casas:
el hombre del sistema

Descubrir el Nuevo Mundo

Bartolomé de las Casas nació en 1484, en Sevilla.[1] Su padre, Pedro de las Casas, siguió a Colón en su segundo viaje, en septiembre de 1493, hasta la isla de la Española, donde se quedaría durante cinco años buscando fortuna. La vida de Bartolomé estuvo ligada rápidamente al destino de las Indias. Su padre le ofrece un esclavo indio, comprado al almirante cuando regresa de su primer viaje, en 1498. Como Las Casas lo denuncia más tarde, Colón buscaba establecer un comercio triangular de esclavos entre África, Europa y América.[2]

Este joven indio vive con Las Casas y lo acompaña hasta el año 1500, cuando la reina Isabel se pronuncia contra la esclavitud de los naturales de las Indias. Era el primer acto jurídico de parte de la Corona que buscaba regular la consolidación de estructuras políticas en los nuevos territorios conquistados.

Bartolomé recibe la educación de un joven de clase media, pero con una cierta formación humanista, sobre todo en lo que respecta al manejo del latín. Sin embargo, a los 28 años, no tenía aún una

---

[1] TIDS, «Estudio preliminar», p. XVI. Sin embargo, otros documentos establecen su fecha de nacimiento en 1474, véase Biblioteca Miguel de Cervantes, Bartolomé de las Casas, Apunte bio-bibliográfico.
[2] HDI, I, 122, p. 711.

situación social estable. Recibe su tonsura en Sevilla, lo cual lo autoriza a enseñar la doctrina en las Indias. Su padre lo lleva con él a la Española, pues en dicha época, la Corona ordena al comendador de Lares, Nicolás de Ovando, la colonización agrícola de la isla. El 15 de abril de 1502, cuando Bartolomé llega a las Indias, percibe la extraña alegría que suscita en los colonos el descubrimiento de minas de oro, así como las noticias sobre la rebelión de los indios.[3] Esta noticia abre la vía para esclavizar a los indios «rebeldes» y permite aumentar la ganancia de los colonos. A partir de ahí, Las Casas parece destinado a formar parte del sistema colonial que comienza a desarrollarse. En 1506, su amistad con la familia Colón lo lleva a Roma, donde se ordena cura. Vuelve de inmediato a la Española donde posee granjas que va a abandonar para proseguir la conquista de Cuba.

Las Casas: colono y encomendero

Dicho período se caracteriza por la simpatía de Las Casas hacia los indios, pero esto no le impide actuar igual que sus compatriotas. Se convierte entonces en encomendero y militar, participando en la «pacificación» de las provincias de Verapaz, Higüey y Concepción. No le preocupan los abusos cometidos contra los indios. En efecto, desde 1511, Antonio de Montesinos, en su célebre sermón, había denunciado las injusticias y los malos tratos contra los naturales de las islas.[4] Esta primera crisis de conciencia no afecta a Las Casas, quien parte en 1513 a la conquista y la «pacificación» de Cuba, con su amigo Pánfilo de Narváez.

Es ahí donde adquiere una encomienda, cerca de Trinidad, de la misma forma en que lo hacían los conquistadores, es decir, luego de la derrota de los indios. Le confían varios esclavos indios que trabajan para él. Paradójicamente, cuando su situación económica parece

[3] *Ibid.*, p. XV, véase también, HDI, II, 7. «Estos eran los indios alzados y de guerra que nos daban por buenas nuevas los que acá estaban, cuando vinimos, porque tendrían dónde hacer esclavos», p. 33.
[4] HDI, III, 4-5.

estabilizarse, renuncia a todo. Es lo que se llama su «primera conversión».

Defensa de los indios y crítica del sistema

La «primera conversión» de Las Casas

Los estudiosos de Las Casas hacen una distinción entre la «primera» y la «segunda» conversión del padre español.[5] La «primera conversión» es una toma de conciencia de la situación de los indios y de la violencia desproporcionada que se ejerce sobre ellos. Las Casas queda profundamente marcado por el suplicio del cacique Hatuey, así como por la masacre de Caonao.[6] La «segunda conversión» viene luego del fracaso de la colonización de Cumaná, como lo veremos más adelante.

En su *Historia*,[7] Las Casas cuenta el episodio exacto de dicha conversión. Si seguimos su relato, luego de la lectura de un fragmento del *Eclesiastés*, toma conciencia de la injusticia a la que están sometidos los indios y también del carácter vano e ilegítimo de las riquezas de los colonos. Sin embargo, dicha toma de conciencia se realiza también cuando un hermano dominico le niega la absolución, práctica que se había extendido en la isla y que Las Casas establece después como base de su teoría de la restitución. Es por ello que libera a sus indios y sorprende a Diego Velázquez, ya que Las Casas parecía un buen colono y comenzaba a ser conocido por su codicia.[8]

Después de este episodio, Las Casas renuncia por completo a su encomienda en junio de 1515 y regresa a la isla de la Española donde encuentra a Pedro de Córdoba, superior de los dominicos, quien ya había intervenido a favor de los indios en Burgos. Este lo motiva

[5] Véase, por ejemplo, Marianne Mahn-Lot, *Bartolomé de las Casas, l'évangile et la force*, Ediciones Cerf, París,1991.
[6] TB, pp. 65-68.
[7] HDI, III, 80.
[8] HDI, III, 79.

a partir hacia Castilla, puesto que es en el centro del poder donde las cosas pueden modificarse.

REFORMAR DESDE LA BASE DEL PODER

De esta forma, Las Casas parte hacia Castilla, donde tiene algunas entrevistas poco exitosas con el rey Fernando V. La muerte de este se convierte luego en un obstáculo para su misión, ya que son muy fuertes los intereses que representan las encomiendas y la esclavitud de los indios. Son las figuras más próximas al poder de Fernando —Fonseca, obispo de Burgos, y Cochinillos, el secretario del Consejo de Indias— quienes encarnan dichos intereses, puesto que poseen muchos indios en encomienda y defienden la colonización de las tierras americanas.

Sin embargo, Las Casas logra conseguir la atención y el oído del regente Cisneros, así como del representante de Carlos I, Adriano de Utrecht. A ellos lee su *Memorial de agravios a los indios* en 1516[9] y presenta su primer memorial para la reforma de las Indias.[10] Los principales puntos que se desarrollan son la eliminación de las encomiendas y de los repartimientos, señalados como la principal causa de muerte de los indios. El documento afirma también la libertad de los naturales y, por lo tanto, la necesidad de encontrar formas alternativas de gobierno, como la instauración de comunidades independientes donde los indios estarían reagrupados, así como modelos de gestión de las familias, donde una pareja de españoles estaría a cargo de varios indios.[11] En ese momento, Las Casas aún no está completamente convencido de la libertad natural de los indios, encarna todavía en parte el prototipo del colonizador, lo cual explica el contenido de sus propuestas.[12]

A partir de dicho documento, el cardenal Cisneros decide constituir una comisión de frailes jerónimos que deben ir a las Indias para confirmar las denuncias hechas por Las Casas. Por el contrario, este

[9] OCM, pp. 4-5.
[10] TIDS, «Estudio preliminar», p. XVI.
[11] HDI, III, 85. Estos proyectos se analizan en la tercera parte de este libro.
[12] HDI, III, 88.

apoya el envío del fraile Reginaldo Montesinos, dominico que vive en la isla de la Española y conoce bien la situación de los indios. La intervención y el envío de los jerónimos muestra el poder de la religión en los asuntos temporales. Son estos religiosos, y no los delegados de la burocracia monárquica, quienes se encargan de velar por la corrección en los asuntos de Indias. Es dentro de esta lógica que debe interpretarse, por lo tanto, la acción lascasiana. No se trata de una cuestión meramente ética sino de una intervención que puede efectivamente cambiar las relaciones del poder político.

Las Casas se convierte entonces en «defensor de los indios». Sin embargo, dicha nominación no refleja un verdadero poder. Esto es evidente con la traición de uno de los jerónimos, Luis de Figueroa, quien, corrompido por los encomenderos, que son muy poderosos en la Corte y defienden férreamente sus intereses, deja las opiniones de Las Casas a un lado y las ignora. Este último cuenta dichos episodios como un enfrentamiento entre discursos y permite analizar el lugar que ocupa la información en la toma de decisiones políticas.[13] Es esta conciencia de la fuerza del discurso sobre los indios la que empuja a Las Casas a escribir sus dos obras mayores: la *Historia de las Indias* y la *Apologética Historia*.

Los frailes jerónimos niegan la capacidad intelectual de los indios. Su informe favorece la tutela de los naturales y la toma de medidas en contra de Las Casas. Pero en 1517, este entra en relación con los misionarios de Picardía que llegan a la Española. Dichos misionarios le aconsejan sobre los pasos estratégicos a seguir. De esta forma, junto con fray Reginaldo Montesinos, logra llamar la atención del Consejo de Indias sobre los problemas de los indios frente al nuevo rey el 11 de julio de 1517, y enfrenta abiertamente al partido fernandista compuesto por fieles del antiguo rey católico, encomenderos y burócratas. Es entonces cuando se le encarga un nuevo proyecto de reforma, el 20 de marzo de 1518. Pero este no va a ser discutido, ya que Jean de Sauvage, su aliado cercano a Carlos V, muere algunos meses después.[14]

[13] HDI, III, 86.
[14] HDI, III, 89.

En 1519, con la llegada de Mercurio de Gattinara, Las Casas concibe un nuevo proyecto de colonización alternativa.[15] En esta época, considera la conquista como un movimiento de evangelización que puede realizarse pacíficamente. El único obstáculo sigue siendo el desarrollo de la encomienda como medio de colonización. Las Casas recibe entonces una capitulación para poblar pacíficamente la costa de Paria, en Venezuela, donde quería fundar aldeas agrícolas financiadas por donaciones. Estas aldeas serían lideradas por franciscanos y dominicos de Cumaná y Chichiriviche. A esto debía sumarse la posible extracción de perlas y la explotación minera. Las líneas generales de dicho proyecto se dibujan en dos memoriales de 1518.[16]

No obstante, una serie de eventos conducen esta segunda empresa lascasiana al desastre.[17] Es el caso, por ejemplo, de las tormentas que impiden la llegada de los misioneros en enero de 1520 o de la guerra entre las comunidades de Castilla en julio de ese mismo año, guerra que continuó con el motín de los Comuneros. Dichos eventos obstaculizan el financiamiento de Las Casas e impiden reclutar voluntarios para su expedición. Sin embargo, el principal obstáculo para la iniciativa lascasiana está en la lógica de conquista como ejercicio de *desposesión*. El fundamento del sistema está en la toma violenta de los territorios y el sometimiento de los indios, se trata de la vía privilegiada para *extender* la soberanía.

Así, cuando llega a la Española, Las Casas es bloqueado por sus enemigos y no puede comenzar su proyecto de colonización. Su barco es considerado no apto para la navegación y debe comprar otro. Mientras tanto, los españoles están en guerra contra los indios de Chichiriviche y de Maracapana que habían matado a frailes dominicos.[18] Además, para los colonos se trata de una forma «legítima» de procurarse esclavos.

Finalmente, Las Casas debe aliarse con estos mismos colonos para poder financiar su viaje. Debe ceder sobre varios puntos que buscaban sobre todo enriquecer a sus acreedores. Entre estos, se debe

[15] OCM, p. 40.
[16] *Ibid.*, pp. 35-40.
[17] TIDS, «Estudio preliminar», p. XVIII.
[18] HDI, III, 157.

señalar el hecho de que tenía autoridad para declarar a algunos indios «come hombres» y resistentes a la fe para que los soldados que le acompañaban pudiesen hacerlos esclavos. El 31 de julio de 1521, Las Casas llega por fin a Cumaná. Pero la hostilidad de los mercaderes y de las autoridades de la isla cercana de Cubagua hace que su situación sea insostenible. Los cazadores de perlas continúan acosando a los indios de los alrededores, les dan vino y toman a sus mujeres, lo cual hace imposible, según Las Casas, la empresa de evangelización.[19] La situación degenera con el ataque de los indios contra la fortaleza de Las Casas y sus sirvientes. Los frailes dominicos son asesinados, lo que marca el fin del proyecto colonizador y la entrada de Las Casas en la orden religiosa de los dominicos.

La «segunda conversión»

Muchos autores sostienen hipótesis diferentes sobre el sentido de esta conversión. Para algunos, se trata de un repliegue de la actividad militar a causa del fracaso de la empresa alternativa de evangelización y poblamiento. Las Casas estaría frustrado y habría decidido alejarse de la vida pública.[20] Otros consideran este período como una etapa decisiva en su formación intelectual, que busca reforzar sus argumentos en favor de la defensa de los indios.[21]

Pero lo que nos interesa particularmente de este período es la sistematización de su trabajo teórico. Cuando lo envían en 1527 al Convento de Puerto de Plata, Las Casas comienza la redacción de su *Historia General*, que estaba formada por los capítulos 27 a 68 de lo que hoy es el libro I de la *Historia de las Indias*, así como los capítulos 1 a 104 de la *Apologética*.[22] El resto se redacta entre 1552 y 1553, cuando Las Casas vive en el convento de San Pablo en Sevilla, donde tiene acceso a los documentos de Hernando Colón.

[19] HDI, III, 158.
[20] Véase Lewis Hanke, en «Prólogo», TT, 1965.
[21] Es el caso de Marcel Bataillon y André Saint-Lu, *Las Casas et la défense des Indiens*, París, Julliard, 1971.
[22] TIDS, «Estudio preliminar», p. XX.

Se puede concluir que este nuevo período, que comienza a partir de la entrada en la orden dominica, es un período igualmente comprometido, pero dicho compromiso se realiza por otras vías. Las Casas abandona la idea de una colonización alternativa, rentable y duradera para los españoles. Su pensamiento evoluciona dándole un lugar central a la dimensión *política* de la cuestión india. El descubrimiento de grandes imperios indios a partir de 1519, reformula en cierta medida sus consideraciones sobre la conquista. A la fase de acumulación primera, en las islas, sigue una fase de asentamiento de los españoles en el continente, situación que refuerza el poder de los encomenderos y que altera aún más la competencia de intereses en las colonias.

El trabajo político y la reflexión teórica

A partir de 1527 y hasta 1530, Las Casas escribe *De Unico Modo*, su tratado sobre la posibilidad y los fundamentos de una conquista pacífica de las Indias. En dicho texto, como tendremos ocasión de ver, afirma la racionalidad de los indios y establece un método de conversión fundado en la razón. También reflexiona sobre lo que será su doctrina de la restitución. En efecto, es la primera vez que la pone en práctica, exigiendo a un hombre agonizante la liberación de sus indios y la devolución de lo que había «robado», a cambio de su confesión.

Esto le vale ser confinado en 1532 al convento de la orden de los dominicos en Santo Domingo. Saldrá de ahí para pacificar a Enriquillo, un cacique de la isla que se había rebelado contra los españoles a causa de los malos tratos que su encomendero le hacía.[23] Dicho episodio es utilizado por Las Casas como una forma de propaganda que demuestra la posibilidad de un acuerdo pacífico con los indios. No obstante, esto no entra en su proyecto de conquista pacífica, dado que, como lo señala Daniel Castro, Enriquillo había recibido ya una educación española clásica en el colegio de franciscanos y era también católico practicante.[24] Sin embargo, estas experiencias ayudan

---

[23] OCM, pp. 56-59.
[24] Daniel Castro, *Another face of empire: Bartolomé de las Casas, indigenous rights, and*

a la carrera del dominico y le permiten preparar mejor su proyecto de conversión pacífica de la Vera Paz.

En 1534, Las Casas está en México. Debe trasladarse luego a la Española para embarcarse hacia Perú. Sin embargo, se detiene en Panamá, lo cual le permite conocer la situación de los indios en el istmo. Se queda seis meses en Nicaragua, donde gobierna Rodrigo de Contreras, que busca conquistar el Desaguadero por medio de la guerra con el fin de encontrar una salida al mar. Las Casas se opone denunciando en 1535, en su *Carta a un personaje de la Corte*, los malos tratos contra los indios, tomados como esclavos para ser vendidos, así como las condiciones de vida de aquellos que sirven a los españoles.[25] Estos conflictos con el poder del lugar lo empujan a salir de dicha provincia y a dirigirse hacia Guatemala. Ahí, con la autorización de Pedro de Alvarado, logra la pacificación de los indios de la «Tierra de Guerra» de Tezulutlán y Lacandón.[26]

Este éxito le permite ganar buena reputación para luchar por una legislación en favor de los indios. Dichas acciones que habían comenzado con el apoyo de los obispos de la Nueva España, Zumárraga y Garcés, y que continúan con las gestiones de fray Bernardino de Minaya, enviado a Roma, van a concluir el 2 de junio de 1538 con el sello de la bula papal *Sublimis Deus* por el papa Paulo III. Esta declara como un dogma la libertad y la capacidad racional de los indios. Al mismo tiempo, las *Relecciones* de Vitoria de 1539, así como las dudas que envuelven la política colonial, sobre todo a partir de los desórdenes en Perú y las ambiciones de las potencias extranjeras, llevan a Las Casas a redactar una serie de memorias e informes sobre la reforma de Indias.[27] Es necesario señalar la importancia de sus *Veinte Remedios*, de los cuales solo conocemos el octavo. En este texto, Las Casas condena radicalmente las encomiendas y propone que los indios sean directamente incorporados a la Corona.[28]

Ecclesiastical Imperialism, Durham, Duke University Press, 2007.

[25] OCM, pp. 59-67.

[26] TIDS, «Estudio preliminar», p. XX.

[27] HDI, III, *Vida y obra de Bartolomé de las Casas*, pp. 621-626.

[28] OCM, p. 69.

Se puede afirmar que este trabajo proselitista sirve de base a las Leyes Nuevas, de 1542. Estos detalles personales permiten comprender el contexto de las acciones que Las Casas realiza entre 1540 y 1553. No se trata del trabajo de un teólogo medieval reaccionario, ni de un enemigo de España. Las Casas se presenta como un cristiano practicante que piensa que la doctrina debe ser enseñada únicamente por aquellos que poseen la autoridad para hacerlo. Y, por otro lado, puede ser considerado alguien que ha comprendido el engranaje político de la dominación. Sabe que la reforma de indias debe hacerse a partir de la afirmación y el respeto a la ley. Se trata entonces de un problema ligado a la soberanía del monarca y a los desafíos planteados por la conquista militar.

EL EPISODIO DE LAS LEYES NUEVAS

Se puede afirmar que, para el decenio de 1540, Las Casas posee ya un verdadero sistema de ideas, coherente y afianzado por su experiencia en las islas del Caribe, la Nueva España y las provincias de Nicaragua y Panamá. El dominico señala como factor común de los abusos contra los indios la complicidad y la corrupción del Consejo de Indias. Es dentro de este consejo que se toman las decisiones administrativas y políticas que conciernen a la gestión y al gobierno de territorios y poblaciones. Es ahí también que se difunden las falsas historias que presentan a los indios como bárbaros.

Las Casas presenta un memorial el 15 de diciembre de 1540, luego insiste en reunirse con Carlos V. En 1541, presenta otro memorial, donde subraya la corrupción de la administración de las Indias. El emperador decide entonces inspeccionar al Consejo, expulsando a varios de sus miembros. La influencia de Las Casas es decisiva en ese momento, puesto que, con la ayuda de los dominicos, prepara el terreno para un mayor interés en los asuntos de Indias. Incluso las Cortes que se reúnen en Valladolid le piden al rey encontrar un remedio para la situación de los indios.[29] De esta forma nacen las Leyes Nuevas que el emperador firma en 1542.

[29] *Ibid.*, p. XXI.

Cuando este se va de España, Las Casas lee al príncipe Felipe (futuro Felipe II) su *Brevísima*, escrita en Valladolid en 1542. Sin embargo, las condiciones no son completamente favorables. Rápidamente, las leyes levantan el rechazo de los encomenderos y de miembros del Consejo de Indias. Frente a dicha situación, el dominico redacta, en 1543, otro memorial con fray Rodrigo de Andrada, en el que señala los límites y las deficiencias de estas leyes.[30] Pero no obtiene resultados, puesto que la Corte está dominada por el secretario del rey, Francisco de los Cobos, que defiende la posición de los encomenderos. En una maniobra para alejarlo de España y tratar de comprarlo, le ofrecen el obispado de Cuzco, en Perú, una posición de privilegio debido a las riquezas de este territorio. Sin embargo, Las Casas rechazó dicha oferta y fue nombrado obispo de Chiapas, que formaba parte de la Vera Paz, lugar que había ayudado a pacificar.

Para Las Casas, su llegada a Chiapas debía permitir mostrar y aplicar las Leyes Nuevas. Para esto, escoge un grupo de dominicos del Colegio de San Esteban en Salamanca y parte con ellos a las Indias. Su reputación lo precede, por lo que es mal recibido por los colonos de la Española, el 19 de enero de 1545. Es por esto que debe continuar su viaje hacia Chiapas. En esta región del sur de la Nueva España, es recibido con mucho respeto hasta la publicación de su carta pastoral del 20 de marzo de 1545.[31] En dicho documento pone en pie su doctrina de confesión que debe servir como instrumento político de restitución. Y para que los encomenderos no puedan confesarse con curas corruptos, Las Casas quita las licencias a todos los curas de su obispado.[32]

Los encomenderos se organizan y se rebelan contra él y contra los dominicos. Las Casas pide ayuda a la Audiencia de los Confines, pero esta rechaza apoyarlo. Es abandonado por el presidente de la Audiencia y antiguo amigo, Alonso Maldonado, quien había autorizado antes la evangelización de la Tierra de Guerra. En 1545, participa en una reunión de obispos en Nueva España y se entera, el 20

---

[30] OCM, pp. 181-203.
[31] *Ibid.*, p. XXII.
[32] *Ibid.*, p. XXVI.

de octubre de ese mismo año, que las Leyes Nuevas fueron revocadas por Carlos V.

En esta reunión de obispos, Las Casas logra imponer una declaración de principios que no contiene, sin embargo, la anulación de todos los derechos de esclavitud sobre los indios. Al mismo tiempo, presenta un informe que se convierte luego, en 1548, en su *Tratado sobre los indios que se han hecho esclavos*.[33] Vuelve a España en 1546 con el objetivo de explicar su *Confesionario*, herramienta religiosa concebida como arma política.[34] Por este texto es acusado de negar la soberanía de los Reyes Católicos sobre las Indias. Con el objetivo de defenderse, redacta en 1547 sus *Treinta proposiciones muy jurídicas*,[35] donde afirma a la vez el carácter intangible de los reinos indígenas y la soberanía imperial (fundada sobre la fe católica) de los Reyes de España sobre las Indias. Dicha doctrina es desarrollada en su *Tratado comprobatorio del Imperio Soberano y principado universal que los reyes de Castilla y León tienen sobre las Indias*,[36] el cual se imprime en 1552.

IMPLICACIONES POLÍTICAS Y ÉTICAS DE LA «CONTROVERSIA»

Las Casas es convocado a principios de la década de 1550 para discutir con Ginés de Sepúlveda sobre los asuntos de Indias y la naturaleza de los indígenas. Se conoce a estas reuniones bajo el nombre de «Controversia de Valladolid». No se trata, pese a numerosas referencias, de un debate sobre el alma de los indios o sobre su pertenencia al género humano, sino que es principalmente una discusión sobre la justicia de las conquistas españolas. Los juristas debían reunirse para «discutir la forma en que debían hacerse las conquistas para que fueran justas y con una conciencia segura».[37] Esto conduce de igual manera a interrogarse sobre la posibilidad de entrar en guerra contra

[33] OCM, pp. 257-290.
[34] *Ibid.*, pp. 235-249.
[35] *Ibid.*, pp. 249-257.
[36] *Ibid.*, pp. 350-423.
[37] J. Manzano Manzano, *La incorporación de las Indias a la Corona de Castilla*, 1948, pp. 167-179, citado por Capdevila, en *La Controverse…, op. cit.*, «Introducción».

los indios para convertirlos y dominarlos políticamente. Como bien lo subraya Capdevila, la esencia de la Controversia es la definición del imperio y la práctica del imperialismo.[38]

Dicha Controversia se desarrolla en dos momentos. De agosto a septiembre de 1550, una primera sesión discute sobre la guerra y la paz como medios de evangelización. La segunda parte se desarrolla entre abril y mayo de 1551. Sin embargo, a partir del primer semestre de 1551, el resumen de la disputa circula en España. Las Casas publica su respuesta el 10 de septiembre de 1552, cuando imprime sus Tratados.[39] Así, el texto y una parte del trabajo teórico del dominico son rápidamente conocidos.

No obstante, las consecuencias concretas de las disputas son moderadas. En efecto, los miembros de la congregación debían formular sus opiniones y enviarlas al emperador. Pero no había una fecha límite para hacerlo. Dichas opiniones nunca fueron conocidas y algunos tomaron hasta cuatro años redactándolas. A pesar de esta ausencia de posición oficial, Las Casas podía pretender proclamar victoria. De hecho, las guerras preventivas y las conquistas fueron suspendidas en 1550 para Perú, y esta prohibición se mantenía en 1553 para la Nueva Granada.

Después de dicho episodio, la actividad de Las Casas es sobre todo intelectual. El rey le otorga una pensión de dos mil maravedíes por año, lo cual le permite consagrarse a cuatro misiones principales. Primero, a reclutar misioneros para las Indias. Las Casas alienta el envío de dominicos y franciscanos de 1552 a 1564. Luego, se constituye como mandatario y representante de los indios abusados, maltratados. Se convierte, por ejemplo, en protector de los indios de Oaxaca el 7 de octubre de 1548, de los de Cuitlahuac el 23 de enero de 1554, y de los indios de Perú el 26 de noviembre de 1556.[40]

De 1552 a 1553, prepara y termina la redacción de la *Historia* y de la *Apologética*, lo cual, como vimos, no le impide participar políticamente en los asuntos de Indias. Redacta una carta para los domi-

---

[38] Véase *La Controverse…*, *op. cit.*, «Introducción».
[39] TIDS, «Estudio preliminar», p. XXXIII.
[40] *Idem*.

nicos de Guatemala en 1562 y se pronuncia sobre los tesoros del Perú en 1563, donde muestra las líneas principales de su teoría de la restitución y apoya la idea de un gobierno soberano de los indios, sometidos al *imperium* del rey español.

Una parte importante de sus escritos es conocida durante su vida, en particular los *Tratados* que imprimió en Sevilla en 1552. Sin embargo, Las Casas pide que obras como la *Historia* no sean publicadas y conocidas sino hasta cuarenta años después de su muerte. Sin embargo, esto se cumplió a medias, porque en 1571 Felipe II ordena trasladar todos los documentos lascasianos del Colegio de San Gregorio en Valladolid hacia el Escorial, y ponerlos a disposición del cronista oficial, Antonio de Velasco. Una parte de la obra de Las Casas es publicada en 1874, pero sus textos se conocen desde antes. En efecto, muchos cronistas de Indias (sobre todo Antonio de Remesal) tienen acceso y se inspiran de ellos.

La obra lascasiana fue rápidamente utilizada como medio para denunciar el poder español, ya sea en el siglo XIX, durante las guerras de independencia de las colonias españolas de América, o incluso antes. Por ejemplo, la *Brevísima* es publicada en neerlandés ya en 1578, luego se conocen traducciones en francés, inglés, alemán y latín. Este panfleto es responsable de una visión extrema de Las Casas. Dicha visión opone radicalmente la brutalidad de los conquistadores con la inocencia, la sumisión y la paz de los indios. Esta visión deforma también la figura lascasiana, que se mueve entre el «apóstol de los indios»[41] y el enemigo de España, medio loco.[42]

A través de este recorrido por la vida y obra de Las Casas, hemos observado cómo evoluciona la posición del sacerdote en relación con la defensa de los indios. Su posición como encomendero y colono en las islas le permitió tener una visión general de la situación concreta de los indios, así como de las relaciones de poder que se establecían en los territorios. También fue consciente de la forma que adoptó la guerra de conquista, así como de las instituciones que surgieron de

[41] P.-I. André-Vincent, *Las Casas: l'apôtre des Indiens: foi et libération*, París, La Nouvelle Aurore, 1975.
[42] Ramón Menéndez Pidal, *El Padre Las Casas: su doble personalidad*, Madrid, Espasa Calpe, 1963.

ella. Estos elementos lo llevan a interesarse por la historia y la evolución de estas estructuras de dominación, así como por los mecanismos que las perpetúan. Su crítica debía ser una crítica política de estos mecanismos, de su funcionamiento y de las condiciones políticas que crean. De este modo, sus propuestas de reforma y restitución se basan en una visión política y ética de lo que debe ser el gobierno de los nuevos territorios y las nuevas poblaciones.

Antes de interesarnos en las reformas lascasianas, tenemos que estudiar cómo se articula la crítica de la dominación en las obras del dominico. Dicha crítica parte del principio de que la guerra llevada a cabo contra los indios es una guerra de un nuevo tipo y que funda instituciones nunca antes vistas. Estas son esencialmente ilegítimas porque derivan de una agresión y no de una «guerra justa». Según Las Casas, la particularidad de esta dominación es que reposa sobre un sistema que se perpetúa y que mantiene una diferencia social y política entre vencedores y vencidos. A continuación, presentaremos en detalle las estructuras que componen dicho sistema.

Capítulo II

La dominación como sistema

La dominación española que Las Casas denuncia está fundada sobre una serie de instituciones particulares. Estas instituciones poseen una historia que es necesario abordar y conocer, pues surgen junto a una *ideología* contra la cual el dominico lucha. Estas estructuras de dominación también están ligadas a la concepción del poder desarrollada en la época por la potencia imperial que es España, así como por el contexto europeo dentro del cual se desarrolla la conquista.

En primer lugar, hay que comprender la institución jurídica de la soberanía española sobre las Indias. Para ello, es necesario entender las bulas de Alejandro VI como elementos de la lógica imperial que comienza a organizarse. Ahora bien, si las bulas estructuran jurídicamente la conquista, en el terreno es la violencia la que gobierna. Es así que hace falta detenerse en otros instrumentos jurídicos, políticos y económicos que buscan contener y ordenar dicha violencia. El límite entre soberanía justa y dominación tiránica es siempre ambiguo.

Las bulas de Alejandro VI

ALEJANDRO VI Y LA JURISDICCIÓN IMPERIAL

Los Reyes Católicos, al apoyar la expedición de Colón, actúan en función del criterio romano de «descubrimiento y ocupación». Sin embargo, la acción de Juan II, rey de Portugal, obliga al rey Fernando a garantizar las tierras descubiertas por medio de la intervención del papa.[1] Es así que, en mayo de 1493, Alejandro VI redacta la primera bula sobre las Indias. En esta se lee:

> Por la autoridad de Dios Todopoderoso que nos fue transferida por San Pedro, y por la parcela del Vicariato de Jesucristo que ejercemos sobre estas tierras, y sobre todos sus señoríos, villas, fuerzas, lugares, ciudades, derechos de jurisdicción y todas sus pertenencias, por el tenor de las presentes os las damos, concedemos y otorgamos a perpetuidad, a vos y a los Reyes de Castilla y León, vuestros herederos y sucesores. Y os hacemos, constituimos y nombramos a vos y a vuestros herederos y sucesores sus señores con libre, pleno y absoluto poder, autoridad y jurisdicción. Declaramos que por esta donación, concesión y adjudicación no debe entenderse que ningún príncipe cristiano que al presente posea estas islas o tierras continentales hasta el día de Navidad mencionado.[2]

Siguiendo el tenor de dicha bula, varias preguntas emergen. Para empezar, en esa época, ¿cuál es el rol del papa en los asuntos temporales? Además, ¿cuál es la legitimidad que puede realmente seguirse de dicha donación? Y finalmente, resulta patente preguntarse ¿cuáles son las consecuencias en la dominación efectiva?

En primer lugar, puede decirse que las bulas *Inter Caetera* del 3 y 4 de mayo de 1493 y la bula *Eximiae Devotionis* del 3 de mayo del mismo año son actos jurídicos que buscan ordenar las relaciones

---

[1] *Historia General de España y América*, vol.1, núm.1, p. 101.
[2] Silvio Zavala, *Amérique Latine: philosophie de la conquête*, París-La Haye, Mouton, 1977, p. 131.

entre España y Portugal. Las bulas indican también que los reyes deben velar por la cristianización de los infieles.[3] La primera bula del 3 de mayo otorga la soberanía a los monarcas españoles. La del 4 de mayo repite la anterior, pero establece además una línea de demarcación que divide el Atlántico.[4] Las dos bulas *Inter Caetera* poseen el mismo preámbulo, pero hay diferencias importantes en ambos textos. La primera bula se refiere a las tierras y las islas descubiertas, mientras que la segunda hace referencia a las «tierras continentales» y ensalza la figura de Colón.

En la primera bula, el papa señala que la donación a los Reyes Católicos de tierras descubiertas no debe afectar la soberanía de los demás reyes cristianos que podrían tener territorios bajo su jurisdicción. Es claro que la envergadura del «descubrimiento» de Colón es todavía desconocida. El papa subraya también que los Reyes poseen los mismos derechos que fueron acordados en el pasado a la Corona de Portugal durante sus expediciones en África, Guinea y Elmina.[5] Así, las bulas señalan una lógica de expansión que comenzó desde el siglo XV. En efecto, para cuando Colón comienza sus expediciones, los soberanos españoles han renunciado a toda voluntad de expansión hacia la costa africana y los límites de las Canarias. Esto fue señalado por Sixto IV en 1481, pero también por las bulas otorgadas a los portugueses por Nicolás V y Calixto III. Como se verá más adelante, Las Casas analiza esta lógica de conquista en su práctica concreta y en sus consecuencias. Las aventuras africanas de los portugueses marcan la dominación americana.[6]

La mayoría de los autores coincide en afirmar que las bulas responden a una voluntad explícita de la Corona española para asegurarse la soberanía de los territorios descubiertos frente a la competencia de Portugal. Si se observa la segunda bula *Inter Caetera* del 4 de mayo

[3] Pedro Laturia, *Relaciones entre la Santa Sede e Hispanoamérica*, Roma-Caracas, 1959, t. 1, p. 10, citado por Fernando Mires, *La colonización de las almas*, San José, DEI, 1991, p. 25.
[4] Vander Linden H., «Alexander VI and the bulls of demarcation», *American History Review*, vol. XXII, núm. 1, oct. 1916.
[5] *Ibid.*, p. 9.
[6] Véase segunda parte, capítulo II.

de 1493, se puede notar agregados importantes que son el fruto de una intervención directa de la monarquía española. La bula dona a España todas las islas descubiertas y por descubrir hacia occidente, siguiendo una línea situada a cien leguas al oeste de las Azores y de Cabo Verde (islas bajo jurisdicción portuguesa. El documento señala también la posibilidad de existencia de tierras continentales que entran bajo la soberanía española.

Los monarcas católicos insisten en la soberanía que tienen sobre el «mar océano». Lo cual es confirmado por los privilegios que otorgan a Colón el 28 de mayo de 1493, donde señalan que el mar océano les pertenece siguiendo la línea determinada por la bula. Al reclamar para ellos el conjunto de tierras al oeste de dicha línea, los monarcas españoles reivindican la soberanía sobre el «mar» y sobre todos los territorios que están allí. Se trata de un gesto importante que muestra la transición hacia una época nueva ya que, por primera vez, hay una verdadera voluntad de dominación sobre todo el «mundo» conocido.[7]

Sin embargo, estas pretensiones que se reflejan claramente en las diferentes bulas están limitadas únicamente por el reconocimiento de los derechos de otros príncipes cristianos. Así, se señala de manera explícita que esta donación no puede ir contra los derechos de otro príncipe cristiano que haya poseído islas o territorios en esta región. Pero esta posesión debe ser efectiva en ese momento; es decir, que las tierras tienen que estar habitadas y poseídas «en acto». Es esta posesión efectiva la que funda el derecho.

En efecto, la bula del 26 de septiembre de 1493 señala que todos los derechos acordados a los reyes, príncipes u órdenes religiosas sobre las tierras, los mares, las islas y los territorios en cuestión son revocados, sin tener en cuenta las causas que produjeron dichos

---

[7] Martín Fernández de Navarrete, *Colección de los viajes y descubrimientos que hicieron por mar los españoles, desde fines del siglo XV, con varios documentos inéditos concernientes a la historia marina castellana y de los establecimientos españoles en Indias*, Madrid, 1825-1837, volumen II, p. 60. «[...] mar océano que es nuestro, que comienza por una raya o línea que Nos habemos fecho marcar, que pasa desde las islas de los Azores a las islas de Cabo Verde, de Septentrión en Austro, de polo a polo; por manera que todo lo que es allende de la dicha línea al Occidente, es nuestro e nos pertenece», citado por Vander Linden, *op. cit.*, p. 16.

derechos (extensión de la fe, piedad, etc.). La única excepción es la de las tierras *efectiva y actualmente* ocupadas. Además, se subraya el hecho de que la simple posesión no constituye un título.[8] La estrategia de Alejandro VI con esto es volver nulas las donaciones anteriores en la medida en que estas podrían molestar los intereses de la Corona española. Es interesante anotar que con esta decisión el papa parece prever las reivindicaciones futuras de las potencias europeas.[9] Esto muestra claramente que la competencia por el «mundo», es decir, por la ecúmene reconocida, es ante todo una competencia entre cristianos. De hecho, la soberanía de los infieles aparece como algo temporal.

El papa actúa como aliado de España. Algunos autores consideran que su rol no es más que *simbólico*.[10] En efecto, en esta época la doctrina del *dominas mundi* del papa ya no se consideraba válida dadas las relaciones de poder. Ni el rey de Francia, ni el de Inglaterra consideran las bulas como documentos a respetar. Para estos dos Estados, las intervenciones del papa estancan sus propias soberanías.

Otros autores consideran que no se puede afirmar que el papa juega un rol de árbitro en las disputas entre las potencias.[11] En efecto, para la redacción de la bula, los portugueses no fueron consultados. Además, la disputa por la soberanía de las tierras de los indios continúa después de esta donación. Tomando en cuenta la hostilidad abierta entre el rey Juan II de Portugal y el rey Fernando, es poco probable que ambas coronas hayan esperado pacientemente el veredicto de Roma.

Resulta claro que el acuerdo entre ambas potencias se hace sin la intervención del pontífice. Este no es consultado para el Tratado de Tordesillas el 7 de junio de 1494. El texto del tratado indica que una línea situada a 370 leguas de Cabo Verde y de las Azores es el límite

---

[8] «Quae suum per actualem et realem possessionem non essent sortitae effectum, licet forsan aliquando illi quibus donationes et concessiones hujusmodi factae fuissent, aut eoruni nuntii, *ibidem* navigassem», Juan Solórzano Pereira, De *indiarum iure*, 4 vol., Madrid, CSIC, 1994-2000, vol. 1, p. 613, citado por H. Vander Linden, *op. cit.*, p. 17.
[9] Véase Giuliano Gliozzi, *Adam et le Noveau Monde*, París, Thééthète, 2005.
[10] Véase Fernando Mires, *La colonización de las almas*, *op. cit.*, p. 25.
[11] Silvio Zavala, *Las instituciones jurídicas de la conquista de América*, Madrid, Imprenta helética, 1935.

entre las posesiones de Portugal y España. Es evidente que la distancia propuesta en la bula no se respeta. En dicho tratado, las dos partes especifican que es preferible solicitar la confirmación del tratado por el papa. Pero se comprometen también a que ningún *motu proprio* que venga del Vaticano los dispense de cumplir sus acuerdos.[12]

Por lo tanto, se debe concluir que el verdadero poder del papa es bastante limitado. La utilización de las bulas tiene sobre todo un rol estratégico y, como lo veremos más adelante, también *ideológico*. En efecto, la evangelización de los «infieles» es uno de los puntos centrales de dichos documentos.

Voluntad imperial y evangelización

Las bulas establecen la misión de los Reyes Católicos de difundir el Evangelio. Sin embargo, no señalan en ningún momento los *métodos* a utilizar, dejando abierta la posibilidad de la guerra. Como lo muestra Capdevila, el papa subraya la finalidad espiritual, pero llama expresamente a la utilización de medios temporales, puesto que otorga poder a los reyes de Castilla y les cede el monopolio comercial en las Indias.[13] También, la fuerza y la presencia de la Iglesia en los nuevos territorios son establecidos por la Corona. El papa otorga a los reyes el patronato de los indios. Les concede derechos exclusivos en términos religiosos. Los reyen españoles poseen todos los privilegios eclesiásticos donados antes a los reyes de Portugal.[14]

En este sentido, se puede notar que la posición de la Iglesia se enfrenta a la soberanía de los señores indígenas. Esta, reivindicada más tarde por Las Casas, ni siquiera es citada en las bulas. Al contrario, y paradójicamente, son los conquistadores quienes la reconocen, justo antes de destruirla y fundar una nueva.[15] No obstante, en el caso de la bula papal, esta desposee a los indios sin recurrir a la fuerza. El derecho de Castilla sobre las tierras descubiertas y sobre los territo-

---

[12] Vander Linden H., *op. cit.*, p. 19.
[13] C, «Introducción», *op. cit.*, p. 151.
[14] Fernando Mires, *op. cit.*, p. 25.
[15] C, «Introducción», *op. cit.*

rios que serían descubiertos posteriormente extiende este proceso de desposesión.

La cuestión del uso de la fuerza sigue en el aire. De hecho, el papa no se refiere a la utilización de la fuerza para someter y convertir a los indios. Sin embargo, a partir de lo que se lee en la bula, las tierras descubiertas forman parte integral de la Corona. Por lo tanto, han de regularse siguiendo las leyes castellanas, lo cual significa que los indios *tienen* que convertirse. La donación hace pensar que el papa considera que los indios no pueden convertirse sin haber sido sometidos primero.[16]

Aquí es necesario señalar dos aspectos. En primer lugar, es evidente que este análisis del rol de la evangelización puede parecer ante todo retórico. Es claro que la inquietud religiosa no es lo que sostiene la bula, ni lo que funda la soberanía de los Reyes.[17] Además, se puede notar que los derechos que la Corona posee en materia religiosa manifiestan un cambio profundo en la lógica del poder. En efecto, la Iglesia concede a la Corona el poder exclusivo para fundar edificios eclesiásticos (templos, monasterios, etc.),[18] a lo que se suma también el monopolio sobre el oro, la plata y otros metales. Lo cual significa que la Iglesia no podía más que recibir diezmos en especie.[19]

La Iglesia se encuentra entonces sometida al control estatal en los territorios de Indias. Así, el patronato puede explicarse a partir de cuatro funciones esenciales. Primero, se trataba de consagrar la prioridad del poder temporal sobre el poder espiritual. Luego, se buscaba asegurar la ayuda de la Iglesia en la centralización del poder del Estado en las Indias. Lo cual significaba, enseguida, la colaboración de la Iglesia en el control de los intereses particulares que pudieran surgir en las colonias. Y, por último, esto otorgaba mecanismos para limitar los poderes de la Iglesia y asegurarse que esta no encontrara la autonomía que no había podido desarrollar en Europa.[20]

---

[16] *Ibid., op. cit.,* p. 153.
[17] Como Las Casas lo sostendrá más tarde.
[18] Fernando Mires, *op. cit.,* p. 32.
[19] Pedro Leturia, *Relaciones entre la Santa Sede e Hispanoamérica, op. cit.,* p. 16, citado por Fernando Mires, *op. cit.,* p. 34.
[20] Fernando Mires, *op. cit.,* p. 33.

Estos elementos revelan la distancia entre el *discurso* y la *práctica*. Las bulas aparecen como un refuerzo de los actos realizados y una advertencia contra la codicia de las potencias rivales. Para Las Casas, sin embargo, estos documentos son de una importancia fundamental en la argumentación en favor de los indios.[21] Y debe notarse también que la referencia religiosa retomada como instrumento político está lejos de ser superada. De hecho, la doctrina del Hostiensis sirve de base a otro documento que busca fundar la legitimidad de las conquistas. Se trata del requerimiento.

El requerimiento: soberanía y fuerza

LETRA Y ESPÍRITU
DEL REQUERIMIENTO

El *requerimiento* es un documento elaborado en 1513 por Palacios Rubios, jurista y consejero de los Reyes Católicos y quien debía regir la expedición de Pedrarias Dávila en Tierra Firme. Se trata de un texto que muestra las contradicciones que surgen de la voluntad de legitimar la conquista. Seguiremos acá el texto lascasiano[22] y desarrollaremos enseguida un análisis de los principales puntos citados:

> De parte del rey D. Fernando, y de la reina Doña Juana, su hija, reina de Castilla y León, etc., domadores de las gentes bárbaras, nos, sus criados, os notificamos y hacemos saber como mejor podemos, que Dios, Nuestro Señor, vivo y eterno, crió el cielo y la tierra y un hombre y una mujer, de quien vosotros y nosotros y todos los hombres del mundo fueron y son descendientes y procreadores, y todos los que después de nosotros vinieran. Más por la muchedumbre de la generación que déstos ha salido, desde cinco mil años a esta parte que el mundo fue criado, fue necesario que los unos hombres fuesen por una parte y otros por otra e se dividiesen por muchos reinos y provincias, que en una sola no se

---

[21] Desarrollaremos este punto en profundidad más adelante.
[22] HDI, III, FCE, 1965, pp. 26-27.

podían sostener ni conservar. De todas estas gentes, Dios Nuestro Señor dio cargo a uno, que fue Sant Pedro, para que de todos los hombres del mundo fuese señor y superior a quien todos obedeciesen y fuese cabeza de todo el linaje humano, doquier que los hombres viviesen y estuviesen, en cualquier ley, secta y creencia, y diole el mundo por su reino y jurisdicción; y como quier que le mandó poner su silla en Roma, como en lugar más aparejado para regir el mundo, mas también le permitió que pudiese estar poner su silla en cualquiera otra parte del mundo y juzgar y gobernar a todas las gentes, cristianos, moros, judíos, gentiles y de cualquier otra secta y creencia que fuesen. Este llamaron Papa, porque quier decir admirable, mayor padre y gobernador de todos los hombres. A este Sant Pedro obedecieron y tomaron por señor, rey y superior del Universo los que en aquel tiempo vivían, y asimismo han tenido a todos los otros que después de él fueron al Pontificado elegidos y así se ha continuado hasta agora y se continuará hasta que el mundo se acabe. Uno de los pontífices pasados, que en lugar de éste sucedió en aquella dignidad e silla que he dicho, como señor del mundo, hizo donación destas islas e tierra firme del mar Océano a los dichos rey y reina e a sus sucesores en estos reinos, nuestros señores, con todo lo que en ellas hay, según se contiene en ciertas escripturas que sobre ello pasaron, según dicho es, que podéis ver si quisiérades; así que sus Altezas son reyes y señores destas islas y tierra firme, por virtud de la dicha donación, y como a tales reyes y señores algunas islas más y casi todas, a quien esto ha sido notificado, han recibido a Sus Altezas y les han recibido y servido y sirven como súbditos lo deben hacer, y con buena voluntad y sin ninguna resistencia, luego sin dilación, como fueron informados de lo susodicho, obedecieron y rescibieron los varones religiosos que sus Altezas les enviaban para que les predicasen y enseñasen nuestra sancta fe, y todos ellos, de su libre y agradable voluntad, sin premia ni condición alguna, se tornaron cristianos y lo son y Sus Altezas los rescibieron alegre y benignamente, y así los mandaron tractar como a los súbditos y vasallos, y vosotros sois tenidos y obligados a hacer lo mismo. Por ende, como mejor podemos, vos rogamos y requerimos que entendáis bien esto que os decimos, y toméis para entenderlo y deliberar sobre ellos el tiempo que fuere justo, y reconozcáis a la Iglesia por señora y superiora del Universo mundo, y al Sumo Pontífice, llamado papa, y en su nombre al rey o a la reina doña Juana, nuestros señores, en su lugar, como a superiores y señores destas islas y tierra firme, por virtud de la dicha donación, y consintáis y deis lugar que estos padres religiosos os declaren y prediquen lo susodicho. Si ansí lo hicierdes, haréis bien y aquello que sois obligados a Sus Altezas, y nos en su nombre vos recibiremos con todo amor e caridad e vos dejaremos vuestras mujeres e hijos y haciendas, libres, sin servidumbre, para que dellas e de vosotros hagáis libremente lo que quisierdes y por bien tuvierdes, e no vos compelerán a que vos tornéis cristianos, salvo si vosotros, informados de la verdad, os quisierdes convertir a nuestra sancta fe católica, como lo han hecho cuasi todos los vecinos de las otras islas; y allende desto, sus Altezas vos darán muchos privilegios y exenciones y vos darán muchas mercedes; y si no lo hicierdes, y en ello dilación maliciosamente pusierdes, certificamos que con la ayuda de Dios, nosotros entraremos poderosamente contra vosotros y vos haremos guerra por todas las partes y maneras que pudiéremos, y vos subjetaremos al yugo y obediencia de la Iglesia y de Sus Altezas y tomaremos vuestras personas y de vuestras mujeres e hijos y los haremos esclavos y como a tales venderemos y dispondremos dellos como Sus Altezas mandaren, e vos tomaremos vuestros bienes y vos haremos todos los daños y males que pudiéremos, como a vasallos que no obedecen ni quieren rescibir a su señor y le resisten y contradicen; y protestamos que las muertes y daños que dello se recrecieran sea a vuestra culpa y no de Sus Altezas, ni nuestra, ni destos caballeros que con nosotros vienen; y de como lo decimos y requerimos, pedimos al presente escribano que nos lo dé por testimonio signado, y a los restantes rogamos que dello nos sean testigos, etc.

El primer punto que debe señalarse es la referencia teológica. El texto aparece como una afirmación de la doctrina de Enrique de Susa, según la cual, la llegada de Cristo hace desaparecer toda jurisdicción no cristiana, doctrina que es retomada por el papa en las bulas. Así, los infieles y los paganos pierden sus derechos de posesión. El papa aparece entonces en *dominus mundi*, y posee en potencia todas las tierras del «mundo». La acción de los conquistadores es entonces la actualización de estos derechos potenciales. La posesión legítima de los territorios ocupados por los indios es en consecuencia de la Corona. Es claro que dicha argumentación teológico-política está dirigida a los españoles que querían asegurar sus derechos y no a los indios.

El segundo punto es que no hay que dejarse engañar por estas referencias teológicas puesto que la esencia del requerimiento es la afirmación *moderna* de un derecho que va más allá de los límites territoriales. Es la primera vez que los europeos reivindican un derecho especial y unilateral sobre tierras que no les pertenecen, así como sobre los habitantes que ahí se encuentran.[23] El requerimiento responde a un problema de legitimidad. El recurso a la teología es lo que valida, en última instancia, el uso de la fuerza, porque los indios deben aceptar bajo amenaza no solo el sometimiento político, sino también la sumisión espiritual. El derecho de los españoles está marcado por la violencia, puesto que la única respuesta de los indios a este requerimiento es la aceptación incondicional. Cualquier rechazo merece un castigo. Hay entonces juicio incluso antes de que haya aceptación de las reglas del proceso. El requerimiento provee, en la lógica de su autor, una causa de guerra justa.[24] Si los indios se niegan a obedecer, cometen injuria, lo que justifica su destrucción y su sometimiento. Pero los problemas que plantea este documento son evidentes.

Las Casas y el requerimiento

Para Las Casas, el requerimiento es la prueba del carácter viciado de la conquista. Se trata de una tentativa de racionalización y de legitimación, pero no es más que una fórmula vacía que excluye toda comunicación con el Otro. El dominico subraya el carácter absurdo de las disposiciones que el texto plantea,[25] puesto que implica pretensiones políticas que violan el derecho de gentes y el derecho natural. En efecto, es absurdo obedecer a un rey extranjero sin establecer un contrato, sin que haya consenso y concertación sobre la forma de gobierno o sin

---

[23] Véase c, «Introducción», p. 114.
[24] *Ibid.*, p. 115.
[25] Como muestra Capdevila, incluso conquistadores como Cortés se rieron del requerimiento. *Ibid.*, p. 117.

que sean decididas las reglas de servicio y tributo.[26] Si los reyes naturales se hubiesen sometido sin el consentimiento de sus súbditos, estos habrían podido ser desposeídos y desobedecer. En cambio, si fuesen los súbditos quienes obedecieran a un rey extranjero, habrían sido culpables de traición.[27] El requerimiento viola el derecho de gentes, es la expresión de una voluntad de conquista que se impone por la fuerza, incluso en contra de las normas naturales y consuetudinarias. Las Casas subraya cómo, bajo el manto de la racionalidad, este texto plantea demandas que van contra la razón natural.

A esto se suman las exigencias en materia religiosa que, ante los ojos de Las Casas, son también absurdas. En efecto, lo que dicen los españoles sobre los hechos religiosos no tiene pruebas. Las Casas piensa que los moros podrían decir lo mismo, lo cual significa que las técnicas de conquista de los españoles son asimiladas a las de sus enemigos tradicionales. Si estas afirmaciones sobre la religión no se acompañan de pruebas, entonces los indios no tienen ninguna obligación de nada. Para Las Casas, existe una comprensión *natural* del fenómeno religioso. La experiencia religiosa debe vivirse, no puede aprenderse. Además, los elementos que acompañan la religión católica (el lugar del papa, el rol de la Iglesia) son elementos *históricos*, que deben ser contextualizados. Estas distinciones y cargos no tienen ningún sentido para los indios. Como lo afirma el dominico, creer en la Iglesia es ya el acto de alguien que se ha convertido.[28]

Por lo tanto, está claro que los indios deben desobedecer el requerimiento. Y dicha desobediencia no puede ser causa de guerra. Por el contrario, implica respetar el derecho de gentes. De ello se deduce que las guerras emprendidas por los españoles son injustas y la resistencia india es no solamente justa, sino necesaria y legítima desde el punto de vista de la ley natural, porque responde a una afronta. Así, la amenaza de los españoles y la invasión de los territorios indígenas constituye, para el dominico, una causa de guerra justa. Los roles, por lo tanto, se invierten. Las Casas analiza la situación desde

[26] HDI, III, 57. Veremos más adelante cómo estas consideraciones son consideradas en el proyecto imperial propuesto por Las Casas.
[27] *Idem.*
[28] *Idem.*

el punto de vista del derecho de gentes y según las normas que ordenan la guerra. Trata de ver, detrás de la *ideología* de conquista, los hechos que sostienen la agresión.

El requerimiento demuestra entonces el carácter grotesco[29] de la dominación. Esta se pretende legítima, pero se apoya en una argumentación irracional. La afirmación de la soberanía imperial está siempre acompañada de violencia. En el caso de este texto, la figura del conquistador se presenta como la del misionero. La religión es puesta al servicio del poder temporal, la Iglesia aquí se somete al Estado.

No obstante, si bien el requerimiento no fue completamente abandonado,[30] es necesario ver cómo se articulan las otras vías de la legitimación que no reposan sobre la afirmación de teorías teológicas sino sobre aspectos más modernos como el contrato comercial y la explotación económica.

La lógica de la dominación: conquista, repartición, colonización

La dominación española se funda sobre una diferenciación esencial entre vencidos y vencedores, diferenciación que se opera mediante la fuerza. En efecto, luego de haber leído el requerimiento, es la fuerza la que prevalece. Los indios vencidos se convierten entonces en *rebeldes* a los cuales hay que castigar por medio de la esclavitud. Después de dicha derrota, no hay un regreso a una situación de equilibrio. Por el contrario, la violencia total expresada en las formas de guerra de los españoles se prolonga a través de instituciones como la encomienda y el repartimiento. Estos devienen instrumentos *políticos* que regulan las relaciones entre las dos sociedades y crean una dependencia fundada en la inferiorización de los indios, en el control sobre sus cuerpos, sus territorios y sus creencias, y finalmente, en la

---

[29] Ver C, «Introducción», p. 119.
[30] Fue instituido en 1513, se recuerda su aplicación en 1526 y 1556. Ver C, «Introducción», p. 113.

destrucción de sus relaciones sociales. Estos elementos constituyen la nueva dominación que aparece en los territorios americanos.

LA CONQUISTA COMO EMPRESA PRIVADA

Antecedentes teóricos y jurídicos

Se puede notar, como muestra Luciano Pereña en su introducción al *De Regia Potestate*,[31] que la práctica de la conquista en los nuevos territorios estaba organizada a partir de concesiones que el rey podía hacer. Así, cuando particulares comprometían sus haciendas, es decir, sus fortunas personales para ganar tierras a nombre de la Corona, esta les beneficiaba con una serie de privilegios. La relación política consistía en tres puntos esenciales: el impuesto, el servicio militar y la jurisdicción.[32] Estas funciones tendían a ser absorbidas por los beneficiarios de la donación, haciendo así surgir una estructura intermedia, la cual se conoce bajo el nombre de *feudalidad*.[33] Esta práctica se extendió durante la política de «reconquista» de los territorios en manos de los musulmanes. Los nobles comprometían su fortuna contra la promesa real de poder obtener los nuevos territorios «liberados», así se creaban feudos sometidos a la autoridad de los conquistadores.

La regularidad de las donaciones hace que posean un lugar importante en el derecho castellano. En la medida en que podían poner en peligro la jurisdicción del rey y por consiguiente disminuir su poder, tenían que responder a ciertos principios. Se trata por ejemplo de la prohibición de ceder la práctica de la justicia o de la imposibilidad de los concesionarios de realizar ganancias con las donaciones. Pero estas tensiones políticas donde se juegan la autoridad y la fuerza del soberano provocan un horizonte de luchas entre las Cortes, es decir, entre una parte, los representantes de las ciudades y pueblos, y por

---

[31] DRP, Edición crítica bilingüe por Luciano Pereña, J. M Perez Prendes, Vidal Abril y Joaquín Ascarraga, Consejor Superior de Investigaciones científicas, Madrid, 1984.
[32] *Ibid.*, «Estudio preliminar», p. XXI.
[33] En el caso americano, esta lucha contra la feudalidad es lo que anima la crítica lascasiana contra el sistema de encomiendas.

otro lado, el rey y los beneficiarios de las concesiones. El rey desea guardar un poder discrecional sobre las donaciones; en cambio, los beneficiarios desean conservarlas por siempre.

Alfonso XI es uno de los soberanos que más profundiza dicho sistema, puesto que cambió la comprensión que habían establecido las Cortes hasta 1348, es decir, un principio general y superior de no alienación posible, con la conclusión de una práctica ilegal por vía de privilegios y cuya única excepción era la donación durante la vida del monarca con la perpetuación bajo el mandato de un nuevo rey. El rey realiza una lectura de los tres principios bajo el mismo rango. Lo cual volvió más simple la adquisición de la jurisdicción por parte de particulares, así como el ejercicio de la justicia y el gobierno.

En 1443, estas prerrogativas son limitadas por las Cortes de Valladolid. Estas crean un programa legislativo con los siguientes puntos: la promulgación de una ley que prohibía alienar, bajo ningún título, ciudades, pueblos y caseríos;[34] la nulidad de toda donación contraria, haciendo que esta no pudiese ejecutarse.[35] A todo esto se agregaba la imposibilidad de crear cualquier relación jurídica en favor de los donantes y la legalidad de la resistencia violenta por parte de los afectados por la donación.[36] Finalmente, dicha ley de prohibición tenía un rango superior a cualquier otra norma legal, judicial o consuetudinaria, y el rey no podía hacer caso omiso de ella. Cualquier infracción de su parte acarreaba la pérdida de sus facultades de administración de la donación, haciendo que esta volviera al patrimonio real. Dicho programa admitía únicamente dos excepciones: las donaciones hechas al príncipe y a la reina, a sabiendas que estas no podían

---

[34] *DRP*, p. XXVIII, citado por Luciano Pereña, «Suplicamos e pedimos...mande estatuya e por ley por siempre valedera ordene vuestra sennoria, que non podades dar de fecho nin de derecho nin por otro algunt titulo enajenar çibdades nin villas, nin aldeas [...]».

[35] *Ibid.*, «E sy lo dieredes o dieren que sea ninguna la tal dadiua o mercet..., e que non sea complida».

[36] *Idem*, «Syn pena alguna se pueda fazer resistençia actual o verbal de qual quier qualidad que sea o ser pueda, avn que sea con tumulto de gentes de armas...». Esta justicia de la guerra de resistencia es lo que permite legitimar la defensa de los indios por medio de las armas.

cederse después, y las donaciones que recompensaban una guerra,[37] siempre y cuando dichos territorios no tuviesen un interés estratégico para el reino.

Es importante conocer estos antecedentes para comprender la noción de «soberanía» en el caso de los reinos españoles. Lo cual permite también ver la evolución de dicha noción entre la «reconquista» de Granada y el «descubrimiento» de los territorios americanos. La «soberanía» se disputa entre la Corona y el poder *de facto* de los particulares en estos territorios que poseen prerrogativas y poderes.

Cristóbal Colón
y la estructura de la dominación

Como muestra Giménez Fernández, la empresa de Colón es un asunto que implica una relación particular entre el soberano y el individuo conquistador.[38] Las capitulaciones negociadas y firmadas entre Colón y Fernando de Aragón, el 17 de abril de 1492 en Santa Fe, se fundan en la consideración de una expedición comercial. El rey otorga una serie de derechos sobre los nuevos territorios descubiertos, así como sobre las riquezas que puedan ser extraídas. Así, por ejemplo:

> todas y cualesquiera mercaderías, siquier sean perlas preciosas, oro o plata, especiería y otras cualesquier cosas [...] que se compraren, trocaren, hallaren, ganaren y hubieren dentro de los límites de dicho almarintazgo, que dende ahora, Vuestras Altezas hacen merced al dicho D. Cristóbal, y quieren que haya y lleve para sí la décima parte de todo ello [...].[39]

Sin embargo, la cuestión de la conversión de los habitantes de los nuevos territorios no aparece, se trata de un argumento que es empleado de manera tardía. Esto quiere decir que los primeros contac-

---

[37] De ahí la necesidad de «probar» el carácter justo de la guerra contra los indios.
[38] Manuel Giménez Fernández, *Bartolomé de las Casas, Delegado de Cisneros para la Reformación de las Indias (1516-1517)*, Escuela de Estudios Hispano-Americanos de Sevilla, t. 1, Sevilla, 1953, p. 24.
[39] HDI, I, 33, 1986, p. 176.

tos entre españoles e indios no tienen ninguna perspectiva política. El primer viaje del almirante es solamente un viaje de «descubrimiento». La búsqueda de oro no estaba ligada a ninguna pretensión política de dominación.

No obstante, en el texto de las capitulaciones, existe un conjunto de elementos que demuestran que hay una voluntad política en la empresa del almirante. Así, por ejemplo, el hecho de que los reyes hacen «al dicho D. Cristóbal Colón su virrey y gobernador general de las dichas islas y tierras firmes, que [...] él descubriere o ganare en las dichas mares».[40]

Y si bien Giménez Fernández considera que estos privilegios eran otorgados por el hecho mismo que los reyes no estaban del todo interesados en el gobierno de dichas tierras, el almirante insiste en la voluntad de establecer una dominación *para* la Corona. De tal manera, afirma «Y crean [Vuestras Altezas] que esta isla y todas las otras son así suyas como Castilla, que aquí no falta salvo asiento y mandarles a hacer lo que quisieren, porque yo con esta gente que traigo, correría todas estas islas sin afrenta [...]».[41]

Colón ofrece la obediencia de los habitantes y la apropiación de los territorios mediante la fuerza. Para él, se trata casi de un hecho empírico.

Siguiendo esta hipótesis, Las Casas afirma el carácter colonizador de la empresa colombina. De hecho, para el dominico, el nombre de Colón debe entenderse como «colono», es decir, como un presagio del personaje,[42] lo cual quiere decir que es él a quien se debe reconocer la gloria de haber «ganado» un nuevo mundo para la corona de Castilla. Así, en la descripción de este viaje aparecen las características políticas de un enviado que ostenta plenos poderes. Estos se fundan sobre el *imperium* que los reyes reivindican sobre el mar océano y demás territorios.[43]

---

[40] *Idem.*
[41] *Ibid.*, I, 54, p. 269.
[42] Las Casas se refiere a la sonoridad de las palabras *colono* y *Colón*. Hay que señalar aquí que esta obra de Las Casas también pretende legitimar la figura del almirante en los debates que se produjeron en la época sobre sus «descubrimientos» y los derechos que le correspondían.
[43] HDI, I, 33, pp. 292-295.

La dominación de
los «espacios vacíos» por la fuerza

La empresa de conquista es una empresa *imperial* que se funda en la voluntad de dominar espacios que están «disponibles». Dicha disposición, como ya lo hemos señalado, implica la no posesión efectiva por los cristianos. Así, el acto de toma de posesión es un acto de guerra porque niega la existencia de «otra» autoridad. Los infieles o los paganos no son tomados en cuenta, de ninguna manera, en esta expansión de la soberanía. Se trata de obstáculos que hay que vencer.

La toma de posesión se convierte entonces en el inicio de la dominación. Las Casas transcribe el primer acto político de Colón:

> Luego el Almirante, delante de los dos capitanes y de Rodrigo de Escobedo, escribano de toda la armada, y de Rodrigo Sánchez de Segovia, veedor de ella, y de toda la gente cristiana que consigo saltó en tierra, dijo que le diesen, por fe y testimonio, cómo él por ante todos tomaba, como de hecho tomó, posesión de la dicha isla, a la cual ponía nombre San Salvador [...].[44]

Esta acción se realiza delante de los secretarios del rey y unos testigos. En ella se excluye toda referencia a la alteridad. Los indios no son más que testigos silenciosos. Se trata de un acontecimiento de conquista que supone la «disposición» libre de los territorios.

Es a partir de dicho esquema que se trata de fundar un «gobierno» sobre las Indias y sus habitantes. Pero es a través de esta acción que la soberanía que se reclama se convierte en «dominación», es decir, en un poder injusto. El conquistador es una extensión del poder real: es enviado a *conquistar*, a ocupar territorios y reclamarlos en nombre del rey. Dicho reclamo se realiza con base en las prerrogativas otorgadas por la Corona y se presenta como una acción de guerra. El «descubrimiento» supone la posibilidad de una toma de control sobre los territorios y las personas que ahí habitan. La toma de posesión constituye un acto paradójico, puesto que se trata a la vez de un acto

---

[44] *Ibid.*, I, 40, p. 205.

de fuerza y de un acto jurídico. Es un acto de fuerza porque la amenaza de la guerra está siempre presente. Pero, en tanto *extensión* del poder soberano, dicho acto es proclamado en nombre del *derecho*. Por esto, esta acción debe realizarse frente a testigos y seguir un protocolo.[45] La transcripción de estos actos realizados durante la conquista es lo que permite enseguida la articulación política, económica y comercial.

La capitulación como contrato político y comercial

Las capitulaciones acordadas por la Corona se interesan sobre todo a la distribución de la riqueza producida por medio de la guerra y a las prerrogativas políticas que se otorgan a los conquistadores. De manera periférica, establecen también lineamientos para el trato y la conversión de los indios. Así, por ejemplo, en 1534, Carlos V otorga a Felipe Gutiérrez una capitulación para que este pueda conquistar la provincia de Veragua, al oeste de Castilla del Oro, en el istmo de Panamá. El rey indica que perdona una quinta parte de todas las perlas preciosas, las especies y otras riquezas (recompensas, minas, etc.) que puedan extraerse de dicha conquista.[46]

Se trata, sobre todo, de un contrato comercial. La capitulación delimita, al mismo tiempo, los beneficios y las responsabilidades financieras que se derivan de tal empresa. El conquistador acepta cubrir los costos y gastos de la expedición y el rey limita el monto que está dispuesto a reembolsar.[47]

Se puede entender entonces que la dominación es pensada por el poder central a partir de diferentes ámbitos. El primero parece ser el comercial y económico: toda empresa de conquista se realiza, ante todo, para con el objetivo de enriquecer a la Corona, pero los medios

[45] Protocolo que también puede ser absurdo como el requerimiento.
[46] Documento 10, capitulación entre el rey y Felipe Gutiérrez para poblar la provincia de Veragua, 24 de diciembre de 1534.
[47] *Ibid.*

puestos a disposición son medios privados que poseen una autorización legal, formal, de parte del poder oficial.

De esta manera, si se observan las capitulaciones realizadas al inicio de las conquistas continentales, alrededor de 1518, se puede ver implicada esta misma estructura de compromiso. Se otorgan al conquistador numerosas prerrogativas, que son válidas no solamente durante su vida, sino también durante la de sus herederos. Hay entonces un poder que se perpetúa, garantizado por los compromisos del rey. Las Casas comprende la importancia de dicho documento jurídico que regula la conquista territorial. Es así como presenta, por ejemplo, la capitulación que Diego Velázquez, conquistador de Cuba, obtuvo del rey. Este le ofrece la decimoquinta parte de toda la ganancia que podría realizar en la conquista de las tierras aztecas. Y dicha ganancia debía extenderse luego durante la vida de uno de sus herederos. Pero como este personaje había realizado logros excepcionales, por ejemplo, la «pacificación» de varias islas, podía conservar de manera perpetua, tanto él como sus herederos, la vigésima parte de todas las rentas de una de estas islas.[48]

Este primer ámbito es seguido por el político. La conquista es también un instrumento de dominación política que construye el «imperio efectivo».[49] Se señalan en la capitulación los rangos y cargos políticos que se ganan durante la expedición. Así, por ejemplo, el rey nombra a Felipe Gutiérrez gobernador y alguacil de su provincia.[50] La figura del conquistador que posee un rango militar se convierte, gracias a la intervención del poder real, en figura *civil*. El que conquista gana el gobierno a partir del acto bélico. Existe un estrecho lazo entre

[48] HDI, III, 124.
[49] Se sigue aquí la distinción que realiza Capdevila entre «imperio efectivo» y «verdadero imperio», ver c, «Introducción», *op. cit*. El imperio efectivo se refiere a la acción de conquista emprendida por la Corona desde 1492. Dicho imperio se construye sin ninguna base teórica evidente. Es simplemente el resultado de la política llevada a cabo por la Corona y la acción de los conquistadores y encomenderos. Ahora bien, frente a tal realidad, Capdevila habla del «verdadero imperio» refiriéndose a la justificación que Las Casas deriva del poder del rey sobre los indios. El «verdadero imperio» se funda únicamente sobre la misión, otorgada por el papa, de evangelizar a los indios. Esta misión es la única que legítima la presencia española en las Indias.
[50] Documento 10, *ibid*.

los deberes militares del conquistador y la adquisición de su estatus *político*. El que está a cargo de una capitulación presenta su acción futura como un servicio a la Corona. Servicio que consiste en «poblar» las tierras, así como «pacificar» y «convertir» a los indios.

Sin embargo, esta confusión entre el rol militar y el rol civil produce una serie de problemas y tensiones, como lo observaremos más a detalle. En efecto, las acciones de conquista son siempre utilizadas como argumento para fundar la dominación política de los territorios. La acción bélica es entonces la base del poder político, el cual está fundamentado en el sometimiento de los indios. Este fundamento del derecho a partir de la fuerza es lo que permite la iniciativa «privada» de los conquistadores. Los nuevos territorios son espacios «disponibles» que solo esperan el control de los españoles. Así, a partir de las autorizaciones establecidas por la Corona, los conquistadores pueden aventurarse a buscar nuevos territorios, esperando que sus iniciativas sean validadas por el derecho. Entonces, el «descubrimiento» y la conquista de tierras abren la posibilidad de reclamar privilegios y recompensas.

EL INDIVIDUO, LA FUERZA Y LA LEY

El proceso que acabamos de describir, donde el individuo se compromete de manera privada con la autorización de un representante de la Corona,[51] es una de las formas que toma la conquista, particularmente sobre los territorios de la Tierra Firme. En efecto, luego de las expediciones que permiten la instauración del gobierno de Castilla del Oro en el istmo de Panamá, las iniciativas de conquista se multiplican, gracias a las autoridades locales.

Así, en 1523, Gil González Dávila escribe al rey informando de sus logros como conquistador.[52] Afirma haber descubierto más de quinientas leguas por la costa del Mar del Sur, haber poblado de su bolsillo

[51] También es posible que no exista autorización previa a la expedición, como en el caso de Cortés, por ejemplo. La legitimación de sus derechos como conquistador tendrá lugar *a posteriori*.
[52] Documento 2, pedido de Gil González Dávila a Su Majestad para que se respete lo que se prometió, 1523.

pueblos en Honduras y Nicaragua y haber convertido a muchos indios.[53]

Dicho texto presenta las dimensiones de la conquista: la parte económica, con la riqueza que pertenece a la Corona, la parte «política» donde aparece la dominación territorial, el «poblamiento», y por último, la parte evangélica, donde los indios son «pacificados» y «convertidos». González Dávila señala también que las riquezas obtenidas durante su expedición no son suficientes para pagar el compromiso de su fortuna, ni las deudas adquiridas. Afirma que la calidad del oro recuperado es muy baja y alcanza únicamente para pagar la parte que corresponde al rey. Así, a partir de esta lógica de «servicio» a la Corona, los conquistadores pueden pedir una participación de la riqueza que han ayudado a adquirir.

Pero dicha participación debe certificarse delante de la Corona que se encarga, en última instancia, de aprobarla. Por esto, las informaciones producidas *in situ*, a lo largo del proceso de conquista, permiten legitimar *a posteriori* el uso de la fuerza. En 1524, por ejemplo, el rey emite un decreto sobre los «descubrimientos» de Gaspar de Espinosa, donde recuerda que este, con el rango de capital general, fue a «pacificar» y «reducir» al servicio de la Corona las provincias de Comagre, Pocorosa y Tubanamá. Además, subyugó y «redujo» a los caciques de Natá y de Escoria.[54]

Las acciones de Espinosa son actos bélicos que buscan someter a los indios y controlar sus territorios. Dichos territorios son una vez más considerados como «nuevos», la expedición es pensada como una forma de conocer y dominar. El rey afirma en su texto que el conquistador descubrió cuatrocientos lugares de costa y provincias en dirección al oeste y que por todos los lugares que pasó, «pacificó» y «redujo» los caciques y sus sujetos.[55]

La lógica de conquista es una lógica de toma de posesión que se realiza mediante la guerra. Este empleo de la fuerza es legitimado por el reconocimiento de la Corona. El *hecho* se convierte en *derecho*

---

[53] *Ibid.*
[54] Documento 4, decreto real sobre los descubrimientos hacia el oeste del licenciado Gaspar de Espinosa, 5 de marzo de 1524.
[55] *Ibid.*

gracias al otorgamiento de una autoridad política, acompañada de beneficios económicos. La desposesión de los señores naturales se realiza de manera violenta. La Corona impone un nuevo derecho que niega el derecho precedente, la soberanía es impuesta por la guerra. Pero aquello que funda esta soberanía es la participación privada y el enriquecimiento personal de los conquistadores. Así, el rey otorga derechos sobre territorios que escapan a su jurisdicción pero que se hacen de su propiedad gracias a la acción de las armas.

Es esta lógica de «conquista» la que, según Las Casas, va contra la legitimidad de los reyes y, por lo tanto, amenaza la soberanía de la Corona. De esta forma, el dominico se opone a la lógica de conquista. Pero antes de entrar en los detalles de esta crítica, es necesario examinar otros conceptos que derivan de este tipo de dominación.

La conquista como «poblamiento»

La dinámica de conquista se acompaña también de una acción fundamental que los conquistadores deben realizar: se trata de «poblar». La idea de que los territorios están para «poblarse» deriva de la concepción de *tierra vacía* que hemos señalado. Y esta noción se apoya de una concepción a la vez económica y política. Los documentos oficiales de la Corona muestran la preocupación de «poblar» los territorios, es decir, de una instalación durable de habitantes españoles y de la recuperación de tierras. Este asentamiento significa también consolidar una estructura de poder para «gobernar» a los habitantes y dominar el espacio.

La carta del rey sobre los descubrimientos de Espinosa afirma que el conquistador pobló la villa de Nacta, la segunda aldea de cristianos que se instaló en el Mar del Sur,[56] y que ha conseguido en dicho viaje grandes cantidades de oro.[57] Poblamiento y riqueza van de la mano. Dicha riqueza, sin embargo, se sostiene gracias al control y a la dominación de la mano de obra indígena. Algunos años después, en 1531, cuando la instalación duradera de los españoles en las

---

[56] *Ibid.*
[57] *Ibid.*

provincias de Nicaragua y de las Higueras sigue estando amenazada, Francisco Castañeda hace llegar sus quejas al rey, advirtiendo que los ríos, recientemente descubiertos cerca del cabo de Gracias a Dios, no pueden ser explotados por falta de indios. Esto se convierte en un obstáculo para el enriquecimiento del conquistador y de la Corona.[58]

A la vez, en 1535, el tesorero del rey, Diego García de Celis condena la expedición esclavista de Andrés de Cerezeda, gobernador de la provincia de Honduras. Según el tesorero, cazar indios y venderlos como esclavos es una amenaza para la instalación duradera de los españoles. Si se destruye la región vendiendo indios, aquellos españoles que quisieran habitar el lugar no podrían sobrevivir.[59]

En efecto, la noción de *poblamiento* se refiere específicamente a la instalación de los españoles en el territorio. Los indios son considerados únicamente como un «medio» para valorizar las tierras, es decir, como instrumentos de trabajo. La riqueza de una región se puede medir por la densidad de población autóctona que posea, ya que incluso la riqueza del subsuelo depende de la disponibilidad de mano de obra indígena.

Se entiende entonces el lugar que ocupa la figura del indio en los relatos de la época. Veremos que los indios son todavía vistos bajo dos matices complementarios: como *medios* para acceder al oro y trabajar en las haciendas de los españoles, permitiendo así el poblamiento. Por otro lado, los indios son una amenaza potencial, puesto que dicho trabajo se realiza siempre bajo coacción, lo cual hace de las revueltas una posibilidad siempre presente. Analizaremos de manera precisa esta visión del indio a partir de la crítica que realiza Las Casas de la

---

[58] «Y quiso Nuestro Señor darle tan buena dicha que ha descubierto siete ríos, en espacio de dos leguas, donde, conforme con la relación y muestra del oro que ha traído, se tiene por cierto hay oro en los ríos para cincuenta años. Así lo verá Vuestra Majestad por el testimonio de la relación que envió el capitán, que aquí le envío. Y tenga Vuestra Majestad por muy cierto a esta tierra la han tenido por encantada y por encubierta, porque es muy rica y esta riqueza viene a aparecer ahora que la tierra está destruída y sin indios». Documento 10, *ibid*.

[59] Documento 11, carta de Diego García de Celis, Tesorero Administrativo del Gobierno de Honduras a Su Majestad. Informe sobre el estado de la expedición y pacificación de Naco, informe sobre la expedición de Cristóbal de la Cueva bajo la orden de Jorge de Alvarado.

noción misma de *poblamiento*. Pero antes es necesario hacer un balance de la ideología que acompaña a este proceso de dominación.

LA CONQUISTA COMO EVANGELIZACIÓN

Si bien es cierto que las primeras capitulaciones otorgadas a Colón podían dar la impresión de un viaje comercial, los contratos siguientes dejan clara la misión de evangelización.[60] Dicha referencia aparece como el instrumento ideológico de la conquista. Sin embargo, existe cierto desfase entre lo que establecen los contratos y lo que se desprende del análisis de otros documentos de la época. Así, por ejemplo, el contrato pactado entre la Corona y Felipe Gutiérrez señala que el conquistador tendrá consigo «un cura y dos religiosos de vida ejemplar y buena»; estos debían ser responsables del bautizo de los indios, así como de su instrucción en las cosas de la «sante fe católica».[61]

En este documento se subraya ampliamente el carácter «misionero» de la conquista. La capitulación se refiere a las provisiones que establecieron los reyes católicos para el buen trato y la conversión de los indios. La empresa de conquista aparece entonces como un proyecto de expansión político y evangélico. El rey afirma que el deseo de la Corona fue «traer a los dichos indios en conocimiento verdadero de Dios, nuestro señor y de su santa fe, con predicación de ella y ejemplo de personas doctas y buenos religiosos, [...] hacer buenas obras y tratamiento de prójimos, sin que en sus personas y bienes no recibiesen fuerza ni penuria, ni daño, ni desaguisado alguno».[62]

No obstante, esta voluntad se mezcla con la voluntad de conquista y entonces con el establecimiento de una dominación *de facto* sobre los indios. Dominación que se presenta como el sometimiento a la soberanía, pero que se realiza como toma de posesión violenta donde se juegan el control de los territorios y de la población.

---

[60] Como lo hacían también las bulas de donación.
[61] Documento 10, *ibid*.
[62] *Idem*.

De esta manera, al estudiar las relaciones de los inspectores de la Corona sobre la práctica de la evangelización de los indios, se constata una realidad distinta a los deseos reales. Por ejemplo, en la carta que Andrés de Cerezeda envía al rey en 1529, cuenta que un religioso dominico, el fray Diego de Loaysa, fundó un monasterio de dicha orden cinco meses antes en la provincia de Nicaragua. Lo cual permite concluir que, desde 1517, año del primer «poblamiento» de la provincia, la evangelización no fue una prioridad ni para la Corona ni para los gobernadores. Cerezeda señala asimismo que el dominico se ganó una buena reputación como defensor de los indios y predicador de la doctrina.[63] Sin embargo, su presencia fue solamente temporal y puntual. No respondió a un esfuerzo sistemático de evangelización. En efecto, dos años después, en 1531, Francisco Castañeda pide al rey enviar religiosos para «poblar» los monasterios, porque aquellos que estaban allí partieron hacia Perú.

De esta forma, la evangelización no parece ser el objetivo primordial del control territorial. No se le practica de manera sistemática, ni tampoco obedece a una *metodología*. Su rol en los discursos de conquistadores y autoridades de la Corona es meramente ideológico. La crítica lascasiana denuncia este uso del Evangelio como arma de dominación. Para Las Casas, la forma que toma la conquista —como empresa privada, como poder *de facto* sobre los indios— es tiránica, porque la aplicación de lo que pretende ser un «derecho» (el «poblamiento», el «gobierno») nace de la fuerza.

[63] Documento 6, carta de Andrés de Cerezeda a Su Majestad, 20 de enero de 1529. Sobre la situación en Honduras y el encarcelamiento de Diego López de Salcedo.

Capítulo III

El derecho del más fuerte:
el nacimiento histórico de la encomienda

La crítica lascasiana de la dominación no está sistematizada en un texto particular. Aparece gradualmente, de forma fragmentaria, pero puede leerse como un solo documento que subraya los rasgos característicos de esta forma de dominación que emerge en la conquista. La fuerza de esta propuesta lascasiana es comprender el instrumento sobre el cual reposa todo el aparato colonial: la encomienda. Las Casas hace la historia de la encomienda para poder criticarla. En efecto, reconstituyendo el proceso mediante el cual nace la encomienda, puede denunciar su carácter ilegítimo y apuntar igualmente el peligro político que representa para la Corona, así como el peligro físico que conlleva para los indios.

El nacimiento de la encomienda
como práctica económica

Tal como Las Casas lo cuenta en su *Historia,* las primeras formas de repartición y de servicio comienzan con Colón y sus hombres. Colón impone un tributo para el rey, una cierta cantidad de oro cada tres meses, a los vecinos mayores de 14 años de las provincias de Cibao y de la Vega Real y a todos aquellos que vivían cerca de las minas.[1] Nos dice Las Casas:

[1] HDI, I, pp. 105 y 161.

Porque el Almirante antes que se fuese a Castilla el año de 96, por marzo, o el Adelantado, después del Almirante ido, allende los tributos que los reyes y gentes suyas daban, o quizás por tributos principales [...] imponía a ciertos reyes y señores que tuviesen cargo de hacer las labranzas de los pueblos de los cristianos españoles, y les sirviesen con toda su gente, para su mantenimiento y otros servicios personales, de donde hubo origen la pestilencia del repartimiento y encomiendas, que ha devastado y consumido todas estas Indias.[2]

Esta forma de dominación se deriva de decisiones personales de Colón, pero no se debe olvidar que este posee poderes políticos otorgados por sus capitulaciones. En efecto, los indios se consideran, *de facto*, sometidos oficialmente a las autoridades españolas. Cuando tratan de huir de dicha autoridad, son castigados. Como dice Las Casas, eran tomados por rebeldes, y entonces se les hacía la guerra. Esto daba como resultado simplemente su esclavitud. «Y esta era la principal granjería del Almirante, con que pensaba y esperaba suplir los gastos que hacían los Reyes sustentando la gente española acá».[3]

El primer aspecto de la encomienda está ligado a la explotación comercial, su aspecto ideológico viene después. Sin embargo, aquí aparece también ligada a una verdadera voluntad de esclavitud, puesto que una de las propuestas de Colón es extender el comercio de esclavos africanos hacia las Indias. Estos podían, según su opinión, ocupar el lugar de fuente de mano de obra. Colón evalúa a los indios como mejores esclavos que los que se encuentran en Guinea.[4] Pueden aportar mucho a los reyes, ya sea poniéndolos a trabajar en esta primera forma de distribución o vendiéndolos como esclavos.

La encomienda se desarrolla entonces como una forma de servicio obligatorio que los indios deben dar a los españoles. Estos primeros conquistadores que llegan con Colón se interesan únicamente en beneficios materiales. Su situación no es aún una situación de *colonización*. Se parece más a las prácticas desarrolladas por los

[2] HDI, I, 150, p. 597.
[3] *Idem.*
[4] *Ibid.*, p. 598.

portugueses a lo largo de la costa africana. Por ejemplo, Colón cuenta que ya han partido barcos llenos de esclavos y que, en la medida en que se trata de un negocio que funciona, ha dado permiso y suplica a los reyes que lo dejen hacerlo hasta que las personas que lo acompañan estén «contentas».[5] Los indios representan la fuente principal de beneficio.

Enseguida, cuando la situación de Colón cambia y que Bobadilla se convierte en gobernador, este servicio que comienza a dejar excedentes pasa a pagar un impuesto para la Corona. Incluso el rey posee encomiendas bajo la figura de *encomendero mayor*.[6] Este impuesto y el trabajo forzado comienzan casi al mismo tiempo. Se trata de un trabajo forzado no pagado que permitía poner a trabajar a los indios en granjas y minas. También había, como hemos visto, indios que se tomaban como esclavos en las guerras que se desarrollaban en los alrededores. Durante la época del Comendador Ovando, estos hechos se convirtieron en legales, como lo muestra la instrucción que recibe el 16 de septiembre de 1501, cuando el rey ordena que los indios paguen los mismos tributos y derechos que los súbditos de sus reinos.[7]

Tres años después, en las instrucciones del 20 de marzo de 1503, dictadas en Zaragoza, los reyes piden que los indios sean reducidos a vivir en aldeas regidas por un administrador español y un capellán. El administrador debía ser nombrado por el rey, debía practicar la justicia entre los vecinos y velar sobre estos y sus bienes, así como supervisar el trabajo de los indios. El capellán debía instruir a los indios para que pagaran su diezmo a la Iglesia y sus tributos a la Corona. El rey afirmaba en dicho documento haber sido informado que convenía que los indios sirviesen a los cristianos con el fin de

[5] *Idem.*
[6] Silvio Zavala, *La encomienda indiana*, Porrúa, México, 1973, p. 14.
[7] «Porque nuestra merced e voluntad es, que los indios Nos paguen nuestros tributos e derechos que Nos han de pagar como Nos los pagan nuestros súbditos vecinos de nuestros reinos e señoríos; [...]» en *Colección de documentos inéditos relativos al descubrimiento, conquista y organización de las antiguas posesiones españolas en América y Oceanía, sacados de los Archivos del Reino y muy especialmente del de Indias*, bajo la dirección de Joaquín Pacheco, Francisco Cárdenas y Luis Torres de Mendoza, Madrid, Imp. de Quirós, 1864-1889, 42 vols., citado en Zavala, *op. cit.*, p. 15.

extraer más oro. Para ello, ordenaba que el gobernador y sus oficiales decidieran la forma de trabajo; velaba, sin embargo, que los indios no fuesen «maltratados» como lo habían sido hasta la fecha, que trabaja- ran voluntariamente y que se les pagara.[8]

Los tributos a favor del rey continúan existiendo y la idea de las reducciones como primera forma de administración ganan terreno. Estas reducciones toman el nombre de *corregimientos*. En cuanto a los «servicios», se puede notar una conciencia de parte de la Corona para distinguir aquellos que son en su favor (tributos) y aquellos que son para los colonos. Estos últimos eran definidos como «contratos de trabajo» que debían ser firmados voluntariamente y ser pagados en salario.

De esta forma, la dominación posterior al sometimiento de los indios es en primer lugar una dominación de carácter económico. Sin embargo, esta no es independiente de la ideología que se cons- truye alrededor de la «naturaleza» de los indios. El hecho de que los indios sean descritos como «miedosos» o «perezosos» sirve de base para obligarlos a trabajar. Así, dos ideas parecen ir siempre juntas, primero aquella que afirma que los indios trabajan únicamente bajo coacción, por su carácter que se inclina a la pereza y la holgazanería. Y, en segundo lugar, la que prevé una cierta forma de organización que busca la eficacia en la producción de riqueza, bajo los imperativos económicos. A partir de estas dos ideas, se explica el esfuerzo oficial a favor de la encomienda.

Así, luego de recibir informaciones de Ovando que afirmaban que los indios evitaban la «comunicación» con los españoles, la reina dicta una cédula en Medina del Campo el 20 de diciembre de 1503, en la que consagra la repartición de los indios, acepta el trabajo forzado, incluso si este debía ser pagado, a la vez que afirma la libertad de los naturales. La reina ordena entonces «obligar» y «presionar» a los in- dios para que estén en contacto con los cristianos de la isla y trabajen

[8] «Hemos sido informados que para haber más provecho del dicho oro, convenía que los cristianos se sirviesen en esto de los mismos indios; mandamos al gobernador y oficia- les vean la forma que se deba tener en lo susodicho, pero los indios no sean maltratados como hasta ahora, e sean pagados en sus jornales, e esto se haga por su voluntad y no de otra manera», citado en Zavala, *op. cit.*, p.15.

en sus granjas y minas (a cambio de lo cual, se les pagaría según su condición y oficio).[9]

La Corona acepta esta práctica y la constituye legalmente. El 14 de agosto de 1509, el rey Fernando otorga un poder a Diego Colón, donde le indica la nueva repartición de indios. Colón debe repartir, a cada oficial y alcalde de provisión, cien indios, a cada caballero con su mujer, ochenta indios. Los escuderos que se hayan instalado con sus mujeres deben recibir sesenta. Y los campesinos casados deben recibir treinta. De hecho, los indios se reparten cual si se tratara de objetos a disposición de la Corona. El rey ordena que estas personas que reciben indios deben instruirlos e informarlos en los temas de la fe. La única forma de perder este derecho es en caso de delitos «por los que merezcan perder sus bienes», y en el caso de que los indios les sean confiscados, vuelven al tesoro real y los españoles encomenderos estarían obligados a pagar al fisco un peso de oro «por cabeza de indio».[10] Los indios son considerados objetos que pertenecen literalmente a la Corona, no en una relación de vasallaje, sino en una situación de servidumbre y esclavitud que se encuentra medianamente disimulada por la afirmación de su libertad. Son instrumentos de trabajo y de riqueza que la Corona posee y deposita bajo la responsabilidad de los españoles.

En esta misma fecha, un nuevo decreto del rey autoriza traer indios de las islas cercanas para trabajar en la Española, lo cual da lugar a numerosas expediciones de guerra y de saqueo. En este documento, el rey señala que los españoles no deben aprovechar el trabajo de los indios de por vida, sino solo dos o tres años y luego estos deben

[9] «En adelante, compeláis e apremiéis a los dichos indios, que traten e conversen con los cristianos de la dicha Isla, e trabajen en sus edificio, e coger e sacar oro e otros metales, e en facer granjerías e mantenimientos para los cristianos vecinos e moradores de la dicha Isla; e fagáis pagara cada uno el día que trabajare, el jornal e mantenimiento que según la calidad de la tierra e de la persona e del oficio, vos pareciere...» en *Colección de documentos inéditos, op. cit.*, t. XXXI, p. 209, citado por Zavala, *op. cit.*, p. 15.

[10] «Tales personas a quien así diéredes los dichos indios, los tengan e se sirvan dellos, los instruyan e informen en las cosas de la fe, no les pueden ser quitado ni embargados sinopor delitos que merezcan perder los bienes; y en tal caso confiscados para nuestra Cámara; paguen cada año a la Cámara, por cada cabeza de indio, un peso de oro», *Colección de documentos, op. cit.*, t. XXXI, p. 49, citado por Zavala, *op. cit.*, p. 15.

cambiar de amo. Además, son considerados naborías y no esclavos, es decir, «siervos». El rey afirma que poner a los indios bajo tutela de los españoles de por vida parece tener consecuencias para su conciencia y no debe hacerse.[11]

De esta forma, se puede concluir que la relación con los indios es, desde el inicio de la conquista, una relación basada en el interés material. Dicho interés es defendido por la Corona y mantenido, en las Indias, por la fuerza de los encomenderos. La dimensión ideológica de la conversión aparece solo de manera marginal, el trabajo en las minas y la extracción de oro son las causas principales de la tutela.

La encomienda como forma de gobierno

Las Casas estudia la forma en que los primeros repartimientos de indios cambiaron su naturaleza y pasaron de ser un sistema de explotación económica a un verdadero medio de organización política y social. Según el dominico, esta evolución se fundamenta en falsas informaciones que circulan sobre los indios. Como tendremos la ocasión de analizar, la información es un elemento central de la dominación. Estas informaciones, que definen el comportamiento y lo que se considera la «esencia», desempeñan un papel crucial de las relaciones sociales de la nueva sociedad colonial.

Las decisiones de la reina parten del principio de la incapacidad de los indios para vivir de manera «civilizada», es decir, para vivir reagrupados en poblaciones bajo la autoridad central y, por lo tanto, bajo la dominación española. Las Casas expone los argumentos desarrollados por los españoles para establecer su control *de facto* sobre los naturales. Estos afirman que los indios se alejan de la «conversación» con ellos y huyen a las montañas, a pesar del salario que se les ofrece. Por lo tanto, no quieren trabajar.[12] Primer argumento que conduce al

---

[11] «Porque a Nos parece que señalar los dichos indios de por vida es cargoso de conciencia, e esto non se ha de facer.», *ibid.*, t, XXXI, p. 436, citado por Zavala, p. 16.
[12] HDI, II, 11.

segundo: la conversión. Como no hay contacto entre las dos poblaciones, los indios no pueden ser adoctrinados en la fe.

Es interesante anotar aquí que cuando, en 1517, los jerónimos son enviados a la isla de la Española para cumplir la misión de determinar las capacidades intelectuales y sociales de los indios, su informe concluye prácticamente lo mismo que afirmaba Ovando en su carta al rey. Dicho informe se desarrolla a partir de una serie de entrevistas a los testigos españoles que tenían que opinar sobre los indios. De hecho, la primera pregunta buscaba, por ejemplo, afirmar o negar la capacidad de los naturales para vivir políticamente, ganarse la vida y mantenerse.[13] Esta pregunta implica entonces una cierta definición de lo que es la «vida civilizada» y el «mantenimiento» de esta condición. La civilización recae en el trabajo como medio de producción de riqueza. Parece además que este trabajo requiere ciertas condiciones, por ejemplo, la apropiación privada de los bienes. Lo cual conduce a la posibilidad de un intercambio contractual.

De esta manera, las características económicas de la organización social se toman en cuenta como formas de cultura. Sin embargo, no son consideradas en sí mismas. Esto significa que la mirada que las juzga no es la que busca comprender su lógica interna. Al contrario, se trata de una mirada que impone consideraciones de orden ético y moral con el fin de descalificar estas prácticas. Se trata siempre de una comparación con la cultura y los usos españoles. Por ejemplo, el cuarto testigo citado por los jerónimos afirma que los indios son incapaces de vivir políticamente por tres razones. Primero, no saben trabajar la tierra. Segundo, no tienen ninguna voluntad para trabajar en las minas y deben ser llevados por la fuerza. El testigo afirma que, si no se les hace la guerra, es imposible conducirlos. Y, por último, son también incapaces de hacer contratos, es decir que no logran estimar correctamente el valor de las cosas, con el fin de intercambiarlas a su justo precio.[14] Dichos elementos confirman entonces el principio del tutelaje. La encomienda permitiría instaurar

---

[13] TIDS, p. 32.
[14] *Ibid.*, p. 36.

en los indios los principios de una vida «civilizada»; es decir, un estilo de vida copiado de los españoles.

Primero las órdenes de la reina y luego las conclusiones de los jerónimos establecen las medidas a tomar con respecto a la vida política, económica y social de los indios. Estas disposiciones se centran en el aspecto material, económico de la dominación. El argumento que define la capacidad política de los indios es de hecho un argumento económico que se fundamenta en su posibilidad de producir riqueza por medio del trabajo y sobre su comprensión del «valor» que les permitiría el intercambio a precio justo. Dichas consideraciones construyen una ideología de la «civilización» con los criterios estrictos que establecen los límites entre un comportamiento «bárbaro» y un comportamiento «civilizado». A todo esto se suma la dimensión religiosa, pues la práctica de la fe y el reconocimiento de la religión católica forman parte de las características políticas de los súbditos del reino.

Las observaciones que se encuentran en los textos españoles que hemos citado muestran ya las características de lo que se convertirá en una teoría de la desposesión. Esta teoría establece el trabajo de la tierra como base de la propiedad privada y, además, como base de la cultura. El esfuerzo ligado a la transformación de la naturaleza es lo que funda el derecho de propiedad sobre esta y sus productos. Así, en su *Ensayo sobre el gobierno civil*, Locke afirma que el trabajo particular del individuo es el que saca fuera de lo común lo que antes era de todos.[15] De esta manera, únicamente el trabajo de la tierra otorga la pertenencia de un territorio. En su texto, Locke asimila América al estado de naturaleza, este espacio está «a disposición» de aquellos que quieren trabajarlo y apropiárselo a través de su trabajo y sus esfuerzos. Este derecho de propiedad está justificado por la fe y la razón. En efecto, Locke afirma: «El Creador y la razón ordenan [al hombre] labrar la tierra, sembrarla, plantar árboles y otras cosas en ella, y cultivarla, para el beneficio, la preservación y las comodidades de la

[15] Véase C, «Introducción», p. 64. Capdevila muestra cómo el discurso de Locke sobre la libertad política moderna es una apología del imperialismo inglés. La comparación de América con el estado de naturaleza es solo el punto de partida de toda una teoría que pretende despojar a los indios de sus territorios.

vida, y le enseñan que esta porción de tierra que él cuida se convierte, por su trabajo, en su herencia particular».[16]

El trabajo asegura las «comodidades de la vida», es decir, nos separa del «estado de naturaleza» y nos conduce a la civilización.

Es sobre este «estado de naturaleza» que los españoles quieren vencer instalando la encomienda. Si los indios son holgazanes y no quieren trabajar, entonces la tierra no les pertenece. Porque, como lo dice Locke un siglo después, Dios ha dado la tierra para el uso del «hombre trabajador y racional».[17]

¿Cómo reacciona Las Casas a estos prejuicios?

La encomienda y la tiranía: la crítica lascasiana del tejido colonial

LA CRÍTICA POLÍTICA

La crítica lascasina de la encomienda se organiza siguiendo los diferentes argumentos de los defensores de la dominación. Así, el dominico niega para empezar el carácter *político* de este instrumento. La encomienda no puede ser una forma de gobierno. De hecho, representa una estructura personalizada de poder, este no es encarnado por una autoridad que nace de la ley, sino que está presente bajo la forma de la coerción activa. A pesar de las salvaguardas dictadas por los reyes, el poder del encomendero es un poder *de facto* que se aplica y se ejerce como castigo y represalia. No puede concebirse bajo la forma de una ley justa.

De hecho, este carácter injusto es doble. Por un lado, la encomienda nace de la guerra. Es la expresión de relaciones bélicas que instauran una dominación *de facto* de los vencedores sobre los vencidos. Este régimen es considerado por Las Casas como «despótico» porque se sostiene únicamente por la fuerza. La encomienda es un

---

[16] John Locke, *Traité du gouvernement civil*, París, Garnier-Flammarion, segunda edición corregida, 1992, p. 34.
[17] *Idem.*

«botín de guerra», los españoles consideran a los indios un bien que les pertenecen porque los ganaron en combate.[18] Por otro lado, la encomienda, en última instancia, no es más que una decisión personalizada que no toma en cuenta a la autoridad superior.

No obstante, se podría argumentar que cuando la reina ordena repartir a los indios y concentrarlos en manos españolas, se trata de una decisión política legítima. Pero esto no es así para Las Casas, por dos razones. Primero, la decisión se toma a partir de falsas informaciones y es también «contra la razón», porque los trabajos que realizan los indios son inhumanos y conducen a la muerte. Pero la nulidad de la decisión reposa sobre todo en su mala aplicación. Así, se incumple una de las condiciones para el establecimiento del instrumento, a saber, el proceso de conversión. El encargado de montar este aparato administrativo no se interesa por la salvación espiritual de los indios.[19] Es claro que Las Casas, como antiguo encomendero, reconoce este abandono de la doctrina en favor de los beneficios materiales.

Las órdenes de la reina certificaban por igual la libertad de los indios y la necesidad de reposo que debía existir entre los trabajos. Estos detalles de aplicación no se respetan en ningún caso, puesto que la aplicación de la «ley» está determinada por la relación de fuerzas en los territorios. De esta forma, las reparticiones no toman en cuenta la «calidad» de quienes se benefician de los indios, sino que se hacen según la sola voluntad del gobernador o comandante, es decir, de quien, por su condición, ostenta el poder. Estamos delante de una decisión que, si bien emana de una autoridad reconocida, es contraria al derecho natural, puesto que lleva a la muerte, y por consiguiente, no debería ser obedecida,[20] pero al final de cuentas, se hace según la buena voluntad de quien la ejecuta. La repartición se realiza según criterios meramente personales, es una toma de poder local lo que se desarrolla en las islas (y más tarde en Tierra Firme), el comandante

[18] HDI, III, 37.
[19] HDI, II, 13.
[20] *Ibid.*, II, 12.

gobierna como un déspota, puesto que aplica la ley según sus caprichos y deseos. De esta manera nace un régimen corrupto.

Dicho régimen se perpetúa en la práctica puesto que los indios son mercancías que se distribuyen entre los españoles. Esta distribución responde a decisiones privadas donde la vida y el bienestar de los naturales no se toman en cuenta. Y si bien se afirma su libertad en el papel, esta no es nunca «aplicada», puesto que se caería todo el sistema. Este se sostiene a partir del control absoluto sobre la vida de los indios. Los gobernadores no son, en primer lugar, administradores políticos de la Corona, por eso, no son responsables frente a esta de la conservación de los «súbditos» que no son españoles.

De esta manera, el proceso de conquista resulta ser largo, porque no concluye cuando se deponen las armas. Al contrario, continúa estructurando las relaciones sociales entre conquistadores y conquistados. Los documentos de la época nos dan un punto de vista preciso sobre este tipo de dominación. Es el caso, por ejemplo, de las cartas de Andrés de Cerezeda. Este tesorero del rey, gobernador de Honduras y uno de los primeros españoles que emprendió la conquista de la futura América Central, atestigua las luchas de poder entre los diferentes gobernadores que se disputan el control de los territorios, pero sobre todo el dominio de la mano de obra indígena. Cerezeda cuenta entonces cómo, a la llegada de Pedrarias Dávila, gobernador de Castilla del Oro (Panamá), a la provincia de Nicaragua, el gobernador de turno, Diego López, busca huir, puesto que sus decisiones políticas habían afectado a ciertos españoles en la repartición de indios.[21]

El «gobierno» de los indios no es un sistema político basado en la justicia, sino una economía de explotación donde estos tienen un rol estratégico como «recursos» que dan acceso al poder político de los españoles. Es por esto que la acción de conquistar está comprometida, ya que es a partir de esta que se funda el derecho. La toma de posesión de un territorio, su «descubrimiento», otorga beneficios directos sea en el plano económico o en el social. Cerezeda agrega que

---

[21] Documento 6, carta de Andrés de Cerezeda a Su Majestad, 20 de enero de 1529. Sobre la situación en Honduras y el encarcelamiento de Diego López de Salcedo.

en la provincia de Nicaragua «no importa quien [...] ocupa la tierra, bajo el pretexto de conquistar y poblar lo que ha sido descubierto».[22]

Estas denuncias del tesorero del rey hacen eco de lo que Las Casas subraya sobre la dinámica de poder que se teje entre los conquistadores mismos. Esta competencia que nace de la guerra y de la creciente autonomía respecto a la Corona funciona a pesar de los indios. En efecto, las nuevas reparticiones pueden ocurrir con la llegada de los nuevos gobernadores. El tesorero afirma que «la condición de los que llegan a gobernar es tal que, si no cambian todo, incluso en detrimento de los indios, sienten no haber hecho nada».[23]

Esta organización del poder colonial puede comprenderse a partir del concepto de *cuerpo conquistador* desarrollado por Dairo Sánchez Mojica. Este cuerpo conquistador no es un sujeto particular, sino una función de soberanía que se instaura a partir del deseo de gobernar. En efecto, la soberanía colonial aparece como «un mecanismo que codifica los diferentes flujos económicos, políticos y culturales que circulan» entre los sujetos (colonos españoles), los colonizados (indios) y el conquistador.[24] El cuerpo conquistador es un conjunto de relaciones de deseo y poder que hacen surgir una figura individual a la cabeza del gobierno colonial.

De esta manera, el poder se estructura a partir del control de la fuerza de trabajo, pero, de igual manera, a partir de alianzas y traiciones entre los colonos. Ante todo, las figuras de poder son figuras de guerra que se disputan el control de los recursos y también, en última instancia, la legitimación de la Corona. El ejercicio del poder soberano se traduce en la aplicación de un control sobre las poblaciones indias, pero se trata de un control que afecta marginalmente a la población española. Se puede notar, por ejemplo, cómo Diego García de Celis, tesorero de Su Majestad denuncia las acciones de Andrés de Cerezeda, cuando este último se convierte en gobernador. Cerezeda es descrito por García como un gobernador corrupto que posee el

[22] *Ibid.*
[23] *Ibid.*
[24] Dairo Andrés Sánchez Mojica, «La instauración del cuerpo conquistador en los primeros años de la gobernación de Santa Marta», *Revista Nómadas*, Universidad Central de Colombia, octubre, 2009, núm. 31, pp. 182-195.

control absoluto sobre territorios enteros repletos de indios, a lo cual se suma su participación ilegal en el comercio de esclavos indios que son sacados del territorio para ser vendidos. Según García, Cerezeda sabe bien cómo funciona el poder en las Indias. Nos dice: «[...] y acordándole que por la saca de esclavos que en Guhaymura se había hecho, se había perdido, que no fuese así en esta tierra. Y también responde a esto que al repartir de los indios que de donde diere que ha de ser lo que él quisiere».[25]

Lo que afirman Cerezeda y García atestigua la tensión para conservar y acumular los «recursos» (indios) en la nueva sociedad. Esto muestra también el espíritu de la conquista: se trata de un espíritu de razia que impone una nueva concepción del gobierno. La dominación efectiva es únicamente posible a través del control de los recursos humanos. Es a partir de dicho control que se define la soberanía.

REPARTICIÓN, ENCOMIENDA Y DOMINACIÓN SOBRE LOS CUERPOS

El control de las poblaciones es sobre todo un control de la corporalidad. El análisis lascasiano subraya el control sobre los cuerpos, su homogeneización, pero también sus condiciones de vida, de trabajo y los castigos que soportan. Este punto es una característica particular de la crítica del dominico. En efecto, interroga la validez, la forma y el ejercicio de poder sobre los cuerpos de los indios. Puesto que, a partir de la guerra que se origina en la conquista, los cuerpos se convierten en verdaderas mercancías y trofeos de batalla.

Dichos cuerpos son explotados en trabajos a los cuales no están acostumbrados, son repartidos, transportados, torturados, castigados y violados. Al final son asesinados, de manera violenta, o mueren lentamente por el trabajo. De esta forma, en su *Memorial de agravios*, Las Casas señala cómo, luego de una conquista relativamente fácil de la isla de Cuba, es la repartición de los indios y su tutela lo que conduce a su muerte masiva. En efecto, afirma:

[25] Documento 11, *ibid.*

e que en espacio de tres o cuatro meses que los españoles los (a los indios) trabajaron en las minas, han muerto e hecho menos cient mil ánimas, a cabsa que los dichos indios no tenían mantenimientos, porque en el tiempo que fueron conquistados no puedieron hacer sus labranzas para su mantenimientos, hasta año e medio e más, e después que la tierra estuvo segura y los indios se repartieron a los españoles, con el trabajo que les ficieron pasar por la codicia del oro [...] e como no tenían los indios aparejos de mantenimientos ni se los daban, e trabajando excesivamente, murieron los dichos cien mil.[26]

El gran número de muertos se explica por la desorganización de las relaciones sociales de los autóctonos. Como lo nota el sacerdote, la vida de los indios se modifica por la presencia de los españoles y por el poder que estos ejercen sobre ellos. El primer paso de esta dominación es la conquista armada de los territorios y el establecimiento de un control sobre los cuerpos. El cuerpo indio es, en este caso preciso, un instrumento de trabajo llevado a su límite. El control que se ejerce sobre él es el que rompe su equilibrio natural. En efecto, el cuerpo indio es un cuerpo que sufre y atestigua las condiciones extremas en las que sobreviven los pueblos autóctonos.[27]

Las Casas piensa que las condiciones de un «gobierno», es decir, la posibilidad de fundar y de mantener una república, se basan en una *economía de la vida*. El primer criterio para juzgar al gobierno que se desarrolla en los nuevos reinos de la Corona es la sobrevivencia de los indios en condiciones dignas. Esto se considera prioritario con respecto al esfuerzo de evangelización. No puede haber una república si no existe la posibilidad de alimentarse bien, de descansar, si las parejas no pueden convivir, etc. Los obstáculos a esto provienen de la repartición de los indios en manos de españoles. Así, la concepción del orden y del equilibrio político no depende solamente de criterios

[26] OCM, p. 4, *Memorial de agravios hechos a los indios*, 10 a 15 de marzo de 1516. Representación a los regentes Cisneros y Adriano.
[27] *Colección de documentos inéditos relativos al descubrimiento y conquista de América*, t. VII, Madrid, 1867, pp. 7-8. «Relaciones que hicieron algunos religiosos sobre los sucesos que había en Indias y varios memoriales de personas particulares que informan cosas que conviene remediar».

religiosos. De cierta manera, estos se encuentran subordinados a criterios materiales. Es necesario que los indios puedan producir y reproducir sus condiciones de vida, mantener su salud y su equilibrio mental, para luego poder evangelizarlos.

De tal manera, uno de los elementos que marca esta crítica es el trato hacia las mujeres, los niños y los ancianos indios. El cuerpo femenino es también objeto de codicia, ya sea para trabajos domésticos, agrícolas o más particularmente como objeto sexual. El *Memorial de agravios* (1516) cuenta que los españoles «les toman sus mujeres e se las tienen por mancebas, e los azotan e prisionan muy cruelmente [...] dándoles nuevos géneros de tormentos e azotes [...]».[28]

Las mujeres se convierten entonces en cuerpos para poseer. Estos cuerpos femeninos son a su vez objetos del deseo de los hombres españoles y mercancías de uso económico. Así, en este mismo texto, se señala que «muchos de los que tienen indios encomendados, dan á los mineros[29] indias por mancebas é consiéntenlos estar amancebados, porque mejor trabajen los indios é menos les den de comer [...]».[30]

La crítica de Las Casas subraya *las causas* de estos abusos. En efecto, muestra cómo los cuerpos son homogeneizados. Esta falta de distinción permite el ejercicio de la violencia. El indio es una figura sin forma, se trata de un cuerpo para diferentes usos: económicos, sexuales, domésticos. Es por esto que el poder es incapaz de *distinguir* entre hombres, mujeres, niños, lo cual permite repartir y destacar dichos cuerpos a tareas múltiples, sin tomar en cuenta su particularidad. En el caso preciso de las islas caribeñas, como lo muestra Bataillon, se observa esta indiferencia en el caso preciso de la muerte de tres mil indios que esperaban ser deportados hacia la isla de la Española y fueron abandonados a su suerte en una isla, sin recurso alguno, donde murieron de hambre.[31]

---

[28] OCM, *Memorial de agravios hechos a los indios...*, p. 4.
[29] Los «mineros» son los españoles que supervisan y administran el trabajo en las minas.
[30] *Colección de documentos inéditos, op. cit.*, p. 9.
[31] M. Bataillon, *Estudios sobre Bartolomé de las Casas*, México, Ediciones Península, 1965, pp. 56-57, citado en Beatriz Pastor Bodmer, *El jardín y el peregrino: el pensamiento utópico en América Latina (1492-1695)*, México, UNAM, 1999, p. 220.

Por lo tanto, como podemos observar, no hay una consideración de la individualidad o del carácter social y político de las poblaciones indias. El poder se aplica de manera uniforme. De esta forma, «con los niños e mochachos e mujeres se han habido ansímesmo muy inhumanamente, porque como a sus maridos los llevaban encomendados, no tenían quién les diese mantenimientos, ni los que llevaban a sus padres e maridos les curaban de proveer de mantenimientos, e a esta cabsa murieron muchos dello».[32]

La atención va entonces hacia aquellos que dependen del trabajo masculino. La dominación española desequilibra una economía de vida que los indios poseen. Arrancando por la fuerza a los hombres de su lazo con la tierra, se produce una ruptura sentida por niños y mujeres. Es de esta forma que los españoles pueden enraizar su dominación, puesto que los indígenas se vuelven dependientes en cuanto a la alimentación y las decisiones tomadas por los invasores.

Los cuerpos se convierten en un asunto mayor, uno que se debe repartir, que se debe controlar por medio del trabajo y que se debe someter por la fuerza con el fin de convertir el alma de los indios. Se trata de un objeto que se aprecia por su fineza y su belleza, pero también de un objeto de suplicio que sirve al ejercicio y al asentamiento del poder. Esta inquietud por el cuerpo indio está presente en toda la obra de Las Casas. Así, por ejemplo, en su texto de 1531, *Carta al Consejo de Indias,* el dominico cuenta que los indios son quemados vivos, asados a la parrilla, lanzados a perros y asesinados con cuchillos.[33] Algunos años más tarde, en 1535, denuncia de nuevo la forma en que las mujeres indias matan a sus recién nacidos para evitar que estos se conviertan en esclavos. De igual manera, señala los abortos involuntarios que sufren dichas mujeres a causa de los trabajos y dolores que padecen.[34]

Se debe entender que el cuerpo indio está atrapado en un sistema que multiplica las instancias de control, sometimiento y explotación. En efecto, los diferentes regímenes de trabajo, con sus figuras de

[32] OCM, p. 4.
[33] OCM, p. 48.
[34] *Ibid*, p. 59.

poder, se ordenan a partir de un sistema de reparticiones y encomienda. Dentro de una repartición, los indios deben soportar, además, un poder particular, personalizado a través de una figura precisa. Así, los que trabajan en de las minas son dirigidos por mineros. Los que trabajan en las granjas están bajo la autoridad de los estancieros. Estas figuras disciplinan con la violencia y vigilan de cerca el trabajo.[35]

Al tratarse de un régimen de coerción, la posibilidad de la huida está siempre presente. Por ello, la lógica disciplinaria y de control inventa nuevas figuras, como los alguaciles de campo, que son españoles encargados de perseguir y someter a los indios que escapan a la montaña. Una vez que estos son atrapados, otro personaje debe castigarlos. Se trata del visitador, cuya única función es el castigo de la desobediencia. Paradójicamente, dicha figura había sido creada para vigilar la acción de los españoles en las encomiendas. Debía verificar el «buen trato» de los naturales. Pero muchas veces, jugaba un rol distinto debido a su situación en la jerarquía colonial.

De esta manera, cada actividad impuesta por los nuevos conquistadores está acompañada por una economía de los cuerpos. Puede afirmarse que la «soberanía colonial» emerge a través de este estrecho control de la corporalidad. En efecto, cuando el poder nace de la guerra y de la conquista, es a partir de instancias que gestionan la vida cotidiana de los sujetos que la dominación puede ejercerse. El cuerpo indio es dominado, subyugado, constreñido por el trabajo. Trabajo específico que, cada vez, requiere una sumisión, una adaptación particular de los cuerpos. El trabajo en las granjas exige labor agrícola. Se trata de un trabajo que asegura la existencia de la empresa colonial. El trabajo en las minas, por su parte, asegura lo que se puede denominar *economía general* de toda la lógica de conquista, puesto que es el trabajo que permite acceder al oro. En las minas, por tanto, el cuerpo indio debe ser igualmente subyugado y dominado.

En consecuencia, la vida india bajo el régimen de encomienda está limitada al trabajo y al castigo. Dicha vida se entiende como la

---

[35] OCM, *Entre los remedios*, «ponían sobre ellos unos verdugos crueles [...] hombres sin ninguna piedad y desalmados, dándoles palos y bofetadas, azotes y puntilladas, llamándolos siempre de perros [...]», p. 104.

de los vencidos, lo que permite el surgimiento de una nueva sociedad donde el indio está en la base. Pero no se le considera un «sujeto» sino un «objeto» necesario al mantenimiento y preservación de dicha sociedad. No forma parte de la estructura política, en tanto actor, pero es su fundamento. El trabajo forzado de las poblaciones indias es la condición necesaria de la vida política de los españoles. Para que estos puedan instalarse y puedan vivir de forma «civilizada», el trabajo de los indios ha de ser controlado, vigilado y mantenido bajo coerción.

Es bajo esta perspectiva que se entiende la dominación en las cartas de las autoridades coloniales. Estas expresan la inquietud que trae todo cambio jerárquico en el gobierno, porque estos cambios pueden ser momentos de «vacío de poder», los cuales pueden ser aprovechados por los indígenas para rebelarse. El control de los territorios es entonces un control precario que se sostiene en el empleo de la fuerza. Se puede notar esto, por ejemplo, cuando Andrés de Cerezeda escribe a su Majestad informándole de los levantamientos que siguieron la llegada de Pedrarias Dávila y su intención de tomar el gobierno: «Como ya he dicho, después de la venida a estas partes del dicho gobernador Pedrairas, se alzó la tierra, aunque no se declararon ciertos caciques, los más cercanos y provechosos que sirven a estos pueblos de León y Granada. Pero ellos y todos los demás concertaron de matarnos y quemar los pueblos».[36]

Es a través del sometimiento y el control de estos cuerpos, de sus necesidades y de su fuerza, que el poder español se instala y se mantiene. La dominación del cuerpo es la primera vía hacia la riqueza, pues es gracias al trabajo directo de los indios en las minas que se extrae el oro. Por esto, como lo cuenta Cerezeda, cuando los indios se rebelaron en Nicaragua, primero atacaron las minas donde se les obligaba a trabajar. Estas, al quedarse sin mano de obra indígena disponible, se «despoblaron»[37] y como consecuencia, la provincia se empobreció. Lo cual muestra cómo el sistema de encomienda impide el surgimiento de una verdadera comunidad política.

[36] Documento 6, *ibid*.
[37] *Ibid*.

El trabajo de Las Casas reflexiona sobre una economía de vida para los indios. Se trata en su perspectiva de conservar a los súbditos del rey, puesto que estos son la base del poder del monarca. Sin embargo, el olvido del cuerpo y la negligencia hacia la condición de los indios se manifiestan claramente en la sobreexplotación de sus cuerpos por el trabajo y en la manera en que se les reparte como objetos inanimados. El olvido se presenta finalmente en la ausencia de tratamientos, higiene y salud. La enfermedad causa estragos en los cuerpos debido a su fragilidad sociopolítica.[38] Los indios son débiles porque no comen y son explotados en el trabajo. La «tutela» representada por la encomienda no es un régimen político que vele por su salud y conservación. La enfermedad no se combate, al contrario, es castigada como «ausencia de producción».[39]

Contra este tipo de dominación, podemos observar en Las Casas una voluntad fundamental de distinguir a las víctimas. Esta distinción permite *humanizarlas*. Se puede entonces establecer un trato diferenciado y reglas precisas para aquellos y aquellas que lo necesitan. Esto permite comprender y conocer sus cuerpos, lo que son y lo que pueden resistir. A partir de este *conocimiento*, de este *saber*, se pueden elaborar las líneas directrices para gobernarlos. En efecto, la finalidad del gobierno de los hombres debe, según Las Casas, servir a la defensa y la conservación de las personas, para que estas prosperen y se multipliquen.[40]

[38] Existen también investigaciones que buscan medir el impacto bacteriológico del «encuentro» entre españoles e indios. Se puede consultar a Diomedi P. Alexis, «La guerra biológica en la conquista del nuevo mundo: Una revisión histórica y sistemática de la literatura», *Revista chilena de infectología*, 2003, vol. 20, núm. 1, pp. 19-25.

[39] OCM, *ibid.*, p. 106, «Si enfermaban de los muchos y grandes trabajos, lo cual muy fácil cosa era, porque [...] son delicatísimos de su natural, como los metían tan de golpe en tan grandes trabajos no acostumbrados, sin ninguna misericordia les daban de coces y de palos, diciéndoles que de bellacos haraganes por no trabajar lo hacían, y desque vían que les crecía la enfermedad y que no se podían aprovechar dellos, decíanles que se fuesen a sus tierras [...]».

[40] *Ibid.*, pp. 79-80, «como cualquiera gobernación y regimiento de reinos deba de ser, según toda la ley humana, gentil e divina, para bien de los pueblos y habitadores dellos, y este bien consista no en guardar las paredes ni en cerrar los campos, *sino en defender las gentes y conservar los hombres* [...] que aun sean *multiplicados y prosperados* [nosotros subrayamos]».

Ahora bien, Las Casas conoce también el argumento económico que busca plantear a la encomienda como el único medio para explotar las Indias. Es por eso que una visión puramente ética sobre el trato de los indios es insuficiente. Hay que demostrar también que la repartición es contraria al enriquecimiento material de la Corona. La encomienda es, finalmente, un mal negocio.

La destrucción de una fuente de riqueza económica y política

En el primer memorial de injurias y ofensas, el *Memorial de agravios*, la crítica de las condiciones de vida de los indios se acompaña de lo que podríamos llamar una visión estratégica de los recursos disponibles para la Corona española. Así, Las Casas, aún marcado por su pasado de encomendero, insiste en la riqueza de las ciudades indias, la gran cantidad de indios y compara dicha realidad con la situación española. Este procedimiento sirve para mostrar a las autoridades reales las pérdidas que sufren debido a una mala administración de los territorios. En efecto, el *Memorial* afirma:

> Dice que la Isla española está despoblada e robada e destrúida, no habiendo en el mundo otra tal ni tan rica, ni tan hábil, por haber en ella tan grandes cibdades como Sevilla, e que agora cincuenta hombres bien aderezados la tomarían: e que de su perdición dará testimonio la poca renta que a S. A. dará, porque ya no hay indios [...].[41]

Las Casas emplea el mismo método varias veces. Tal es el caso en su *Carta a un personaje de la Corte*. Ahí se refiere a la riqueza de un territorio como el de la provincia de Nicaragua. Se trata de un espacio «bendecido», es decir, privilegiado por la naturaleza en riqueza humana y material. Lo cual le hace afirmar que las Indias son las tierras más fecundas y fértiles del mundo. Pero dicha opulencia se ve amenazada, una vez más, por un gobierno fundado en la encomienda. La consecuencia de dicho régimen es la disminución de la población

---

[41] *Ibid.*, p. 4.

india. Los indios a través de su trabajo pueden, en efecto, aportar mucho al tesoro real. Son considerados aquí como signos de riqueza, entre otras cosas, porque representan una fuente de tributo. Sin embargo, la forma en que son consumidos hace que dicho «recurso» se agote. Estos territorios carecen entonces de una organización política eficaz y de una buena administración. Es una cuestión que vincula tanto el poder del soberano sobre sus súbditos como su conservación, es decir, la capacidad de la Corona para mantenerlos vivos.

Así, aunque la encomienda parece ser la forma más eficaz de explotación porque es la única manera, según los españoles, de hacer trabajar a los indios y, por lo tanto, de conseguir oro, Las Casas argumenta, al contrario, a partir de la consideración de los indios como «sujetos políticos». Entonces, a partir de esta concepción económica que no está fundada en la explotación sino en la conservación y perpetuación de los recursos. Los indios son entonces considerados, no como mano de obra potencial, sino como una riqueza que está ligada a los territorios conquistados; es decir, en una perspectiva política de largo término que hace de ellos una fuente de tributo, pero también un posible ejército al servicio del rey.

Contrariamente a lo que afirman sus defensores, la encomienda representa una pérdida de poder económico. El despoblamiento entero de ciertas islas lo muestra bien. La imposibilidad de conservar a los indios y, por lo tanto, de establecer un régimen equilibrado entre trabajo, riqueza y vida, obliga a recurrir a desplazamientos forzosos que van más allá del espacio delimitado geográficamente. Así ocurre, por ejemplo, cuando hay que colonizar y conquistar nuevas islas para obtener mano de obra. Además, la concentración de la actividad económica alrededor del trabajo minero destruye la posibilidad de una economía fundada en la agricultura, lo que permitiría un sistema tributario mucho más rentable para la Corona y los indios.[42]

La encomienda es por lo tanto un mal negocio económico puesto que permite sostener una clase desocupada, a través del trabajo esclavo de los indios. Así, la riqueza que produce el sistema se convierte, en cierto modo, en «riqueza privada», lo que puede constituir una

[42] Colección de documentos, *op. cit.*, p. 11.

amenaza política. Podemos ver cómo los diferentes ámbitos analizados se entrelazan aquí. Las Casas describe la situación económica que las encomiendas producen. Se trata de un enriquecimiento exagerado de los colonos a costa de los indios. Por un lado, este enriquecimiento subvierte las instituciones tradicionales de la sociedad, y por el otro, representa una amenaza política de autonomía. Así pues, según Las Casas, la voluntad real no se respeta porque los colonos no sienten el peso de la autoridad central. Hay una diferencia entre la soberanía castellana o lo que podríamos denominar también *soberanía imperial* del rey de Castilla y la *soberanía colonial*. El caso americano representa entonces una apertura a la autonomía del poder particular.[43] Dicho análisis se confirma frente a la afirmación progresiva de la voluntad de los encomenderos por perpetuar sus privilegios, al punto de ofrecer al rey la compra de los territorios de Perú.[44] El dominico subraya la amenaza de este sistema que puede conducir a una independencia completa de los nuevos territorios.

La crítica lascasiana de la encomienda toma en consecuencia una dimensión sociopolítica. Para Las Casas este sistema representa una amenaza también porque altera los pilares sobre los cuales se sostiene el orden de la sociedad española.

Encomienda y sociedad colonial

El sistema de encomiendas plantea el problema político de la autonomía del individuo frente al poder del Estado. En efecto, la figura del conquistador ha sido entendida, en ocasiones, como el prototipo del hombre moderno, liberado de la tutela del Estado y afirmando su libertad a través de sus acciones.[45] Para dicho hombre, el sistema de encomienda

[43] OCM, *Petición al Gran Canciller acerca de la Capitulación de Tierra Firme*, 1519, p. 53. «[...] los que acá vienen a mandar luego se hacen atrevidos e pierden el temor a Dios y la fe y fidelidad a su Rey e la vergüenza a las gentes; e luego hacen pacto con el diablo, a quien dan, luego el alma porque le deje robar [...]».
[44] Estudiaremos esta proposición más a detalle en los capítulos siguientes.
[45] Véase por ejemplo Enrique Dussel, «Europa, modernidad y eurocentrismo», en Edgardo Lander, *La colonialidad del saber: eurocentrismo y ciencias sociales. Perspectivas latinoamericanas*, CLACSO, Consejo Latinoamericano de Ciencias Sociales, Ciudad Autónoma de Buenos Aires, Argentina, 2000.

sería una primera forma de enfrentar el poder real, lejos de las metró-
polis. A la vez, dicho sistema habría permitido el nacimiento de una
cierta conciencia de clase.[46] Bajo este término, como nos dice Mires,
se debe comprender un grupo de individuos ligados por intereses
económicos comunes, pero, sobre todo, por las mismas relaciones
de propiedad y de apropiación de los medios de producción. De esta
manera, los encomenderos pueden ser considerados una «clase social» que no forma parte de la sociedad española de la época, pero que
todavía debe obedecer al Estado español. Hay entonces un problema
de gestión y de administración de parte de dicho Estado porque debe
gobernar una nueva sociedad que no le pertenece ya en sus estructuras, mientras que esta clase social domina sobre un conjunto de individuos que no constituyen aún una «sociedad».

Ciertamente, esta cuestión no se plantea para Las Casas en términos de *clase social*, sin embargo, como lo explica Mires, dicha referencia puede servir de base para comprender la crítica social que el
dominico realiza de la encomienda. Las Casas observa cómo gracias
al sistema de encomiendas surgen individuos que no pertenecen a las
castas tradicionales de la sociedad española. La encomienda significa
entonces la ruptura de la jerarquía social por diferentes razones. Primero, los reinos indios se desorganizan socialmente. Las relaciones
jerárquicas al interior de la sociedad de los indios son desorganizadas
por la conquista. Luego, los españoles que dominan son «sin linaje»
y «sin calidades». Se trata de *arribistas* que no merecen, según Las
Casas, su nuevo estatus. Finalmente, dicha desorganización social se
acompaña de un nuevo poder para los conquistadores y sus soldados.
Se trata de un poder político que los libera de la tutela del rey y amenaza
su soberanía, el dominicano afirma: «los que acá vienen a mandar luego, se hacen atrevidos e pierden el temos a Dios e la fe y fidelidad a su
Rey e la vergüenza a las gentes; e luego hacen pacto con el diablo, a
quien dan luego el alma porque le deje robar [...]».[47]

Este desorden social y político es la causa de los malos tratos
hacia los indios. Los hombres codiciosos y avariciosos no deberían

[46] Fernando Mires, *En nombre de la cruz*, San José, DEI, 1986.
[47] OCM, *Carta al Consejo de Indias*, 1531, p. 53.

tener la oportunidad de *gobernar* a otros.[48] Estos individuos se dejan llevar por el éxito privado y se convierten en agentes políticos autónomos. Su poder no es equivalente a su condición social. Para Las Casas, aquellos que participan de la conquista y se benefician de la encomienda son en su mayoría criminales y exiliados.[49] De pronto se ven al mando de indios que son reyes y señores de sus territorios. La dominación se ejerce como «ruptura» de las instituciones que preceden la conquista. Las nuevas poblaciones son consideradas una masa homogénea sometida a los españoles. Estos desequilibrios son una aberración política que nace de la guerra.[50] Esta altera las relaciones sociales dejando de lado las distinciones y los rangos. La dominación que surge de la guerra de conquista es, en consecuencia, un acontecimiento que modifica y destruye la jerarquía social, tanto en la sociedad de los españoles (que acaban de conquistar y «poblar»), como en la sociedad india. Los nuevos pueblos no se integran como miembros iguales dentro de un imperio, a pesar de la afirmación sobre el carácter propietario de las Indias.[51] Por el contrario, han sido incluidos por la fuerza y bajo un estatus inferior.

En efecto, entre las cartas y los informes de este período sobre la situación en las provincias de Nicaragua y Honduras, se puede observar que las acusaciones señalan el enriquecimiento veloz de ciertos personajes. Estos cambios de estatus están ligados a posiciones de poder que son, en las Indias, bastante inestables y permeables. Como lo refiere en 1545 el inspector Martín Esquivel en su informe sobre Pedro de los Ríos: «No trajo de España bienes en cantidad de quinientos ducados y es público que ha enviado a su tierra mucha suma de pe-

---

[48] OCM, *Entre los remedios*, p. 84, «[...] según las leyes razonables y justas [...] nunca se debe de dar regimiento a hombres pobres ni a cudiciosos que desean y tienen por su fin salir de la pobreza, y mucho menos a los que anhelan, suspiran y tienen por fin de ser ricos [...]».

[49] HDI, I, 1.

[50] Es el caso, por ejemplo, de Nuño Guzmán, un simple escudero que se convierte en «encargado» de un cacique indígena. Antes, era señor de su tierra y tenía a sus súbditos bajo su autoridad. Ahora bien, lo que hace que Nuño de Guzmán pueda «gobernar» y mandar así al cacique son sus armas, véase HDI, III, 37.

[51] Véase O. Carlos Stoetzer, *Las raíces escolásticas de la emancipación de la América Española*, Centro de Estudios Constitucionales, Madrid, 1982.

sos de oro y tiene en estas partes tres navíos grandes que valen más de quince mil pesos y otros dos o tres navíos pequeños y otros muchos bienes y granjerías en gran cantidad».[52]

Así como de Los Ríos, otros funcionarios y particulares que sirvieron en la conquista de los territorios son examinados y cuestionados por sus fortunas. Dichas fortunas se construyen en relación con el control de la mano de obra indígena. La sociedad colonial que comienza a nacer está fundada sobre una desigualdad esencial. Esta se perpetúa puesto que la encomienda es un régimen de esclavitud.

La encomienda como régimen de esclavitud

ESCLAVITUD «DOMÉSTICA»
Y ESCLAVITUD MINERA

Los diferentes momentos que hemos distinguido en la crítica lascasiana de la encomienda permiten subrayar mejor la especificidad de la dominación que se instaura en las Indias a través de la conquista. Sin embargo, debemos analizar de manera independiente el problema de la esclavitud india. Dicha cuestión es capital para poder condenar política y éticamente la institución de la encomienda. Se trata, en efecto, de uno de los puntos de tensión entre los diferentes teóricos españoles. Saber si la encomienda es o no un régimen de esclavitud es responder a la cuestión de la esencia del poder que se ejerce sobre los indios. Se puede afirmar que la encomienda es considerada por la Corona un régimen de tutela que se justifica ideológicamente como medio de evangelización y de civilización. A partir de estos postulados, la crítica lascasiana se esfuerza por demostrar que se trata de un régimen de esclavitud sostenido por una doble ideología: la inferioridad de los indios (incapacidad intelectual, política y moral) y la evangelización.

---

[52] Informe de Martín de Esquivel, Factor y veedor de Nicaragua sobre la situación de esa provincia, 30 de diciembre de 1545, copia A. I. Fondo Colonial, Signatura 6502, FI 10.

Este problema de la esclavitud está también a medio camino entre dos tipos de práctica. Se trata, por un lado, de las prácticas medievales que se apoyan en las referencias a la «guerra justa» y, por lo tanto, a una forma de esclavitud legítima que deriva de la derrota en una guerra de este tipo. Y, por otro lado, a prácticas que serían «modernas» en el sentido de que no corresponden a nada conocido hasta entonces. Podemos situar a la crítica de Las Casas en esta línea. Lo que el dominico ve en la encomienda es una esclavitud que no se fundamenta en ninguna ley o práctica legítima pero que, además, se caracteriza por los malos tratos y el agotamiento físico de los esclavos. Es por esto que debe precisar los usos y costumbres de los indios con la finalidad de mostrar cómo estos son diferentes de las prácticas españolas. Al mismo tiempo, debe señalar la especificidad de las formas de esclavitud instauradas por los conquistadores.

Los indios son sometidos a distintas formas de esclavitud según el lugar que ocupan en la jerarquía de la nueva sociedad. Así, los hombres y mujeres más jóvenes se convierten en servidores domésticos que permanecen todo el día en casa del amo, se encargan, pues, de la manutención y de los asuntos del hogar, y se les denomina *naborías*. Para Las Casas, estos son verdaderos esclavos, puesto que están siempre a disposición de los amos y sin tiempo de reposo.[53] Los otros son los que poseen un estatus particular entre el «servicio obligatorio» y la esclavitud; son obligados a trabajar para un español durante un período determinado, tanto en las minas como en las granjas. Sin embargo, este servicio temporal no es más que una forma de esclavitud disfrazada porque la desorganización de la economía de vida de los indios hace que los «períodos de reposo» sean también períodos de sufrimiento y miseria.[54]

La situación que sigue a la guerra es una continuación de esta, en la medida en que no hay regreso a una posición de equilibrio. Las Casas afirma que la esclavitud nace de la misma violencia de los soldados españoles, quienes viven la guerra como una razia. Luego, el hecho es validado por los gobernadores y los oficiales de la Corona

[53] HDI, III, 56.
[54] HDI, II, 1.

que instauran la repartición sistemática de los naturales.[55] Esta situación es denunciada en el célebre sermón del padre Montesino, en 1511: se trata de la primera crítica del contexto colonial. Afirma que una vez que acaban las masacres y destrucciones, se instaura un régimen de trabajo forzado donde falta la comida, y la vida de los indios se degrada física y mentalmente, al punto que estos se ven empujados al suicidio.[56] De esta manera, la paz que sigue a la conquista territorial y la destrucción de la resistencia indígena es una paz en la violencia.

Pero, en esta nueva sociedad fundada en relaciones de esclavitud más o menos toleradas o disimuladas por el poder central, existe también una apertura clásica hacia otro tipo de esclavitud. Es aquella que nace de las pretendidas «guerras justas» que los españoles podrían llevar a cabo. En este caso, estamos frente a una esclavitud meramente comercial.

LA ESCLAVITUD COMERCIAL EN LAS INDIAS

La práctica de la esclavitud comercial en las Indias se explica a partir de su historia en Europa y en África. Como lo muestra Olivier Pétré-Grenouilleau, el mecanismo de la trata puede verse en acción desde el siglo VII, a través del *djihad* en la construcción del imperio musulmán. Como está prohibido procurarse esclavos dentro del imperio, estos se compran en las fronteras, luego de que haber sido «conquistadas» o saqueadas.[57] La justificación ideológica juega así un rol central en la legitimación de esta esclavitud, los «infieles» pueden ser así vendidos y comprados.

De la misma manera en la Europa medieval, la compra y la importación de esclavos son una práctica habitual. Su primera introducción se desarrolla luego de la peste de 1348, y se trata sobre todo de judíos y musulmanes. Son los españoles y los italianos quienes controlan este tráfico, comprando también esclavos griegos y eslavos.[58]

[55] HDI, III, 56, p. 207.
[56] HDI, III, 6.
[57] Olivier Pétré-Grenouilleau, *Les Traites négrières*, París, Gallimard, coll. «Folio Histoire», 2004, p. 34.
[58] *Ibid.*, p. 50.

Estos antecedentes son necesarios para comprender el lugar que juega la introducción de la esclavitud en las Indias. Como se observó, Colón proponía también esta empresa como fuente de utilidades para la Corona. Se trata de una práctica conforme al derecho de gentes. Se entiende, pues, que incluso Las Casas haya propuesto la traída de esclavos negros para reemplazar el trabajo de los indios.[59]

Sin embargo, la encomienda va a reforzar dicho esquema de explotación. Los indios van también a ser expulsados de sus tierras para ser vendidos como esclavos. Las Casas denuncia este comercio floreciente que se mantiene gracias a los esclavos cazados en las islas y que son vendidos en las provincias de la Tierra Firme. Los encomenderos parecen tener como recurso, a la vez, la toma de indios por medio de la guerra (indios que ponen a su servicio) o su venta como esclavos. Pero estos últimos pueden ser también indios que pertenecen a las encomiendas, es decir que están bajo la «tutela» de un español. Estos, con miras a un mayor enriquecimiento, pueden decidir venderlos, lo cual se explica evidentemente por el sistema de dominación que es la encomienda, donde el individuo es desposeído de todo lo que constituye su vida social y su particularidad. Las Casas cuenta cómo, por ejemplo, una de las prácticas de los encomenderos para procurarse esclavos es solicitarlos a los pueblos de indios como tributo.[60]

Ahora bien, si esta práctica está instituida y es tolerada en Europa o África, esto no significa que se desarrolle según los mismos parámetros. En efecto, el rol de los españoles cambia: ya no son los «compradores» y «traficantes», sino los proveedores del mercado y, por lo tanto, están en competencia los unos con los otros. Esta situación se desarrolla siempre en detrimento de los indios, como lo muestran los documentos de la época. Como ejemplo, Francisco de Castañeda denuncia a Pedrarias Dávila. Muestra cómo el poder político está completamente corrompido por los intereses económicos. Así pues, Pedrarias Dávila, gobernador en nombre de Su Majestad, es acusado de proveer esclavos para el mercado interno de las Indias[61] para venderlos

[59] OCM, Memorial de Remedios para las Indias, 1518, p. 34.
[60] OCM, Tratado sobre los indios que se han hecho esclavos, 1547, pp. 260 y 264.
[61] Documento 7, *ibid*.

en Perú. Este mercado es tan rentable que Castañeda afirma que se trata del único rendimiento que puede obtenerse en esta tierra. Y el control de Pedrarias Dávila es estricto, ya que no permite que ningún indio sea marcado fuera de la ciudad de León; para ello, incluso ha hecho traer un fierro de la ciudad de Granada. Luego, en la expedición que dirige Martín Estete hacia la región Chorotega, este último lleva también un fierro para obtener más esclavos.[62]

Unos años más tarde, en 1545, el comercio de esclavos continúa. Los indios siguen siendo una mercancía bien valorada. En efecto, Martín Esquivel hace saber al rey cómo el gobernador de Nicaragua, Rodrigo de Contreras, sacó más de quinientos indios de la provincia, ignorando las medidas dictadas por Su Majestad, por las Audiencias y por el Consejo del Rey.[63]

Así, la dominación que se ejerce sobre los indios es particular porque implica la expropiación de sus territorios, la puesta en esclavitud de las poblaciones, el control, *in situ*, de la economía colonial. Subrayando los mecanismos de esta dominación, Las Casas puede entonces condenar la puesta en esclavitud de los negros, como veremos más adelante.

El sistema colonial que reposa sobre la esclavitud se justifica, según ciertos autores,[64] a partir de una comparación de lo que era antes, es decir, las prácticas de los indios, y la nueva situación impuesta por los españoles. Esta comparación busca legitimar los tratos que los españoles infligen, ya sea afirmando que estos son más «suaves», incluso «más civilizados», puesto que los indios no son en ningún caso sacrificados ni comidos; ya sea sosteniendo que ciertas prácticas se dan en continuidad con lo que los indios hacían. De esta manera, se justifica la esclavitud por el derecho de gentes.

---

[62] *Ibid.*

[63] Documento 13, informe de Martín Esquivel, Preceptor e Inspector de Nicaragua, sobre la situación de esta provincia, 30 de diciembre de 1545.

[64] Véase Sepúlveda, *Tratado sobre las justas causas de la guerra contra los indios*, México, Fondo de Cultura Económica, 1986.

LA PRÁCTICA DE LA ESCLAVITUD
POR PARTE DE LOS INDIOS

No obstante, existe una diferencia importante entre la práctica de la esclavitud entre los indios y las formas introducidas por los españoles. Las Casas subraya esta diferencia para mostrar, por un lado, el desfase entre la esclavitud actual de los indios y la esclavitud anterior, y por otro lado, la profunda ruptura que existe entre la condición de esclavo en las sociedades precolombinas y la nueva sociedad colonial esclavista y colonial.

En el México de los aztecas, por ejemplo, los esclavos no son ni ciudadanos ni sujetos, pertenecen al amo como una cosa. Esto los acerca ciertamente a los esclavos de la Antigüedad, pero muchos rasgos muestran la especificidad de su condición. Así, el hombre esclavo trabaja siempre para otra persona, ya sea como jornalero agrícola o como trabajador doméstico, o incluso como cargador de caravanas si es esclavo de un mercader. Por su parte, las mujeres esclavas se encargan de hilar, tejer, coser y reparar vestimentas en la casa del amo. También pueden contarse entre las concubinas.[65]

Las Casas afirma que la palabra *esclavo* para los indios no tiene el mismo valor que para los europeos. Se trata de un servidor o de una persona que ayuda y sirve en las cosas necesarias. Y esta condición es comparable a la de un hijo. De hecho, el esclavo, entre los indios, cuenta con una casa, su hogar, puede poseer tierras y tener su propio dinero.[66] Los esclavos indios pueden casarse con mujeres libres, y pueden incluso tener otros esclavos a su servicio.

[65] Jacques Soustelle, *Les Aztéques à la veille de la conquête espagnole*, París, Hachette Littératures, 1995, pp. 100-106.
[66] OCM, *Tratado sobre los indios...*, op. cit., p. 265, «[...] esclavo, entre los indios no denota ni significa lo que entre nosotros; porque no quiere decir sino un servidor o persona que tiene algún más cuidado o alguna más obligación de ayudarme y servirme algunas cosas de que tengo necesidad. Por manera que indio ser esclavo de indios era muy poco menos que ser su hijo, porque tenía su casa y su hogar y su peculio y hacienda, e su mujer e sus hijos y gozar de su libertad como los otros súbditos libres sus vecinos[...]», Las Casas exagera aquí el hecho de que los esclavos gocen de la misma libertad que los ciudadanos y súbditos del reino. De hecho, como hemos señalado, la condición de esclavo no les otorga derechos políticos.

Esta vida más bien favorable se explica por el hecho de que su condición no es definitiva ni hereditaria. De hecho, pueden obtener su libertad por varios medios. Así, por ejemplo, un esclavo puede ser liberado cuando su amo muere o por la gracia del emperador o rey. Los esclavos que van a ser vendidos pueden también tratar de fugarse y únicamente el amo o sus hijos tienen derecho a atraparlos, los demás ciudadanos arriesgan su propia libertad si intervienen.[67] Además, la libertad puede darse por una redención, el esclavo reembolsa entonces la suma que el amo pagó por él o puede hacerse reemplazar por un miembro de la familia.

La esclavitud precolombina no es comparable a la esclavitud introducida por los españoles. Esta última se define como el inicio de una esclavitud vinculada al desarrollo de un territorio conquistado. El sistema sostiene entonces toda una estructura de una sociedad nueva que está comenzando a nacer. Por lo tanto, es una esclavitud que refleja una jerarquización estricta de la sociedad. Esta se encuentra dividida entre vencedores y vencidos y no hay ninguna posibilidad de igualdad. El esclavo no puede liberarse y sigue siendo una mercancía que se utiliza hasta la muerte. Los españoles ostentan el poder de vida o de muerte sobre los cuerpos de los indios. Los malos tratos forman parte de esta economía que mezcla trabajo, castigo y agotamiento.[68]

Por lo tanto, los españoles no pueden referirse a la esclavitud india para justificar su práctica de la encomienda. En efecto, las formas de la esclavitud practicada por los indios son muy diversas y forman parte de una multiplicidad de costumbres que estructuran las sociedades precolombinas. Al contrario, la esclavitud impuesta por los españoles se sostiene con el trabajo forzado, dirigido únicamente a la extracción de riqueza. La condición de esclavo es una condición de la que solo puede liberarse con la muerte y que propicia una profunda

---

[67] Soustelle, *op. cit.*, p. 101.

[68] OCM, *Tratado sobre los indios... op. cit.*, p. 277, «[...] pero la servidumbre que tienen entre los españoles es toda infernal, sin nunguna blandura, sin algún consuelo y descanso, sin dalles momento para que resuellen, y el tratamiento ordinario de inurias y tormentos durísimo y aspérrimo, todo lo cual al cabo y en breves días les es convertido en pestilencia mortal».

distinción social. El simple hecho de ser indio produce la esclavitud bajo sus distintas formas. Como lo hemos visto, se trata de una generalización que impide apreciar la especificidad de las relaciones sociales.

La esclavitud entre los indios se explica, por el contrario, por una multiplicidad de relaciones sociales. De esta manera, por ejemplo, la guerra permite procurarse indios entre los aztecas. Los prisioneros que no eran sacrificados a los dioses eran vendidos como esclavos. De igual manera, las guerras de conquista que buscaban someter nuevas tribus eran formas de obtener esclavos. Los esclavos podían también constituir una forma de tributo que las poblaciones sometidas debían dar.[69]

Otras formas de esclavitud dependían de las vías civiles y penales. Lo cual significa que la esclavitud era practicada como «castigo», pero también era una costumbre particular para afrontar situaciones diversas. En el primer caso, era una sanción para el que había cometido crímenes o delitos, como el robo de maíz,[70] el robo en un templo,[71] o la venta de algo que no le pertenecía. Esta pena recaía también sobre quienes secuestraban un niño para venderlo como esclavo o aquellos que impedían que un esclavo se refugiara en un palacio para huir o liberarse. En resumen, este tipo de esclavitud era un equivalente a la prisión moderna.

Entre los usos y costumbres que existían, se castigaba con la esclavitud a los hombres que tomaran como amante a la esclava de otro, si violaba a una esclava virgen[72] o si la esclava quedaba embarazada y moría durante el parto.[73] Asimismo, la esclavitud afectaba igualmente el impago de deudas o a la pobreza. Las familias contraían entonces una obligación con un particular o un dignatario. Vendían a sus hijos o los reemplazaban por otro cuando este cumplía cierta edad.[74]

---

[69] Soustelle, *op. cit.*, p. 102.
[70] OCM, p. 266.
[71] Soustelle, *op. cit.*, p. 103.
[72] OCM, *idem*.
[73] Soustelle, *op. cit.*, p. 103.
[74] Soustelle, p. 103, Las Casas, OCM, *idem*.

A pesar de lo que afirma Las Casas, parece ser que la categoría más numerosa de esclavos es la de los que se venden. Esto implica, sin duda, una libre disposición del propio cuerpo, pero también podría deberse a la pérdida, por falta de mantenimiento y cultivo, de su parcela de trabajo; también podía afectar a los jugadores de palma. Esta renuncia a la libertad se acompañaba de una ceremonia. Se debía contar con al menos cuatro testigos. El futuro esclavo recibía su precio por adelantado, el cual gastaba durante aproximadamente un año, y luego se presentaba para cumplir su parte del contrato. La ceremonia servía como garantía pública de compromiso.[75]

Las Casas compara estas distintas formas de esclavitud juzgándolas. Considera que algunas son legítimas y otras no, sobre todo cuando la esclavitud implica una mentira o una trampa realizada deliberadamente. Pero justifica esto a partir de cierta condescendencia cultural. Como los indios son finalmente «infieles» que ignoran la verdadera religión, se puede entender entonces que sean capaces de actuar de esta forma. Este argumento sobre la infidelidad, empleado muchas veces por los teóricos de la esclavitud de los indios, es aquí invertido. Si las prácticas esclavistas de los indios eran injustas (lo cual Las Casas no parece aceptar), de todas formas, estas no justifican su esclavitud presente.

En consecuencia, está de acuerdo en que la esclavitud practicada por los indios era un régimen menos penoso y, sobre todo, menos tiránico que el impuesto por los españoles. En efecto, bajo la ley azteca, los esclavos indios tenían mayores posibilidades de liberarse y, por lo tanto, de sobrevivir a su condición. Pero, sobre todo, vivían una vida sin riesgos ni miseria. No tenían que cumplir un servicio militar ni pagar impuestos. Tampoco estaban sometidos a trabajos forzados. Incluso tenían una deidad dedicada a ellos: Tezcatlipoca.[76]

En la sociedad india, el esclavo tenía un rol central. No era ni un excluido ni un marginal, tampoco se le considera una herramienta

---

[75] Soustelle, *op. cit.*, p. 103.
[76] «Los amos de los esclavos ordenaban estrictamente a todas las personas de su casa que no causaran ningún dolor a ningún esclavo. Se decía que si alguien reprendía a un esclavo en uno de esos días, atraería sobre sí la pobreza, la enfermedad y la desgracia y merecería caer en la esclavitud», *idem.*

o una mercancía. Se puede notar, además, que no hay una verdadera apropiación de su cuerpo por parte del amo. Este último no puede disponer de él a su antojo. El cuerpo esclavo no es un objeto de tormento o insultos. El esclavo es entonces libre de disponer de su cuerpo, puede casarse libremente y no tiene prohibiciones para desplazarse. Por el contrario, como señala Las Casas, el reparto, el desplazamiento forzoso y la encomienda como sistema producen un estado de esclavitud *de facto*. Un estado en el que los esclavos carecen de derechos y están sometidos a la coacción externa en todos los aspectos de su vida.

Queda claro entonces que el argumento español sobre la compra de esclavos y la continuidad entre un régimen y otro no es válido en absoluto. No se pueden invocar los derechos y costumbres de los indios para convertirlos en esclavos. Estos derechos no son transferibles a los españoles. Los españoles estarían entonces obligados a liberar a los esclavos hechos por los indios.

EL TRABAJO DE LAS POBLACIONES NEGRAS Y LA «LIBERACIÓN» DE LOS INDIOS

Anteriormente evocamos la referencia que Las Casas hace a los esclavos negros como solución a la situación de los indios. Es necesario retomarlo ahora para mostrar la evolución de esta visión, así como la manera en que esta representa el punto de partida de una crítica global de la dominación.

La imagen de Las Casas como defensor de los indios se acompaña de un lado oscuro que lo acusa de ser el responsable de la introducción de la esclavitud negra en América. Como lo muestra Isacio Pérez Fernández (1991), esta leyenda se presenta primero en las *Recherches Philosophiques sur les Américains*, de Cornelio de Paw, en 1768.[77] Dicha leyenda tiene un éxito rotundo y sirvió para socavar las propuestas lascasianas sobre la liberación de los indios.

No obstante, de acuerdo con Pérez Fernández, hay que entender que Las Casas no es ni el primero ni el único que formula dicha

---

[77] Isacio Pérez Fernández, *Bartolomé de las Casas: ¿contra los negros? Revisión de una leyenda*, Madrid-México, Ed. Mundo Negro-Ed. Esquila, 1991, pp. 31-60.

propuesta. En efecto, esta demanda se hace a partir de las promesas que el cura Las Casas recibe por parte de los encomenderos sobre la posibilidad de liberar a los indios si estos eran remplazados por la mano de obra de África o de Castilla. Las Casas confirma esto en su *Historia de las Indias*,[78] donde cuenta que algunos españoles le confían la resolución de los dominicos de no absolver a los que posean indios.[79] Con este fin, acuden a verlo para estudiar la posibilidad de traer esclavos negros de Castilla. A partir de la inquietud de los encomenderos, Las Casas incorpora dicha propuesta en sus reformas para las Indias.

Estos datos muestran que la iniciativa de Las Casas no es la que marca el inicio de la presencia de esclavos en América. En efecto, Pérez Fernández señala que la deportación de esclavos hacia las Indias comienza desde 1493.[80] Estos eran esclavos «con amo», es decir que no se vendían *in situ*, sino que «pertenecían» ya a los colonos que llegaban a instalarse en las islas. Entre 1517 y 1518, el comercio masivo de trata es introducido. Este comercio se manejaba como un monopolio otorgado a la familia Welser, que lo conduce hasta 1526. Las Casas denuncia incluso esta privatización de esclavos, puesto que, sin la intervención y regulación de la Corona, los indios no podían ser liberados (el fin primero de su demanda). De hecho, si los esclavos también se convirtieran en una mercancía, correrían la misma suerte que los nativos.

El cura español no es entonces el primer responsable de la situación de esclavitud que vivían las poblaciones africanas en América. Esto, por supuesto, no justifica su intervención ante las autoridades para fomentar esta forma de «tiranía». Sin embargo, su reflexión sobre la situación de los indios modifica significativamente su visión de las cosas. En efecto, se puede afirmar que la crítica jurídica de la dominación y de la explotación de los indios lleva a Las Casas a revisar sus

---

[78] HDI, III, 102.
[79] Vale la pena señalar de paso que es ciertamente a partir de esta posición de los dominicos que Las Casas elaborará su propio consejo confesional.
[80] Isacio Pérez Fernández, *Fray Bartolomé de las Casas. O. P. De defensor de los indios a defensor de los negros. Su intervención en los orígenes de la deportación de los esclavos negros a América y su denuncia de la previa esclavización en África*, Salamanca, San Esteban, 1995.

antiguas posiciones. Al inicio de su estadía en las Indias, Las Casas justificaba la esclavitud de poblaciones negras africanas como una consecuencia de la «guerra justa» contra pueblos enemigos del cristianismo, siguiendo las lógicas medievales y religiosas que generaban esta forma de violencia.[81]

Pero hacia 1545, su posición cambia. Viaja a Lisboa, centro de la trata, para investigar sobre el origen y funcionamiento de este mercado. Participa también en la liberación de un esclavo negro en España. A partir de ahí, intenta reconstruir la historia de este proceso y, sobre todo, de encontrar el lazo con los acontecimientos de las Indias.[82] Esto le permite afirmar la injusticia de las guerras llevadas a cabo por españoles y portugueses, tanto en las islas Canarias como en las costas africanas. Termina entonces aceptando que «de cien mil [esclavos negros] no se cree ser diez legítimamente hechos esclavos [...]».[83]

Esto explicaría la redacción de los capítulos que aparecen en la *Historia*, donde podemos entender, a partir de los historiadores portugueses, la expansión europea y su relación con la alteridad. Es aquí donde Las Casas afirma: «[...] pero creemos que [los portugueses] hacen grandes daños en el cautivar esclavos, y dan motivo los portugueses a que ellos a sí mismos se cautiven por codicia y se vendan, y este daño y ofensas que se hacen a Dios no fácilmente serán recompensables».[84]

La trata no surge de una situación legal jurídica. Es el resultado de una violencia injustificada. Y esta situación es tanto más condenable cuanto que se basa únicamente en intereses materiales.[85]

---

[81] *Ibid.*

[82] Mostraremos en el capítulo II de la segunda parte cómo aparece este vínculo en la *Historia de las Indias*, desde el capítulo 17 hasta el 27. Para Pérez Fernández, estos capítulos representan una verdadera «Breve historia de la destrucción de África». Bajo este título editará Pérez Fernández estos capítulos, argumentando que se trata de un opúsculo aparte, hipótesis que puede defenderse muy bien. Véase Bartolomé de Las Casas, *Brevísima relación de la destrucción de África*, «Estudio preliminar», edición y notas de Isacio Pérez Fernández, Salamanca-Lima, Ed. San Esteban-Instituto Bartolomé de las Casas, 1989.

[83] HDI, I, 27, p. 146.

[84] HDI, I, 27, p. 145.

[85] *Ibid.*, p. 145, «En tiempo de este Rey D. Juan II y del rey D. Manuel que le sucedió,

La esclavitud de poblaciones negras debe ser entendida, según Las Casas, como una deformación del derecho de gentes que promociona el comercio entre los pueblos. En efecto, la posibilidad de esta práctica va contra las consideraciones éticas y responde a intereses económicos. Los moros son señalados como precursores de este tipo de esclavitud que nace de la guerra injusta. De ahí la condena lascasiana de dichas transacciones comerciales que dejan fuera la ética.[86]

La explotación humana sirve a fines económicos que van más allá de cualquier consideración ética o incluso política. La denuncia de Las Casas sobre la irracionalidad de la conquista americana es reforzada por el análisis de las dinámicas de dominación que se ejecutan desde finales del siglo XV con la expansión europea. Así, vuelve sobre sus posiciones iniciales, afirmando que los esclavos negros poseen los mismos derechos que los indios y, por lo tanto, su situación actual es injusta y «tiránica».[87]

La perspectiva política de Las Casas sobre la esclavitud de los negros cambió profundamente entre 1545 y 1547, cuando concibió la expansión europea como una expansión por conquista, que comenzaba en África y se extendía a las Indias, y que se caracterizaba por ciertas prácticas que analizaremos con más detalle.

Pero antes debemos señalar una última crítica que Las Casas desarrolla contra la encomienda. Se trata de la consideración del carácter ético de esta institución.

---

hubo grandísimas corrupciones en los portugueses con el rescate que tuvieron de los esclavos negros, rescatándolos en el reino de Benii y en otras partes de aquella costa, llevándolos a trocar por oro a la mina donde se hizo el castillo de San Jorge [...]».

[86] Ibid., cap. 22, p. 122, «Tampoco miraban los portugueses, que por conocer los moros la codicia suya de haber negros por esclavos, les daban ocasión de que les hiciesen guerra o los salteasen con más cuidado, sin justa causa, para se los vender por esclavos; y éste es un peligroso negocio y granjería en que debe ser muy advertido y temeroso, cuando contratare y tuviere comercio con algún infiel, cualquier cristiano».

[87] HDI, III, 102.

La encomienda y la ética

La crítica lascasiana de la encomienda se apoya finalmente en una dimensión difícil de ignorar: la dimensión ética. Esta acompaña, de cierta manera, el conjunto de la crítica, puesto que, si los indios son tratados como esclavos, esto se considera tanto una falta política como un pecado cristiano, porque se trata de individuos libres que pertenecen, como humanos, a la misma comunidad. Esta condena comienza entonces con la «primera conversión» de Las Casas. Antes de esta, nos dice, nadie se preocupaba por la conversión o la salvación de los indios.[88] La inquietud ética es lo que lo hace renunciar a su encomienda, así como a condenar la totalidad del sistema.

Contrariamente a lo que afirman los colonos, la encomienda no es un instrumento eficaz de evangelización. Hay aquí, según Las Casas, un empleo instrumental de la religión como excusa para la dominación. Hay entonces que separar la conquista de su ideología de «cruzada» y de «reconquista». Para el dominico, la predicación debe estar fundada en un *saber*. En efecto, hay que conocer las Escrituras y los métodos de evangelización para propagar el Evangelio. Es necesario que aquellos que predican no sean los mismos que hacen la guerra. Por lo tanto, es imposible que los soldados pretendan convertir a los indios. De la misma forma, los colonos que no tienen ninguna formación religiosa particular no están en condiciones de enseñar los preceptos de la doctrina cristiana.[89] Este saber está reservado para los religiosos. Se trata entonces de un «poder» que está en sus manos, pero que es disputado por los encomenderos.

Esta tensión se manifiesta como una competencia de poder entre los que ostentan un poder sobre los cuerpos y aquellos que poseen, en teoría, la misión de velar por las almas. Para los encomenderos, la

---

[88] HDI, III, 32.

[89] OCM, *Entre los remedios*, 1542, p. 76, «Qué curas de aquellas ánimas serán todos los españoles seglares que allá van, por muy estirados y ahidalgados que sean, que apenas saben mucho el Credo y los Diez Mandamientos, y los más no los saben, ni las cosas de su salvación y que no van allá sino con ansia y sospiro de cubdicia y que por la mayor parte son hombres viciosos y que por incorrupta y desordenada vida son los indios en su comparación muy virtuosos y sanctos».

predicación es «tiempo de ocio», es decir que se lee únicamente desde la perspectiva económica. Se trata de un tiempo muerto de «no producción». En efecto, hay casos, nos dice Las Casas, en que los indios son requisados por la fuerza mientras escuchan la predicación.[90]

Estas maniobras buscan obstaculizar la conversión, pues esta puede servir como una forma de toma de conciencia para los indios. Los elementos de igualdad y caridad presentes en la doctrina cristiana son abiertamente contradictorios con el trato que sufren los naturales. Así, nos dice Las Casas, los encomenderos se quejan de que una vez que los indios son adoctrinados, es más difícil servirse de ellos, pues se convierten en *bachilleres*. Es decir, se dan cuenta de su condición y pueden cuestionarla. Su obediencia se compromete ya que el cristianismo puede tener también una dimensión liberadora.[91]

Ahora bien, la mayor fuente de tensión es simplemente el posible encuentro entre indios y religiosos, porque se trata de un contacto de comunicación directa que permite, una vez más, aclarar la situación de dominación y los abusos cometidos. Los frailes pueden entonces ser testigos directos de las vejaciones y opresiones que sufren los indios y reportarlas a la Corona.[92] Hay, pues, una fuerte tensión entre el poder religioso y el poder usurpado por los encomenderos, que se encargan de difamar la misión de los religiosos. Se observa que treinta años después del sermón de Montesinos, la fuerza política de los

[90] OCM, *ibid.*, p. 73, «Y ha acaescido estar los indios en la iglesia oyendo predicación, y los religiosos predicándoles, y entrar el español delante de todos y tomar ciencuenta o ciento dellos que había menester para llevar con cargas de su haciendo; y porque no querían ir, darles de palos y coces, y a su pesar y de los religiosos, alborotándolos y escandalizando toda la gente que allí estaba, e impidiendo la salud de los unos y de los otros».

[91] OCM, *idem*, «El otro daño que dicen que reciben es que diz que después que los indios son doctrinados y cristianos hechos, se hacen bachilleres, y que saben más de lo que sabían, y que no se pueden por eso dende en adelante tambien como hasta allí servirse dellos».

[92] OCM, *idem*, «y es que no quieren que los frailes entren a predicar y doctrinar los indios en los dichos pueblos, porque con verdad hablamos a Vuestra Majestard, son tantas las tiranías y vejaciones, fuerzas, violencias y opresiones que cada día a los indios hacen, que como los indios se quejan dellas a los frailes, y los mismos frailes las sienten y las veen, que huyen y aborrecen que dellas los religiosos sean testigos [...]».

privilegiados del sistema colonial se ha reforzado, en detrimento de la vida de los indios y del poder soberano de la Corona.

La encomienda es también un obstáculo a la conversión de los indios puesto que termina por destruir sus cuerpos, ya sea por el trabajo o por suicidio, porque el régimen opresor es tan fuerte que los indios acaban por tomar su destino en sus propias manos y se envenenan, se ahorcan o huyen.[93] Y cuando no logran cometerlo, sus cuerpos se degradan, pierden toda su vitalidad y, por ende, su condición humana.[94]

Quisimos introducir esta perspectiva ética sobre la encomienda aquí para mostrar cómo completa la crítica lascasiana, sin embargo, volveremos a este punto más adelante cuando estudiemos las alternativas políticas que Las Casas propone para el gobierno y la conversión de los indios.

Así, hemos analizado hasta aquí los diferentes puntos que constituyen la crítica de Las Casas a la encomienda como un componente del sistema de dominación. Esta institución es una prolongación de la guerra de conquista. Dicha guerra, que aparece a ojos de Las Casas como una guerra injusta, es, sin embargo, la base a partir de la cual se construye el «gobierno» de las Indias. Por esto es necesario estudiar los conceptos que la explican y la justifican. De esta manera, se puede entender la originalidad de la posición lascasiana en la definición del enemigo y en la determinación de las causas de la guerra.

---

[93] OCM, *ibid.*, p. 97.
[94] OCM, *ibid.*, p. 74, «que son los indios tímidos y pusilánimos, o por mejor decir, por las crueldades que han en ellos cometido, les han entrañado el miedo en los corazones que los han convertido casi en natura de liebres y hecho degenerar de ser hombres [...]».

SEGUNDA PARTE

Guerra, discurso e imperialismo

Uno de los problemas fundamentales que surge con el «descubrimiento» es la extensión del poder soberano. La interrogación nace de la expansión colonial que comienza a tomar forma. Se debe responder a la pregunta de cómo los nuevos pueblos y territorios de ese «mundo», que surge frente a los ojos de los conquistadores, pueden en efecto ser reivindicados en nombre del derecho. Sin embargo, considerando que las relaciones entre españoles e indios son básicamente relaciones de guerra, hay que analizar los principales argumentos de los más sobresalientes teóricos de la guerra.

En efecto, las relaciones entre españoles e indios están marcadas por la violencia: ya sea en las islas del Caribe o más tarde en la Tierra Firme, las expediciones de conquista son campañas militares donde la fuerza es el principal instrumento. Las expediciones son dirigidas por «capitanes» junto con soldados, cuya misión es someter a los indios y tomar posesión de la tierra en nombre de la Corona. La guerra es entonces un instrumento de extensión de la soberanía.

Como práctica, esta guerra no es nueva. España acaba de terminar un proceso de «reconquista» contra los moros. Se trata de una guerra que se justifica por su carácter de reparación. Sin embargo, aquí los españoles se enfrentan a poblaciones diversas y diferentes. Encuentran tribus aisladas, poco desarrolladas, en las islas del Caribe; estas tribus sucumben rápidamente al avance de los conquistadores.

A partir de 1519, los españoles entran en contacto con pueblos más avanzados política y técnicamente, como los incas y los aztecas. Todos estos encuentros llevan, tarde o temprano, a la violencia. De ahí la importancia de comprender cómo esta se justifica a los ojos de los autores de la época.

Así, el discurso sobre la guerra es un discurso que conlleva la legitimidad de la conquista y la instalación duradera de los españoles en territorio de Indias. Detrás de esta discusión se encuentra una apología del imperialismo moderno o, por el contrario, en el caso de Las Casas, una crítica de esta forma de gobierno. Los argumentos de los adversarios y de los apologistas de la guerra sirven de base para analizar las relaciones entre Europa y el resto del mundo.

La guerra que funda la soberanía debe ser una «guerra justa», es decir, una guerra que permita la desposesión y el sometimiento legítimo del enemigo. En el caso americano, podemos observar que se trata de justificar la conquista de dichos pueblos a partir, esencialmente, de tres argumentos: 1) dichos pueblos son una amenaza que debe dominarse, 2) se posee la autoridad política o espiritual para someterlos y 3) entregar a estos pueblos el Evangelio y la civilización justifica su dominación. Estos tres argumentos guían la posición de tres autores fundamentales para comprender los inicios del imperialismo europeo: Vitoria, Sepúlveda y Las Casas.

Capítulo I

Las teorías de la guerra de conquista

Francisco de Vitoria

Los títulos ilegítimos
de la conquista

El horizonte político de Vitoria está intrínsecamente ligado al imperio de Carlos V y a la idea de un *bonum orbis*.[1] Dicho *orbis* se entiende como una comunidad política que incluye a todos los pueblos de la tierra. En efecto, según la ley natural, a cada pueblo corresponde un Estado. Esto quiere decir que cada pueblo posee su territorio y sus bienes, incluso antes de que el derecho positivo pueda definir las reglas de uso y de comunicación entre los Estados.[2] Esta comunidad de pueblos está dirigida hacia un bien común, puesto que necesita compartir y ayudarse mutuamente para subsistir. Esto explica la importancia de una noción como la de *comunicación* («comercio») en Vitoria. Es gracias a esta que los tesoros circulan de un lugar a otro, según las necesidades de los pueblos.[3] El *bonum orbis* es más que una asociación de Estados,

[1] Alois Dempf, *La filosofía del Estado en España,* trad. José María Rodríguez Paniagua, Ediciones Rialp, Madrid, 1961.
[2] *Ibid.*, p. 88.
[3] *Ibid.*, p. 89.

está por encima de toda forma contractual, puesto que está determinado por naturaleza, su objetivo final es la paz.[4]

De esta manera, Vitoria reconoce la soberanía de los indios y su *dominium* sobre su propiedad. Siguiendo a Tomás de Aquino y su separación entre ley natural y ley divina, Vitoria concibe la autonomía de la sociedad civil con respecto a la sociedad natural. Esto le permite limitar la *potestas* del papa en la esfera política, lo cual destruye los efectos de la donación papal.[5] Hay entonces una negación del imperio instituido religiosamente. En efecto, el pontífice no tiene el poder para ofrecer o quitar territorios a los príncipes. Si esto fuera posible, estos últimos no serían más que juguetes de la voluntad papal.[6] Si bien el papa posee el poder espiritual y, por lo tanto, todos los poderes se someten a él, Vitoria distingue que estos poderes no están sometidos *temporalmente*. Por lo tanto, afirma: «los cristianos no tienen por él causa justa para declararles la guerra [a los indios], tanto si se fundan en que el Papa donó como señor absoluto aquellas provincias, como si quieren basarse en que dichos bárbaros se niegan a reconocer el dominio del Papa».[7]

En efecto, dicho poder papal tiene un origen sobrenatural y se aplica siempre así. Su dominio de acción está limitado a los asuntos espirituales y no incluye los asuntos temporales. De esta forma, no se puede evocar la autoridad del papa para hacer la guerra contra los indios y despojarlos de sus territorios y sus bienes. La posesión no está regulada por las autoridades espirituales.[8]

Esta limitación del poder temporal del papa se extiende más allá del contexto de la bula. El papa no puede otorgar la soberanía sobre las tierras descubiertas a los Reyes Católicos, puesto que no posee ninguna jurisdicción sobre dichas tierras. De la misma forma, el

---

[4] *Ibid.*, p. 91.
[5] Sin embargo, como señalamos en el capítulo anterior, la donación papal fue también un pilar de la defensa de los indios por parte de Las Casas. La constitución del «imperio de la fe» (Capdevila) se basó en la interpretación que Las Casas hizo de esta donación.
[6] Fernando Mires, *En nombre de la cruz, op. cit.*, p. 201.
[7] Francisco de Vitoria, *Leçons sur les Indiens et le droit de guerre*, introd., trad., notas por Maurice Barbier, Droz, Genève, 1966.
[8] *Ibid.*, p. 45.

argumento religioso no puede servir para desposeer a los indios. Para Vitoria, los pecados que estos hayan cometido no plantean ningún problema desde el punto de vista jurídico. Los pecados mortales no impiden que alguien tenga poder civil y lo ejerza. Así, se debe reconocer que incluso los infieles y los paganos poseen un derecho sobre sus territorios y sus bienes. Antes de su conversión, no hay juez que pueda condenarles.

Como muestra Vitoria, el pecado no existe en la ignorancia de la ley. Más bien, es un castigo que se sufre «[p]or lo que yo digo que para que la ignorancia pueda imputarse a alguno y sea pecado o vencible, se requiere que haya negligencia en la materia, es decir, que no se quiera escuchar o que no se quiera creer después de haber oído hablar de ella».[9]

No obstante, los «pueblos bárbaros» no están obligados a creer desde el primer anuncio de la fe cristiana. En efecto, sin pruebas de la fe o de Cristo, no pueden ser considerados culpables de estar en contra de la religión cristiana, y los españoles no pueden, de forma legítima, usar este argumento para hacerles la guerra. Esta afirmación echa por tierra la justificación de la guerra que sigue al rechazo del requerimiento. Los indios no han cometido ninguna injusticia contra los españoles. El pecado no los convierte en enemigos. Según Santo Tomás (nos dice Vitoria) la infidelidad no elimina ni el derecho natural ni el derecho humano. Y los poderes de los individuos sobre sus bienes y territorios pertenecen a estas dos esferas jurídicas. Por lo tanto, no se pierden en ausencia de la fe.

Sin embargo, queda aún la interrogación sobre la *naturaleza* de los indios. En efecto, algunos autores legitiman la conquista fundamentándose en la «barbarie» indígena. Afirman que los autóctonos son «esclavos por naturaleza», retomando la fórmula de Aristóteles. ¿Es posible considerar que, en determinadas condiciones, los indios son realmente «inferiores»? Y si es así, ¿puede hacérseles la guerra y apropiarse de sus bienes?

Para Vitoria, los indios no pueden ser considerados esclavos por naturaleza.[10] En efecto, este tipo de esclavo no conoce la organización

---

[9] *Ibid.*, p. 65, § 178. Esta misma posición es sostenida por Las Casas.
[10] Aristóteles, *La Politique*, París, Vrin, 1970, p. 46.

política, puesto que es incapaz de razonar. Al contrario, los indios tienen sus instituciones y autoridades civiles. Por lo tanto, es claro que pueden gobernarse. Esta consideración del carácter político de las relaciones sociales indígenas permite determinar su capacidad para autogobernarse. Pero las diferencias en las costumbres son tan importantes que es necesario descartar que se les pueda considerar como hombres locos o insanos y que haya, por lo tanto, argumentos para exigir una tutela sobre ellos.[11] Observando la organización de los indios, se puede notar que tienen que regulan los matrimonios, permiten la posesión de títulos, así como el reconocimiento legal.

Por lo tanto, las deficiencias que pudieran advertirse en su naturaleza y que los llevarían a ser considerados «tontos» o «bárbaros» pueden corregirse mediante la educación. No se trata de una cualidad de su esencia. Por lo tanto, debe tomarse en cuenta su relación con pueblos más civilizados, así como la enseñanza que puede dárseles. De ninguna manera, los indios corresponden a los bárbaros a los cuales se refiere Aristóteles. Para Vitoria, los indios podrían incluso parecerse a los campesinos españoles de su época. Parece creer que la condición de los indios puede mejorar mediante la educación y la «comunicación» con los españoles. En este sentido, comparte la visión oficial de la Corona, que también considera que la «comunicación» entre los dos pueblos puede convertir a los indios en «súbditos» del reino, con todo lo que esto implica: el respeto de la ley natural y el abandono de la idolatría.

De esta manera, la teoría de la guerra aparece para Vitoria como una teoría fundada en el derecho de gentes y no en una pretendida superioridad cultural o una legitimidad religiosa. La *hostilidad* de los indios no es esencial, sino circunstancial. Si nos detenemos en este punto, se podría creer que Vitoria no encuentra finalmente ninguna causa justa para la guerra contra los indios. Parece incluso un precursor del pensamiento moderno y del derecho internacional. Así, nos encaminaríamos hacia una negación de la forma imperial medieval para acercarnos a un pensamiento que reflexiona sobre el Estado y sus poderes. Sin embargo, las características del derecho de gentes

[11] Vitoria, *Leçons sur les Indiens, op. cit.*, p. 31, § 93 y siguientes.

definidas por Vitoria sirven de justificación y de legitimación a la *expansión imperial*.[12]

Así, luego de refutar las causas que legitiman la «desposesión» de los indios, Vitoria se asegura de la capacidad que tienen estos de «poseer» bienes. Dicha posesión se acompaña de una característica muy importante, la capacidad de «intercambiar» estos bienes. De esta forma, vemos aparecer, bajo la doctrina del derecho internacional, una doctrina comercial. Esta es el punto de partida para justificar la sumisión política y la desposesión de los indios.

LIBERTAD COMERCIAL, PECADOS CONTRA NATURA Y «GUERRA JUSTA»

El análisis de Vitoria reserva un lugar central a la noción de *comercio*. Dicha noción represente a la vez la posibilidad de intercambiar y el establecimiento de una «comunicación» con los indios. El comercio es visto como el objetivo de la presencia española en las Indias. De esta manera, se puede explicar el interés de Vitoria por los derechos de los indios. Reconociendo dichos derechos sobre sus propiedades y sobre sus bienes, las riquezas que estos posean pueden entrar directamente en los circuitos comerciales a través de las estructuras económicas impuestas por los españoles. De hecho, la presencia española en las Indias nunca es cuestionada ni condicionada por Vitoria. Además, como todos los pueblos tienen por naturaleza el derecho a explotar los recursos a su disposición, nada impide a los españoles hacer lo mismo y pueden también «extraer el oro de las tierras comunes o de los ríos, o pescar perlas en el mar o en el río [...]».[13]

Frente a esta situación, ¿cómo reaccionan los indios? En su respuesta, Vitoria silencia el carácter fundamentalmente violento de las expediciones españolas y acusa a los indios de ser «naturalmente

---

[12] Sobre la figura de Vitoria y sus posiciones de justificación del «imperio efectivo» sobre las Indias, puede consultarse la introducción de Nestor Capdevila que citamos en el capítulo anterior. Véase c, «Introducción», *op. cit.*, pp. 16-102.

[13] Francisco de Vitoria, *Relecciones sobre los indios y el derecho de guerra*, trad. Luciano Pereira, Madrid, Espasa Calpe, 1975, p. 92.

temerosos, y muchas veces estúpidos y necios».[14] Este es el detonante de la violencia. Cuando los indios rechazan el comercio o ponen barreras a este, violan el derecho natural y el derecho de gentes provocando así una injuria que justifica la guerra. Vitoria está en línea con la política imperial de la Corona. En efecto, como lo muestran las capitulaciones con los conquistadores, esta concepción de la «libertad comercial» como derecho de gentes era una forma de validar la guerra. Así, la capitulación de Felipe Gutiérrez señala que los indios deben ser bien tratados y respetados, «salvo en caso que los dichos indios no consintiesen que los dichos religiosos o clérigos estén entre ellos y les instruyan en buenos usos y costumbres y que les prediquen nuestra santa fe católica y si no quisieren darnos la obediencia o no consintieren resistiendo o defendiendo con mano armada que no se busquen minas, ni se saque de ellas oro, o los otros metales que se hallare».[15]

De esta forma, la sumisión política, espiritual y la «comercial» están al mismo nivel. El comercio mundial entre los pueblos es un derecho inalienable que no puede ser limitado por las autoridades temporales, Vitoria afirma que ni los príncipes indígenas ni los príncipes españoles pueden prohibir este comercio.[16] Es, por tanto, un fin que nos acerca al ideal del *bonum orbis.*

Así, toda limitación al ejercicio comercial puede considerarse una causa de guerra justa. Los españoles, en su calidad de huéspedes o negociantes, tienen derecho a su seguridad. Esto quiere decir, entre otras cosas, tener la posibilidad de extraer libremente recursos de las tierras americanas. Para Vitoria, cualquier prohibición en este sentido se opone al derecho natural y constituye una causa de guerra. Debe subrayarse el hecho de que incluso la inseguridad potencial puede conducir a los españoles a guerrear contra los indios. Si los españoles solo pueden garantizar su seguridad por medio de la ocupación

[14] *Ibid.*, p. 94.
[15] Documento 10, capitulación entre el Rey y Felipe Gutiérrez para poblar la provincia de Veragua, 24 de diciembre de 1534.
[16] Vitoria, *Relecciones, op. cit.*, p. 90, «ni sus príncipes [indios] pueden impedir a sus súbditos que comercien con los españoles, ni por el contrario, los príncipes de los españoles pueden prohibirles el comerciar con ellos».

de las tierras y el sometimiento de sus habitantes, tienen derecho a hacerlo si todos los otros métodos fracasan.[17]

De esta forma, Vitoria utiliza el argumento de la libertad comercial para justificar la dominación política de los nuevos territorios «descubiertos». Estos argumentos deben situarse desde la perspectiva de expansión comercial europea hacia las periferias. Como lo veremos más adelante, Las Casas documenta de manera extensa esta lógica de la expansión portuguesa y española desde el siglo xv, y su relación con la dominación y la explotación de las Indias.

La justificación del sometimiento por medio de la guerra es una justificación secular que se apoya en la dinámica comercial y que abre la vía al imperialismo moderno. Las relaciones entre Estados no pueden ya organizarse según parámetros religiosos, como en la Edad Media. Vitoria pone de lado la acción evangelizadora que los reyes se otorgan y tolera abiertamente las relaciones comerciales con los infieles. Las teorías sobre el desarrollo del comercio producidas en el siglo xviii subrayan las ventajas ligadas al comercio como medio de civilización y paz. Paradójicamente, dichas teorías sobre la libertad comercial se acompañan, en ocasiones, de consideraciones políticas que tienden a negarlas. Así, apoyándose en el derecho de los pueblos a comunicar y a intercambiar, Vitoria pretende excluir a ciertos Estados europeos de dicha «libertad» cuando se trata de asuntos de las Indias.

De hecho, la dimensión religiosa no se abandona por completo. Hemos visto que Vitoria apenas se apoya en la donación papal para justificar la evangelización y la guerra. Pero no descarta la autoridad del pontífice ni la utilidad política de las bulas. En efecto, la afirmación del derecho de comercio abre la puerta a la competencia de los demás países europeos. Es aquí donde la donación papal retoma toda su importancia. Esto es lo que da la exclusividad de la dominación (comercial y política) a los españoles.

De esta manera, si bien «los cristianos tienen derecho de predicar y de anunciar el Evangelio en las provincias de los bárbaros»,[18] no

---

[17] *Ibid.*, p. 95. «Si tentados todos los medios, los españoles no pueden conseguir su seguridad entre los bárbaros sino ocupando sus ciudades y sometiéndolos, pueden lícitamente hacerlo [...]».
[18] *Ibid.* p. 97.

se trata de cualquier cristiano. El papa acordó esta misión al pueblo español y a sus reyes. Es entonces dicho pueblo a quien corresponde no solo la propagación de la fe, sino también la explotación exclusiva de las riquezas de las Indias. El papa puede así establecer un monopolio comercial a favor de España, prohibiendo a otros reyes europeos llegar a las Indias. Dicha exclusividad comercial sirve a la causa del Evangelio. Si otros reyes europeos se apresuran a llegar a las Indias, esto podría dañar la empresa de conversión.[19]

Vemos entonces cómo el derecho inalienable de los pueblos a la libertad comercial tiene verdaderos límites en la práctica. Dicha libertad comercial no es más que una justificación de la conquista. Además, se acompaña del monopolio de la propagación de la fe, lo cual asegura en última instancia el control de las riquezas indias por parte de los españoles. La competencia por estos recursos puede muy bien desembocar en un conflicto armado entre potencias europeas, es por esto que Vitoria busca asegurar la exclusividad de la dominación para la Corona, usando el argumento de la evangelización. De esta manera, establece una doctrina de dominación que es a la vez comercial y cultural sobre los indios. España posee el monopolio material y el monopolio religioso. Para Fernando Mires, el discurso de Vitoria es un discurso teológico penetrado por una visión política.[20] Por lo tanto, Vitoria es un «hombre de Estado», al servicio de su rey.[21] Su argumentación parece en principio antiimperialista, puesto que limita los poderes del papa y afirma los derechos de los indios. Sin embargo, esta afirmación del derecho de gentes esconde la justificación del imperialismo.[22] Si los indios se oponen al derecho de comercio, son entonces desposeídos de sus bienes y de sus territorios.

[19] *Idem*, «Y no sólo puede prohibir a estos últimos [se trata de los otros Reyes europeos] la predicación, sino también el comercio, si esto resultara conveniente para la difusión de la religión cristiana [...]». «[...] parece que es en absoluto conveniente, ya que, si de otras naciones cristianas concurriesen indistintamente a aquellas provincias, sería fácil que mutualmente se estorbasen».
[20] Fernando Mires, *En nombre de la cruz*, op. cit., p. 208 *sq*.
[21] *Ibid.*, p. 210.
[22] Ver c, «Introducción», *ibid*.

Esta penetración justificada por el derecho de comercio se acompaña y presupone un derecho de «asistencia a los aliados». Dicha asistencia reposa además sobre el hecho de que ciertos indios ya están convertidos y participan así en la comunidad cristiana. Deben, por lo tanto, ser protegidos como miembros de esta comunidad. Se puede hablar de un derecho de injerencia que Vitoria justifica por el proverbio: «Libra a los que son llevados a la muerte».[23] Está pensando particularmente en las prácticas que consisten en comer ciertas partes del cuerpo de los sacrificados.[24] Considera que, incluso si los naturales pueden ser culpables de algún crimen, por el cual están siendo castigados, el derecho natural impide que se les coma. Cometiendo una injusticia hacia estos hombres, los indios se vuelven culpables y pueden entonces ser amenazados con la guerra.[25]

Este último título aparece entonces teóricamente como una justificación posible de la guerra contra los indios y de la apropiación de sus territorios. La tentativa de legitimación de la guerra se plantea aquí como un arma ideológica para defender la causa española en América.

Podemos afirmar que la posición de Vitoria cuestiona ciertos aspectos de la herencia medieval. Sin embargo, abre vías «modernas»: declarar la guerra a los indios (y a otros pueblos que podrían representar un obstáculo a la expansión política y comercial de los europeos). Así, la teoría de la guerra aparece para Vitoria como una teoría que deriva del derecho de gentes y que permite autonomía de

[23] Proverbios, 24:11
[24] Cabe señalar aquí que Vitoria distingue entre la conquista del Imperio azteca por Cortés, de la conquista de Perú por Francisco Pizarro. En el primer caso, justifica el sometimiento de los indios por la fuerza, invocando el derecho de auxilio de las víctimas. En el segundo caso, denuncia la guerra como una «guerra injusta» cuyo único objetivo es el enriquecimiento personal de los conquistadores. Para él, los incas no cometieron ninguna falta contra los españoles que pudiese justificar dicha agresión. Cf. «Pero a lo que yo he entendido de los mismos que estuvieron en la próxima batalla con Tabalipa, nunca Tabalipa ni los suyos habían hecho ningún agravio a los cristianos, ni cosa por donde los debiesen hacer la guerra», *Relecciones sobre los indios y el derecho de guerra*, Tercera edición, Espasa-Calpe, Madrid, 1975.
[25] J. Baumel, *Les leçons de Vitoria sur les problèmes de la colonisation et de la guerre*, Montpellier, Impr. de la Presse, 1936.

este derecho con respecto a las concepciones religiosas, hasta cierto punto. Esta teoría recupera las pretensiones imperiales de España. Limita la aplicación del derecho de gentes, puesto que otorga el monopolio religioso a un solo Estado, monopolio de la fe que se acompaña de un monopolio comercial. Así pues, las prácticas que obstaculicen estos dos monopolios pueden originar una guerra justa.

Por un lado, Vitoria propone ideas que defienden la igualdad jurídica de los pueblos. Reconoce entonces la posesión y la soberanía de los indios, pero, por otro lado, este reconocimiento del derecho permite luego su desposesión a través del argumento de la libertad comercial y la comunicación. En última instancia, esto legitima la práctica imperial. La soberanía de los Reyes Católicos se justifica entonces por la «falta» cometida por los indios porque estos impiden la propagación de la fe y la libertad de comercio. La lógica imperial transforma a las víctimas en culpables de la dominación que recae sobre ellas. Ginés de Sepúlveda lleva esta dinámica hasta sus últimas consecuencias.

Ginés de Sepúlveda

LA GUERRA Y SUS FORMAS

Sepúlveda desarrolla en su *Tratado sobre las justas causas de la guerra contra los indios* [26] una verdadera teoría de la guerra y propone una justificación secular del imperialismo español. Dicha justificación se apoya en cierta comprensión de la guerra. Primero, la guerra en sí misma no es algo negativo. Está permitida por el derecho natural y es también compatible con la ley evangélica, puesto que, aunque deba en principio evitarse, permite luchar contra crímenes y pecados. [27] De manera general, la guerra está presente en la ley antigua, es decir, en el Antiguo Testamento. Pero la guerra no puede ser un fin en sí misma

[26] Juan Ginés de Sepúlveda, *Tratado sobre las justas causas de la guerra contra los indios*, trad. de Manuel García Pelayo, Fondo de Cultura Económica, México, 1986.
[27] *Ibid*, p. 15.

—su objetivo último tiene que ser la paz—,[28] además, debe ser el último recurso del hombre de bien para alcanzarla.

Esta comprensión de la guerra está en concordancia con la visión cristiana. Se trata de una forma justa para alejar el mal y vencerlo. La guerra es compatible también con el derecho de gentes que propone, por ejemplo, que se pueda defender a sus amigos y a sus aliados contra los daños de un tercero. Pero la guerra debe seguir una serie de criterios para ser aceptada. Primero, debe haber una causa justa que la provoque. Sepúlveda no ofrece ninguna lista exhaustiva de lo que pueda ser dicha causa, pero señala algunas, por ejemplo, cuando la fuerza se opone a la fuerza o cuando se recuperan las cosas que fueron tomadas injustamente, como sucede con la reconquista de los territorios en manos de los infieles. Una tercera causa puede ser el castigo de los crímenes que no fueron castigados por un Estado, pero que constituyen una ofensa al derecho de gentes o al derecho natural. En cuarto lugar, la superioridad cultural puede ser también una causa de guerra justa, porque como lo afirma Sepúlveda, el imperfecto debe obedecer al más perfecto.[29] Este argumento es lo que diferencia su posición del resto de autores de la época. Por último, la lucha contra la herejía se convierte también en causa de guerra.

Sepúlveda se interesa luego por la cuestión de la autoridad. En este punto, está en perfecto acuerdo con la tradición. En efecto, la guerra justa debe ser declarada por una autoridad legítima, es decir, por un rey o señor que gobierne justa y legítimamente un territorio y a quien se le debe obediencia. De hecho, cuando un tirano ordena la guerra nadie está obligado a obedecer, puesto que se considera que este persigue únicamente su bien propio, y no el de la república. La guerra tampoco puede ser declarada por un señor inferior en rango, en este caso, se le considera una revuelta al interior del reino. Solo aquel que ostenta justamente el poder puede declarar una guerra justa. Según Sepúlveda, Dios ejerce con frecuencia su venganza y su derecho a castigar por intermediación de otros, como, por ejemplo, el príncipe y sus magistrados, es decir, los funcionarios públicos. El castigo es

[28] *Ibid.*, p. 55, «se hace la guerra por adquirir la paz».
[29] *Ibid.*, p. 18.

entonces de naturaleza política. Aquellos que gobiernan deben castigar no solamente las injurias contra la república, sino también aquellas contra ciudadanos particulares,[30] y son los únicos que pueden dar órdenes a los súbditos del reino.

La guerra debe hacerse, además, con *probum animum* y *bonum finem*.[31] Esto quiere decir que debe responder a una voluntad de restablecer el bien, y no a fines de enriquecimiento personal o venganza. Por último, la guerra debe hacerse correctamente, es decir, siguiendo ciertas reglas. No puede ser dirigida de manera indiscriminada contra toda la población. Se debe respetar a los extranjeros, los embajadores y los religiosos, así como las «cosas sagradas».[32]

Podemos constatar que esta definición de la guerra no difiere de los principios que se siguen en la época. Sin embargo, se trata aquí de un nuevo tipo de guerra, porque los pueblos contra los que se lucha no son hostiles a los cristianos y se encuentran en territorios de los que no se conocía la existencia. Se debe, por lo tanto, definir al Otro como *enemigo* para poder justificar la violencia. Es esta definición la que hace original el acercamiento de Sepúlveda.

LOS INDIOS COMO «BÁRBAROS»

Así, como señala Manuel García Pelayo, a partir de Sepúlveda se podía construir una justificación laica del imperio sobre los indios.[33] En efecto, el nuevo argumento que Sepúlveda defiende como justificación de la guerra es la inferioridad natural de los indios. Dicho criterio reposa sobre la oposición entre *barbarie* y *civilización* y no apela, más que de manera tangencial, al argumento religioso.

Esta noción de civilización es esencial para comprender la jerarquía política y ética que este autor estable entre españoles e indios. Esto va a servir para determinar el lugar de cada actor en el conflicto, así como para legitimar la sumisión de los «hombres inferiores». Para Sepúlveda, la naturaleza de los indios es una naturaleza «bárbara».

[30] *Ibid*. p. 79.
[31] *Ibid*. p. 70.
[32] *Ibid*. p. 73.
[33] *Ibid*. p. 12.

El «bárbaro» no posee ninguna distinción específica, es decir, no se le puede considerar un humano completo dotado de razón y libertad. Se opone entonces al hombre civilizado que posee cultura refinada, que vive según las leyes. Este hombre forma parte de un pueblo donde la ley natural sirve de base a las relaciones sociales. Este argumento viene directamente de Aristóteles,[34] la perfección natural debe someter y dominar la imperfección. Y esto es una ley natural reconocida y respetada por la razón.[35]

Los españoles que poseen en su linaje nombres célebres como Séneca o Averroes, y que han demostrado su coraje y valor en la prueba viril de la guerra son una nación superior a los indios. Sus virtudes son la frugalidad, la fuerza y la sobriedad,[36] virtudes que los distinguen incluso de otros pueblos europeos. Se caracterizan también, luego de las batallas, por su trato humano y dulzura hacia los vencidos.[37] Por el contrario, los indios deben obedecer como los niños a sus padres o como las mujeres a los hombres. Se trata, según Sepúlveda, de un «derecho» que puede evocarse como principio de justificación, puesto que se trata de una diferencia de «naturaleza» que no puede ser limitada o eliminada. Sepúlveda incluso afirma que esta diferencia es similar a la que hay entre monos y hombres.[38]

---

[34] Aristóteles, *La Politique*, I, 6, 1255, p. 46, trad. Tricto, París, Vrin, 1970.

[35] Sepúlveda, *op. cit.*, p. 85, «Esto mismo se verifica entre unos y otros hombres; habiendo unos que por naturaleza son señores, otros que por naturaleza son siervos. Los que exceden a los demás en prudencia e ingenio, aunque no en fuerzas corporales, estos son por naturaleza, los señores; por el contrario, los tardíos y perezosos de entendimiento, aun que tengan fuerzas corporales para cumplir todas las obligaciones necesarias, so por naturaleza siervos, y es justo y útil que lo sean, y aun lo vemos sancionado en la misma ley divina».

[36] *Ibid*, p. 103.

[37] *Ibid*. p. 105.

[38] *Ibid.*, p. 101, «bien puedes comprender [...] si es que conoces las costumbres y naturaleza de una y otra gente, que con perfecto derecho los españoles imperan sobre estos bárbaros del Nuevo Mundo e islas adyacentes, los cuales en prudencia, ingenio, virtud y humanidad son tan inferiores a los españoles como los niños a los adultos y las mujeres a los varones, habiendo entre ellos tanta diferencia como la que va de gentes fieras y crueles a gentes clementísimas, de los prodigiosamente intemperantes a los continentes y templados, y estoy por decir que de monos a hombres».

Para demostrar esta oposición esencial entre «civilización» y «barbarie», el autor se refiere a casos concretos en los que se manifiesta el carácter «temeroso» de los indios. Así, se refiere al valor y la proeza de Hernán Cortés. Aparece como la imagen de la superioridad española, como el conquistador que, por voluntad propia, somete al imperio indio más avanzado.[39]

En un primer momento, podría considerarse, siguiendo las líneas de argumentación de Sepúlveda, que este único ejemplo es suficiente para probar la barbarie de los indios. Sin embargo, como hemos visto, la guerra justa responde a cierto número de criterios. Así, lo que caracteriza la perspectiva de Sepúlveda es el hecho de encontrar, a partir del argumento de la inferioridad natural de los indios, toda una serie de justificaciones que refuerzan las causas tradicionales de la guerra justa. Es esta definición del enemigo la fuente de pecados contra natura, así como la justificación del nuevo régimen político impuesto a los indios. De esta forma, la teoría de la guerra que Sepúlveda expone se acompaña de una teoría del gobierno. Esta se construye a partir de un supuesto «conocimiento» de quiénes son los indios, es decir, a partir de una definición específica de su «barbarie».

LAS DIFERENTES FORMAS DE LA BARBARIE

Según Sepúlveda, las manifestaciones de la naturaleza corrupta de los indios son numerosas. Sin embargo, se pueden fácilmente clasificar en dos: las que tienen que ver con su organización política y las que se relacionan con sus costumbres, es decir, las que representan faltas «morales» o «éticas». Dichas características permiten definir bien a los indios como *hostis* y por consiguiente someterlos a la tutela española.

---

[39] Como veremos, estas «historias» que circulan sobre los indios determinan la implementación de «prácticas» de dominación. Por lo tanto, es importante observar cómo el discurso teórico remite al discurso del testimonio y de la experiencia. *Ibid.*, p. 109, «Y así Cortès, varón como en muchas ocasiones lo demostró, de gran fortaleza de ánimo y de no menos prudente consejo, tuvo oprimida y temerosa durante muchos días con el solo auxilio de españoles y de unos pocos indígenas a una multitud tan inmensa, pero que carecía de sentido común, no ya de industria y prudencia [...]».

Sepúlveda retoma, para empezar, la primera caracterización de esta barbarie criticando a las instituciones políticas de los indios. Se refiere directamente a los aztecas cuyo conocimiento parece haber adquirido a través de las cartas de Cortés. Este pueblo que se considera a sí mismo el más avanzado de la región, que ha construido un verdadero imperio cuyo centro, la ciudad de Tenochtitlan, se caracteriza por su arquitectura y su esplendor, es a los ojos de Sepúlveda la prueba de la barbarie india. En efecto, la barbarie política puede disfrazarse detrás de una apariencia de equilibrio y sobriedad. El autor afirma: «[...] Porque el tener casas y algún modo racional de vivir y algunas especie de comercio, es cosa a que la misma necesidad natural induce, y sólo sirve para probar que no son osos, ni monos y que no carecen totalmente de razón». Esto prueba solamente que los indios no carecen enteramente de razón.[40]

El análisis económico viene a reforzar el carácter bárbaro de las naciones indias. Sepúlveda sostiene que los indios no poseen nada que les pertenezca individualmente. Así, nos dice, la noción de *propiedad privada* (que se liga aquí a la voluntad libre de los individuos) es una noción desconocida por los indios. Las tierras que trabajan no les pertenecen, son del Estado. Hay una puesta en común del trabajo y de sus frutos, los cuales no son puestos en valor, sino utilizados en cultos, ceremonias públicas o dirigidos al rey. Y este sometimiento es voluntario, lo cual demuestra que los indios son esclavos por naturaleza.[41] Esta organización «comunitaria» es lo que, según Sepúlveda, constituye un escándalo político: la interpreta como una forma de absolutismo donde el rey es finalmente el único propietario, con un pueblo de esclavos.[42]

---

[40] *Ibid.*, p. 109.

[41] Esto está ligado a lo señalado en el capítulo II. Algunos rasgos que definen arbitrariamente la civilización (el trabajo, la propiedad privada de la tierra) se emplean aquí para reducir a los indios a la «barbarie» y poder dominarlos.

[42] *Ibid.*, p. 111, «Ellos tenían distribuidos los campos y los predios de tal modo, que una parte correspondía al rey, otra a los sacrificios y fiestas públicas, y solo la tercera parte estaba reservada para el aprovechamiento de cada cual, pero todo esto se hacía de tal

En efecto, como resalta Mires, con este autor vemos perfilarse las líneas de una concepción moderna de la sociedad política.[43] En esta nueva sociedad, la voluntad individual se privilegia frente al poder del rey y la posesión privada de la tierra es considerada un signo de civilización. La ausencia de propiedad privada se equipara a la ausencia de libertad política. No hay separación precisa y clara entre el dominio público y el dominio privado. Por último, la perpetuación de esta situación sirve de prueba de la «barbarie» de la república, ya que los hombres libres no permitirían tal condición. A esta falta de individualización se añade la ausencia de «industria», de «ciencia», de «letras» y, por tanto, de «memoria».[44]

De hecho, Sepúlveda afirma que los indios no poseen ningún monumento que pueda atestiguar su historia, y como no dominan la escritura, su cultura es sin duda inferior. Esta caracterización de la «barbarie» se relaciona con la importancia que la letra escrita, la gramática y la escritura alfabética comienzan a tener en el Renacimiento.[45] Los pueblos sin «locución literal» están situados en una escala inferior de civilización. Finalmente, dicha barbarie política está intrínsecamente ligada, en el caso de Sepúlveda, a consideraciones de orden ético.

La barbarie moral

La caracterización de la «barbarie ética» marca profundamente el texto de Sepúlveda. En efecto, se trata de la crítica a las prácticas y rituales indios. A esto se agregan además los relatos que atribuyen a los indios costumbres «nefastas» y toda clase de vicios. El texto de Sepúlveda se limita a evocar estos «pecados», entre los cuales se encuentran el incesto, la sodomía, la antropofagia y la adoración de

---

modo que ellos mismos cultivaban los campos regios y los campos públicos y vivían como asalariados por el rey y a merced suya [...]».

[43] Fernando Mires, *En nombre de la cruz*, op. cit., pp. 71-74.

[44] Sepúlveda, *op. cit.*, p. 105, «no sólo no poseen ciencia alguna, sino que ni siquiera conocen las letras ni conservan ningún monumento de su historia [...]».

[45] Walter Mignolo, *Historias locales, diseños globales: colonialidad, conocimientos subalternos y pensamiento fronterizo*, Madrid, AKAL editions, 2002, p. 37.

ídolos. Según él, observando estas costumbres, bien se puede creer que Dios quiere «*la exterminación de estos bárbaros*»,[46] puesto que estos pecados son contra la ley natural.[47]

Pero, una vez más, lo que interesa en el análisis de Sepúlveda es que este autor nunca toma en cuenta de manera separada el ámbito religioso y el ámbito político, porque el carácter de pecado contra natura viene del hecho de que se trata de una práctica extendida y aceptada públicamente. No nos encontramos ante casos aislados, sino ante una institución social. Entonces, lo que se juzga es el hecho de que esta violación sea institucionalizada, como la antropofagia o los sacrificios de los aztecas. Que esta práctica sea política, institucionalizada y no privada es lo que condena a todo un pueblo. Así, según Sepúlveda, «en una región llamada Nueva España, solían inmolar a los demonios más de 20 000 hombres inocentes».[48] Se trata entonces de una lucha contra los indios para hacer respetar la ley natural.

Sin embargo, el argumento de la liberación de «inocentes» es muy relativo. De hecho, la postura de Sepúlveda considera a los indios, por un lado, como seres inferiores, pero del otro, interpela los valores cristianos de compasión y de piedad como argumento para la intervención y causa de guerra. Hay, entonces, por una parte, separación radical por la cultura, lo cual permite afirmar una superioridad de la moral, y por tanto la hostilidad absoluta de los indios. Y, por otra parte, un universalismo cristiano que juega un rol ambiguo, puesto que es utilizado como legitimación de la violencia. Se ataca y se hace la guerra con el fin de salvar a aquellos que, incluso inferiores y casi «monos», son humanos.[49] Pero esta contradicción aparente se explica cuando consideramos la estructura imperial emergente. La caracterización de los indios como «bárbaros» es lo que justifica su desposesión por medio de la guerra. Sin embargo, esta guerra no busca

---

[46] *Ibid*, p. 115.
[47] El argumento de la «exterminación» de los indios como voluntad divina es un argumento muy difundido entre los conquistadores. Como veremos, sirve para justificar la dominación y el sometimiento de los indígenas. Sepúlveda lo recoge aquí de pasada, sin desarrollarlo realmente.
[48] *Ibid*., p. 131.
[49] Sepúlveda utiliza la palabra *homunculus* para referirse a los indios.

eliminarlos, sino hacerlos acceder, según Sepúlveda, a una forma superior de cultura.[50]

IMPERIALISMO Y «LIBERACIÓN»

La guerra contra los indios es entonces una guerra contra las costumbres o las morales que violan la ley natural. El Estado indio no funciona según las reglas de la razón donde los reyes son tiranos que dominan enteramente la voluntad de sus súbditos.[51] Además, son culpables de actos públicos que van contra el derecho natural y ofenden a la religión cristiana. Por esto, la intervención armada de los españoles viene en cierta manera a restablecer el equilibrio de una vida virtuosa y a liberar a los indios del régimen injusto al que están sometidos.

La justificación de la expansión imperial de la Corona se sostiene sobre esta misión civilizadora. Son los españoles quienes deben servir de ejemplo de una vida civilizada. Esta dominación política es lo mejor que los indios pueden desear, pues les da la oportunidad de pasar de «[...] bárbaros, tales que apenas merecían el nombre de seres humanos, en hombres civilizados [...] de torpes y libidinosos, en probos y honrados; de impíos y siervos de los demonios, en cristianos y adoradores del verdadero Dios».[52]

Surge así la justificación ideológica del imperialismo moderno. Paradójicamente, son aquellos sometidos por la fuerza de las armas quienes sacan las más grandes recompensas. La dominación española es benéfica, porque permite a los indios aprender de la humanidad

[50] Para García Pelayo, esta dimensión del pensamiento de Sepúlveda es comúnmente silenciada. No obstante, representa el carácter «ético» de su doctrina. Pareciera que, para dicho comentador, la «salvación» propuesta por Sepúlveda justificaría a fin de cuentas su perspectiva de superioridad.

[51] Hay que precisar que Sepúlveda habla en general de los indios refiriéndose a los aztecas. Es por esta razón que utilizamos el concepto de *Estado indio*. Vimos que las primeras informaciones sobre los indios señalaban su ausencia de organización política, como un signo de su inferioridad. Aquí, la posición de Sepúlveda va incluso más lejos para justificar la dominación.

[52] *Ibid.*, p. 133.

y las virtudes. De esta forma, se les prepara para su conversión.[53] La posición de Sepúlveda balancea los *fines* y los *medios*. En efecto, considera que la dominación por conquista es la única que puede conllevar verdaderamente al fin último de la conversión. Por último, los muertos y la destrucción causada por la guerra se realizan en nombre de una causa superior: el acceso a la verdadera religión y a la civilización. Estos elementos constituyen el núcleo de lo que Dussel ha llamado el *mito de la modernidad*.[54]

En efecto, este «mito» se construye primero por la definición de diversos grados de civilización, señalando un grado de cultura como referencia, y por lo tanto «absolutamente superior» a los otros. Esto permite luego imponer por la fuerza las características de este estado, puesto que el fin último justifica los *medios* empleados. El «mito» justifica entonces el empleo de la fuerza «en el interés de las víctimas». Los indios sufren la guerra únicamente porque, a través de ella, pueden vivir mejor, es decir, vivir racionalmente. Dicha argumentación consiente entonces la práctica de lo irracional (la guerra), con el fin de acceder a lo racional (el Estado español y la religión cristiana).

A partir de este «mito», Sepúlveda puede justificar las injusticias y los excesos de la guerra. De hecho, no niega la existencia de dichos excesos, pero según él, son el fruto de hombres malos e injustos, y por lo tanto no cambian en nada la *naturaleza* de dicha guerra, es decir, su carácter liberador y justo.[55]

Estos detalles[56] no modifican la justicia de la causa primera, a menos que el príncipe les haya permitido o sea negligente al respecto. Dicha precaución formal permite entonces a Sepúlveda justificar el enriquecimiento de los conquistadores puesto que finalmente «*la humanidad y la verdadera religión tienen más valor que el oro y la plata*».[57] Los abusos cometidos por los conquistadores no anulan el derecho

---

[53] *Ibid.*, p. 93.
[54] Enrique Dussel, *1492: el encubrimiento del Otro*, Bolivia, Plural, 1993.
[55] Sepúlveda, *op. cit.*, p. 97, «[...] si hombres injustos y malvados han dado muestras de avaricia, de crueldad y de cualquier género de vicios, de lo cual hay muchos ejemplos según he oído, nada de eso hace peor la causa del príncipe y de los hombres de bien».
[56] Detalles que hoy llamaríamos «daños colaterales».
[57] Sepúlveda, *op. cit.*, p. 135.

legítimo del vencedor para tomar posesión de los bienes del vencido. De esta manera se instaura legítimamente el imperio sobre los indios, lo que resuelve también la cuestión de su evangelización.

LA EVANGELIZACIÓN COMO LEGITIMACIÓN DEL IMPERIO

Esta «superioridad» que Sepúlveda les atribuye a los españoles está fundamentada también en el ámbito espiritual. Si la religión católica es la verdadera religión, entonces el sometimiento político de los indios se acompaña de su sometimiento religioso.[58] Pero dicho sometimiento no puede concretarse si antes no se ha «pacificado» a los indígenas. Sepúlveda afirma que los «bárbaros» pueden ser conquistados por el mismo derecho por el que pueden ser obligados a escuchar el evangelio.[59]

De esta manera, el argumento de la inferioridad natural de los indios niega la posibilidad de una conversión pacífica de estos últimos. No pueden ser simplemente adoctrinados, puesto que sus vicios están muy enraizados. A su manera, Sepúlveda parece comprender que la violencia de la guerra debe prolongarse por las violencias de la práctica evangelizadora, puesto que lo que se busca es un verdadero proyecto de aculturación y de colonización. Así, las amonestaciones, es decir, las «amenazas» y el «terror», forman parte de esta práctica de enseñanza de la doctrina cristiana.[60]

[58] Es la disputa sobre el modo correcto y eficaz de evangelizar a los indios lo que constituye el núcleo de la Controversia de Valladolid, y no, como a veces se dice, la discusión sobre la humanidad de los indios.

[59] Sepúlveda, *op. cit.*, p. 139, «No digo yo, pues, que se los bautice por fuerza, sino que en cuanto depende de nosotros se los retraiga del precipicio y se les muestre el camino de la verdad por medio de piadosas enseñanzas y evangélica predicación, y como esto no parece que puede hacerse de otro modo que sometiéndolos primero a nuestro dominio [...] creo que los bárbaros pueden ser conquistados con el mismo derecho con que pueden ser compelidos a oír el Evangelio».

[60] *Ibid*, p. 147, «Y eso que yo nosolo digo que debemos conquistar a los bárbaros para que oigan a nuestros predicadores, sino también que conviene añadir a la doctrina y a las amonestaciones las amenazas y el terror, para que se aparten de las torpezas y del culto de los ídolos».

La guerra es vista como un instrumento de conquista territorial, pero también como un instrumento de evangelización. Se trata entonces de una conquista sobre las creencias y los cuerpos. De hecho, si por un lado, los españoles toman posesión de los bienes de los vencidos, por otro lado, instalan también un nuevo régimen de creencias y una nueva economía de los cuerpos. De esta manera se instaura un régimen político particular que se justifica a partir del hecho bélico: el régimen de la encomienda.

Una vez más, la lógica de Sepúlveda se funda en el argumento de la superioridad cultural. A partir de ahí, este autor va a proponer un régimen de servidumbre. Esta servidumbre se justifica por dos razones. Primero, es preferible a la muerte. Y segundo, la apropiación de los bienes de los vencidos hace que los vencedores no destruyan todo.[61] Esto permite entonces cierta esperanza para los vencidos de recuperar su libertad y tolerar las nuevas condiciones.

Sin embargo, hay que distinguir las condiciones en el trato de los indios. Estas dependen de su participación y de su actitud durante la guerra. Para aquellos que no resistieron y que rápidamente abandonaron las armas, el trato debe ser más humano que el reservado a los que resisten y continúan sus prácticas «pérfidas».[62] Pero el trato a los que han depuesto las armas parece limitarse a la libertad vigilada. En efecto, Sepúlveda no acepta que los indios, incluso una vez convertidos, puedan tener los mismos derechos que los españoles. El estatus de las dos naciones sigue siendo desigual.

Para los hombres «superiores», más virtuosos, más doctos y racionales se reserva el poder civil. Al contrario, aquellos que son siervos por naturaleza o bárbaros deben obedecer el poder del amo.[63] De esta forma, el régimen político para los indios debe ser un régimen mixto, una especie de servidumbre que no anula completamente su libertad. No son esclavos, pero tienen que servir a cambio de ser «apoderados» por los españoles. En efecto, deben ser tratados «con

[61] *Ibid.*, p. 165.
[62] *Ibid.*, p. 171.
[63] *Ibid.*, p. 173, «Tanta diferencia, pues, como la que hay entre pueblos libres y pueblos que por naturaleza son esclavos, otra tanta debe mediar entre el gobierno que se aplique a los españoles y el que se aplique a estos bárbaros».

un imperio mixto y templado, tanto el del amo como el del padre, según su condición y la necesidad presente».[64]

Esta división política forma parte de la base de la institución de la encomienda como institución.[65] Sepúlveda considera «justo» y «cristiano» repartir algunos indios entre españoles. Esto puede hacerse tanto en los campos como en las ciudades. A quienes se les repartan indios deben ser personas «honradas» y «prudentes». Son estos españoles los que deben encargarse de su conversión. A cambio de ello, pueden beneficiarse del trabajo de los indígenas.[66]

Si seguimos al pie de la letra lo que afirma Sepúlveda, podríamos creer que su doctrina de guerra imperial no desemboca en un verdadero estado de esclavitud. Se trataría más bien de una doctrina de servidumbre, donde los indios serían considerados incapaces de autogobernarse según la ley natural, obligando a ponerlos, por la fuerza, bajo la dominación de «hombres virtuosos» y «superiores». En ningún momento aparecería la necesidad de un régimen tiránico de esclavitud. Ahora bien, aquí es necesario entender cómo se modifica la figura del indio en la doctrina sepulvediana.

Primero, el indio aparece como la alteridad absoluta. Es el bárbaro que solo puede ser convertido por la intermediación de una guerra; esta es un medio para alcanzar el objetivo final de la conversión, tanto religiosa como cultural (civilizadora). Dicha conversión implica la capacidad de cambiar, y por lo tanto también de adquirir las virtudes necesarias para estar en pie de igualdad con los vencedores. No obstante, esta igualdad aparece para Sepúlveda solo como un

---

[64] *Ibid.*, p. 173, «a los bárbaros tratarlos como ministros o servidores, pero de condición libre, con cierto imperio mixto y templado de heril y parternal, según su condición y según lo exijan los tiempos».

[65] Los fundamentos de la encomienda como institución de dominación se tratarán con más detalle en la tercera parte de este trabajo.

[66] Sepúlveda, *op. cit.*, p. 175, «Por lo cual no me parece contrario a la justicia ni a la religión cristiana el repartir algunos de ellos por las ciudades o por los campos a españoles honrados, justos y prudentes, especialmente a aquellos que los han sometido a nuestra dominación para que los eduquen en costumbres rectas y humanas y procuren iniciarlos e imbuirlos en la religión cristiana, la cual no se trasmite por la fuerza, sino por los ejemplos y la persuasión, y en justo premio de eso se ayuden del trabajo de los indios par todos los usos necesarios como liberales, de la vida».

horizonte futuro. En efecto, su doctrina de guerra no explica nunca cuáles deben ser las condiciones de una verdadera liberación. Sepúlveda otorga argumentos que justifican el desarrollo del imperialismo español, desarrolla las formas que deben guiar la tutela de los indios, pero no establece los criterios que permitirían afirmar que estos han sido por fin «civilizados» y que, por lo tanto, pueden disfrutar, como los españoles, de un régimen de libertad.

Así, a pesar de que teoriza el régimen de encomienda como un régimen de explotación donde el indio formaría parte integrante de la «familia» y de las propiedades animadas —tal y como lo enseña Aristóteles—, es claro que su doctrina es la base para legitimar la esclavitud india. Puede incluso denunciar que los abusos contra los indios son un pecado,[67] pero esto no conduce a la constitución de una sociedad de iguales. En efecto, los indios siguen siendo *inferiores* y, por lo tanto, siguen estando sometidos. Con Sepúlveda asistimos a la construcción moderna de una doctrina de colonización. Una colonización cuyo eje argumentativo se basa en el supuesto beneficio para los pueblos conquistados. Una colonización que reposa sobre una estricta jerarquía tanto política como ética. Como veremos más adelante, la doctrina de Sepúlveda responde a los intereses y a los argumentos de los conquistadores, pero también a los intereses de la Corona, puesto que justifica la explotación de los indios, la usurpación de sus riquezas y la dominación de sus territorios.

Hemos visto cómo los desarrollos de Sepúlveda podían tener un carácter moderno, en la medida en que justificaban la guerra como medio para acceder a un nivel superior de civilización. Ahora debemos ver la respuesta de Las Casas a estas dos teorías de la guerra.

[67] *Ibid.*, p. 177, «diré que a todos estos males hay que ponerles adecuado remedio para que no se defraude el justo premio a los que sean beneméritos de la república, y se ejerza sobre los pueblos dominados en [*sic*] imperio justo, clemente y humano, según la naturaleza y condición de ellos».

Bartolomé de las Casas

Las Casas defiende la donación papal como la única fuente de legitimidad para la presencia española en las Indias, lo cual parece determinar una posición *medieval*. Sin embargo, la crítica que realiza sobre los diferentes títulos que buscan legitimar la conquista muestra una visión moderna que condena las primeras formas de colonialismo moderno.

La voluntad de Las Casas es rechazar la legitimación del «imperio efectivo» en nombre de un futuro «imperio de la fe». Así, sus argumentos en favor de la donación poseen un efecto antiimperialista.[68] Al definir la situación de los indios, el dominico responde a los argumentos de los partidarios de la guerra de conquista. En primer lugar, niega el carácter hostil y «bárbaro» de los indios, luego estudia las relaciones entre «infidelidad» y «hostilidad» con el fin de concluir que los naturales de las Indias no entran en las categorías definidas en su tiempo, lo cual destruye las pretensiones imperiales de la Corona.

BARBARIE Y VOLUNTAD IMPERIAL

Las Casas introduce en la consideración de la «barbarie» una serie de precisiones que buscan distinguir esta noción de la del *hostis*. Dos obras le permiten evocar sistemáticamente estas cuestiones, la *Apología* y la *Apologética Historia*. En esta última, desarrolla cuatro definiciones de la palabra *bárbaro*.

En primer lugar, esta palabra se refiere a los hombres que, por accidente, han perdido el uso de la razón. Entonces sufren una degeneración de sus costumbres y, por lo tanto, pierden su humanidad conduciéndose como «bestias feroces». En dicha categoría puede caer cualquier hombre de cualquier pueblo. En efecto, es una condición de barbarie que se debe al azar y que puede compararse con la locura.

---

[68] Véase C, «Introducción», *op. cit.*, véase igualmente Nestor Capdevila, *Bartolomé de las Casas: une politique de l'humanité: l'homme et l'empire de la foi*, París, Editions du Cerf, 1998.

En segundo lugar, se llama *bárbaros* a los pueblos que no poseen *locución literal* que corresponda con su lengua; es decir, pueblos que carecen de escritura. Pero estos tienen organización política, vida social, leyes y comercio. Es, por ejemplo, el caso de los indios. La palabra *bárbaro* también puede aplicárseles en sentido literal, es decir, en el sentido de alguien que habla otra lengua. A partir de ahí, Las Casas los pone en el mismo rango que los españoles, pues estos aparecen también, frente a los indios, como «bárbaros». En la *Apologética*, afirma: «Y así estas gentes de estas Indias, como nosotros las estimamos por bárbaras, ellas, también por no entendernos, nos tenían por bárbaros».[69]

En tercer lugar, la palabra *bárbaro* puede referirse a los hombres descritos por Aristóteles. Son aquellos cuya razón no se ha desarrollado y que poseen naturalmente costumbres depravadas, malas inclinaciones. Son aquellos que carecen de ley y de justicia, que viven sin reyes y que no tienen comercio entre ellos ni con otros hombres. Pero esta categoría, nos advierte Las Casas, es extremadamente reducida, puesto que la naturaleza aspira siempre a la perfección.[70] Por tanto, es imposible definir a los indios de esta manera, ya que son muy numerosos.

Por último, la cuarta categoría está compuesta por los pueblos infieles. Son aquellos que *carecen* de la verdadera religión. Aquí están incluidos los indios, pero también los turcos y los moros. Es decir, pueblos cuya organización política y saber son respetados y reconocidos. Así, el dominico afirma, en *Apología*: «Algunos bárbaros, justamente y por naturaleza tienen reinos y dignidades reales, jurisdicciones y leyes buenas y su régimen político es legítimo».[71]

Turcos y moros no pueden ser *inferiorizados*, puesto que son considerados, técnica y culturalmente, como *iguales*. No obstante, la sola excusa para combatirlos es entonces la competencia religiosa, puesto que representan una amenaza para el cristianismo. Por el contrario, los indios se presentan como pueblos que son a la vez

---

[69] AHS, § 241.
[70] AHS, § 263-267.
[71] AP, *op. cit.*, p. 134.

civilizados, que poseen instituciones y que serían aptos a recibir la fe católica.

Vemos entonces que la primera y la tercera categoría son las que hablan de los «bárbaros» en el sentido de seres *inferiores*. Mientras que la segunda y la cuarta categorías, se refieren a los «bárbaros» como *diferentes*.[72] Esta tipología demuestra lo absurdo del argumento de Sepúlveda sobre la «barbarie» de los indios. Los pueblos indígenas de América poseen sus señores y sus leyes. Su organización social es compleja y en ningún caso pueden considerarse esclavos por naturaleza. Las Casas afirma:

> Los indios tienen tan buen entendimiento, tan perspicaces mentes, tan capaces y dóciles para cualquier ciencia moral y doctrina especulativa; por lo más, son tan ordenados, tan bien provistos y razonables en su policía —pues tienen muchas y muy justas leyes— [...] como cualquier nación que ha habido en el mundo desde que los apóstoles subieron al cielo y pudiera haberla hoy.[73]

De esta forma, la deconstrucción de la imagen del enemigo permite denunciar la ideología de la guerra. En efecto, analizando la figura del indio como un *semejante* y distinguiéndola de los enemigos tradicionales, Las Casas busca condenar el discurso sobre la alteridad que ve en la *diferencia* un rasgo de *hostilidad*. Es necesario entonces definir el contexto en el cual los infieles se convierten en enemigos.

LAS RELACIONES POLÍTICAS CON LOS INFIELES

La reflexión del dominico plantea la cuestión de las relaciones políticas que deben construirse con los pueblos de otra religión. Si la guerra es una posibilidad que aparece frente a una injuria o como castigo,

[72] Seguimos aquí el análisis que hace Natsuko Matsumori en *Civilización y barbarie: los asuntos de Indias y el pensamiento político moderno (1492-1560)*, Madrid, Biblioteca Nueva, 2005.
[73] *La Controverse entre Las Casas et Sepúlveda*, introducción, traducción y comentarios de N. Capdevila, París, Vrin, 2008, p. 259.

hay entonces que precisar los momentos donde dicho derecho se aplica. Para esto, hay que comprender cuál es la jurisdicción que los estados cristianos pueden tener sobre los infieles.[74]

Estos pueden ser condenados, y así juzgados por los cristianos, cuando viven con ellos y están sometidos a las leyes del reino, como cualquier otro súbdito. Luego, hay que tomar en cuenta el origen de la persona o de los individuos juzgados. Si se trata de personas cuyos padres son súbditos del reino, entran en la legislación de este. Aquellos que prestan sermón de vasallaje al rey constituyen un tercer caso. Finalmente, aquellos que cometen un crimen contra el señor feudal o contra alguno de sus vasallos pueden también ser juzgados según las leyes del régimen.

En la primera categoría encontramos, según Las Casas, a los judíos y los musulmanes que habitan el reino de España. Están sometidos a leyes temporales, pero no así a las leyes de la Iglesia, ya que esta no tiene ninguna autoridad sobre ellos. Al mismo tiempo, los príncipes no pueden imponerles seguir las reglas cristianas pues no tienen ninguna autoridad para hacerlo. En una segunda categoría, encontramos a los infieles que habitan otros territorios que no están en ningún caso bajo jurisdicción de los príncipes católicos. Escapan entonces al juicio de los reyes y de la Iglesia, puesto que están fuera del campo de acción de estas dos entidades. Las Casas establece así un límite claro a la voluntad imperial. El derecho acaba en las fronteras del reino cristiano cuando este limita con un reino no cristiano. Por consiguiente, no hay derecho que pueda exceder las fronteras del reino y justificar el sometimiento de pueblos que están al otro extremo de la tierra. La aplicación del derecho, para Las Casas, respeta la separación establecida entre la ley de la Iglesia y la ley de los príncipes. Para él, los infieles que poseen una autoridad política e instituciones reconocidas como tales no deben, bajo ninguna circunstancia, someterse a las autoridades católicas espirituales o temporales. No puede ser considerados *per se* enemigos de los cristianos.[75]

[74] AP, p. 218 *sq.*
[75] Veremos, sin embargo, que en el caso de América, la posición de Las Casas no está exenta de ambigüedades. El descubrimiento es para él una gracia divina otorgada a los Reyes Católicos. Las Indias caen así bajo su soberanía (acordada por el papa), pero la

Son entonces determinadas circunstancias las que hacen que los infieles se conviertan en «enemigos» de los cristianos, Las Casas señala tres. En primer lugar, cuando cometen crímenes «atroces» bajo la jurisdicción de los cristianos,[76] violando así una jurisdicción específica que castiga dichos crímenes. En segundo lugar, cuando poseen reinos que han pertenecido a los cristianos y cometen crímenes que ensucian el nombre de Cristo. Y, por último, cuando invaden las provincias cristianas. Como puede constatarse, todos estos casos se refieren a los enemigos tradicionales, es decir, a los moros,[77] Las Casas afirma que «contra ellos, no hay ninguna duda: la guerra que [llevan los españoles] es justa [...]».[78] En esta perspectiva, el dominico subraya la competencia imperial que representa el islam. La hostilidad de estos infieles es una hostilidad bélica. Deben impedir la difusión de la religión católica para convertirse en enemigos. El dominico nos dice que estos «persiguen, estorban o impiden maliciosamente la propagación de nuestra fe y religión cristianas, ya sea matando a seguidores y predicadores sin motivo legítimo, ya sea recompensándolos por abandonarla [...]».[79]

El dominico es muy claro sobre las razones que llevan a la guerra. En efecto, no hay que olvidar que alguien como Vitoria afirma que la predicación del Evangelio forma parte del derecho de gentes.[80] Según

---

legitimidad de los príncipes indígenas no puede ser usurpada. Desarrollaremos este punto más adelante.

[76] AP, p. 218.

[77] Las Casas articula el pensamiento dominante de su época. Como lo muestra Mignolo, tenemos aquí el reconocimiento de una «diferencia imperial» que se establece entre imperios no cristianos y cristianos. Estos últimos poseen en efecto el poder de difundir su religión bajo la forma de misión evangelizadora (pero no «civilizadora»). Frente a esto, los moros (es decir, el islam) son percibidos como una amenaza, puesto que es imposible considerar su cultura como inferior. Europa ve en ello un peligro real que no puede superarse por la fuerza de la colonización. No se trata de pueblos contra los cuales se pueda esgrimir el argumento de una superioridad cultural o de civilización, por lo que el único argumento que queda es el «religioso» que reivindica la superioridad del catolicismo. Véase Walter Mignolo, *Historias locales, diseños globales: colonialidad, conocimientos subalternos y pensamiento fronterizo*, AKAL, 2002.

[78] HDI, I, 25.

[79] *Ibid.*, p. 242.

[80] Vitoria, *op. cit.*, título 1, parte 3, p. 80.

lo cual, los indios no podrían negarse a escuchar sin dar una causa de guerra justa. Por el contrario, Las Casas pone condiciones a este impedimento puesto que debe hacerse «por malignidad». Es ciertamente difícil decir a qué se refería exactamente el defensor de los indios cuando utilizó este término. No obstante, se puede deducir, a partir de sus críticas, que hace referencia a la colusión entre la empresa evangelizadora y la empresa militar, concluyendo entonces que la muerte de predicadores que vienen acompañados de soldados no es verdaderamente culpa de los indios. Al contrario, esto debería imputarse a los cristianos que comenzaron la ofensa.

Finalmente, cuando Las Casas se refiere a la usurpación territorial para definir al enemigo, parte de una posición donde la falta sería aplicable de manera universal. En efecto, afirma: «y ésta es una causa muy general que comprende a toda nación y la autoriza la ley natural para que pueda tener justa guerra [...]».[81]

Se trata entonces de un derecho natural, lo cual implica que la falta puede recaer sobre los cristianos que quieren conquistar territorios que no les pertenecen y donde se instalan. Se debe notar también que el dominico toma todas las precauciones al invocar este derecho, porque, como él afirma, «las guerras [son] plaga pestilente, destrucción y calamidad lamentable del linaje humano [...]».[82]

Los casos analizados por Las Casas son casos políticos y jurídicos. En el caso de los Indios, el ataque a la religión no es uno contra los fundamentos de esta, sino un ataque contra los individuos, los «sujetos particulares» que representan esta religión. Es un ataque contra los españoles que vienen a conquistar. Además, como lo hemos notado, este ataque puede comprenderse en ciertos casos como una legítima defensa.[83] Es por ello que ningún pecado de idolatría, por sí mismo, puede justificar una guerra.

Las Casas trata de mostrar que ciertos pecados, o más precisamente ciertas prácticas, deben ser objeto de una relativa tolerancia, desde el punto de vista jurídico, cuando se manifiestan en algunos

[81] HDI, I, 25, p. 137.
[82] Idem.
[83] El caso de los indios que matan a los predicadores porque se les equipara a los soldados y se les identifica como culpables de sus abusos.

pueblos. Afirma, siguiendo a Vitoria, que ningún pecado de idolatría u otro puede utilizarse para condenar a los infieles, usurpando así su propiedad o negándoles legitimidad política.[84] En el caso de los indios, por ejemplo, Las Casas sostiene que estos son infieles por «privación» o por «negación».[85] No se niegan a aceptar la fe en nombre de otra divinidad o de otro profeta. Al contrario, serían aptos a adoptar la religión católica, pero se encuentran por el momento desprovistos, simplemente por un contexto histórico. Así, la ignorancia en la que se encuentran no puede justificar un castigo. En efecto, nadie puede ser castigado por un juicio humano si ignora parcial o completamente que su acción está prohibida, o, por el contrario, ignora su obligación de ejecutarla. Como muestran las Escrituras, no se puede hablar de desobediencia donde no hay obediencia perfecta.[86] El que no puede informarse por sí mismo no puede salir de la oscuridad en la que se encuentra. Y la existencia de un Dios único no es una verdad que pueda conocerse naturalmente. Solamente se puede acceder por medio de la fe. La religión de Cristo debe aprenderse y vivirse por medio del ejemplo de una vida en santidad. Nadie puede creer si no tiene motivos para hacerlo.[87] Enfrentados a esta situación, la tentativa de sometimiento debe pasar por medios puramente evangélicos, esta es la esencia de la propuesta lascasiana de «conversión alternativa».[88]

Entonces, se puede afirmar que, para Las Casas, hay una clara distinción entre «hostilidad» e «infidelidad». Mientras las prácticas religiosas de ciertos pueblos no amenacen directamente la cristiandad, son objeto de una relativa tolerancia. Queda sin embargo pendiente la cuestión de saber cómo ello puede ser compatible con la misión de expansión de la fe católica. Hasta ahora hemos visto que los indios no eran «bárbaros» y que su infidelidad no era en sí misma una amenaza para la religión católica. Sin embargo, sus prácticas y sus relaciones con los españoles pueden estar marcadas por la violencia. Así, en un cierto contexto o en determinadas situaciones, se convierten en una

[84] OCM, *Treinta proposiciones muy jurídicas*, p. 252.
[85] AP, p. 200.
[86] Corintios, 2:10.
[87] AP, p. 205.
[88] Véase la parte III.

amenaza, y por lo tanto en enemigos potenciales. ¿Cómo se debe responder entonces a estas situaciones? Si los indios han podido atacar y matar españoles, se trata, para Las Casas, de legítima defensa.[89] Es una resistencia legítima puesto que pretende la defensa de la vida y del territorio, y puede hacerse por todos los medios posibles, incluso si ello desemboca en la muerte de los españoles. De hecho, para Las Casas, toda agresión de indios contra cristianos es una guerra justa, pues los primeros han sido durante mucho tiempo víctimas de agresiones y ofensas de conquistadores y colonos. La acción de los indios es justa incluso si se lleva a cabo contra españoles inocentes. Recordemos que el castigo de España es un castigo colectivo. Se trata de víctimas que sufren por los pecados de los demás.[90]

De la misma manera, Las Casas refuta el argumento de «la ayuda a los aliados». Cuando, por ejemplo, Cortés se presenta como el «liberador» de los pueblos bajo dominación azteca, el dominico muestra que dicha estrategia de conquista no tiene ninguna pretensión humanitaria. Cortés busca en cambio aprovechar las disensiones internas del imperio mexicano para «tiranizar mejor»,[91] porque así es como gobiernan los tiranos. Esta reflexión puede aplicarse también al caso de Perú, donde los españoles pretendían luchar contra el imperio *injusto* de los incas. Si bien es cierto que estos poseían dichos territorios a partir de conquistas, esto no es razón suficiente para que los españoles se los apropien. Además, nos dice Las Casas, nada prueba que Guainacápac haya verdaderamente usurpado esas tierras y nadie le estaba haciendo una denuncia. Si los españoles pretendían hacer justicia, debían liberar la tierra y pedir la restitución al rey inca, lo cual no hicieron.[92]

Por otro lado, si bien la defensa de inocentes es una causa justa de guerra, por lo general, se produce «por accidente». Se trata de una

---

[89] HDI, II, 19.
[90] En este pasaje que Las Casas desarrolla en el tomo segundo de la *Historia de las Indias*, podemos ver el esbozo de lo que más tarde sería su teoría de la restitución, que, como analizaremos en la tercera parte de este estudio, se basa en consideraciones éticas que condenan la conquista española y exigen reparaciones políticas.
[91] «Desta manera y por esta causa, Cortés se holgó mucho de qu ehubiese bandos y disensiones entre los señores de aquella tierra, para tener color de engañar al mundo, diciendo que ayudaba a los unos contra los otros...», HDI, III, 122, p. 446.
[92] OCM, *Tratado de las doce dudas*, 1153, p. 530.

guerra que no se espera y, sobre todo, que no se inicia. De la misma manera, hay que respetar en esta guerra, según Las Casas, la forma de las guerras civiles. Lo cual significa no convertir a los vencidos en esclavos. Y, por último, es necesario tomar en cuenta numerosas circunstancias para asegurar que no se produzca un mal mayor al que se pretende evitar.[93]

Sin embargo, hay una respuesta decisiva a estos argumentos. Las Casas señala también que los conquistadores no pueden erigirse en jueces de las partes en conflicto. Las disputas de estos pueblos son, finalmente, una cuestión *interna*. Los españoles no poseen ninguna autoridad para juzgarlas. El punto central de este razonamiento recae sobre el hecho de que los señores indios poseen legítimamente sus bienes y sus territorios. Por lo tanto, ninguna condena de los españoles puede eximirles de su responsabilidad. La defensa de los aliados, la salvación de los inocentes y la lucha contra la tiranía son consideradas por Las Casas como argumentos ideológicos que esconden una intervención externa y justifican las formas modernas del imperialismo.[94] El verdadero desarrollo del derecho internacional se encuentra en este razonamiento, puesto que permite denunciar, detrás de las apariencias «humanitarias», la voluntad de dominación.

Hemos analizado así el lugar de la «guerra» en dos grandes autores del siglo XVI. Su posición se desarrolla a partir de una deconstrucción de la figura del enemigo y de una crítica de la ideología de la *hostilidad*. Su rechazo de la violencia no es una posición pacifista. Al contrario, parte de un examen de los argumentos en los que se basa la dominación.

Las Casas muestra por primera vez que la guerra contra los indios es una nueva forma de guerra, se trata de una guerra total, donde la figura del enemigo se construye a través de un discurso ideológico que mezcla voluntad de evangelización y argumentos de superioridad. Se trata además de una guerra que se prolonga a través de instituciones encargadas de perpetuar la dominación, a partir de una diferenciación esencial entre vencedores y vencidos. Estos discursos sobre el *Otro* forman parte del despliegue del colonialismo moderno.

[93] OCM, *Tratado sobre los indios que se han hecho esclavos*, p. 258.
[94] *Ibid.*, p. 448.

Capítulo II

Los discursos de la dominación

La guerra contra los indios se justifica en la medida en que estos son presentados como una amenaza a los intereses religiosos y económicos de los españoles. No obstante, esta construcción del Otro posee una historia que es necesario definir. Las Casas parece haber entendido muy rápidamente el papel que jugaban los discursos en la legitimación de la violencia. En este capítulo analizaremos cómo se construye la alteridad en un contexto de conquista.

Expansión colonial e imaginario de la alteridad

LOS ANTECEDENTES AFRICANOS

Al escribir la *Historia de las Indias*, Las Casas vuelve a la historia africana. Este detalle es importante puesto que le permite resituar el lugar de las poblaciones negras en la lógica de explotación que comienza con la exploración de África por los europeos. Podemos ver que la alteridad se construye en una serie de relaciones de poder. Estas relaciones parecen ligadas a la expansión imperial como forma de dominación.

Portugal es el país que lidera esta expansión marítima. Esta comienza con la reconquista de su propio territorio en 1249. Como lo muestra Pétré-Grenouilleau, la expansión es progresiva. Un primer momento va de 1394 a 1460, coordinado por Enrique el Navegador. En ese momento, los portugueses toman Madeira (1418-1425) y conquistan Ceuta (1415). En una segunda etapa que va de 1434 a 1446, hacen el reconocimiento de las costas de Senegal y Sierra Leona, donde instalan varios puertos y fortalezas, y hacen los primeros cautivos negros en Río de Ouro (1441). Finalmente, luego de detenerse entre 1446 y 1460, las expediciones continúan y se aceleran hasta 1480.[1]

Esta expansión se acompaña de un cierto número de prácticas que hacen surgir una forma particular de alteridad. La cual es empleada para justificar la dominación, especialmente en forma de esclavitud. El aporte original de Las Casas, en este sentido, consiste en haber analizado las relaciones entre las condiciones de explotación de los indios en América y las condiciones de esclavitud de las poblaciones negras en África, subrayando la forma en que *los discursos* constituyen y justifican prácticas de dominación. Realiza un verdadero análisis de la ideología de conquista que pasa por una crítica de los relatos sobre el Otro.

DESCRIPCIÓN Y CLASIFICACIÓN:
LOS MEDIOS PARA DOMINAR

El problema de la descripción como instrumento de dominación y persuasión está presente desde la retórica. Hay en la descripción una serie de adecuaciones que se dan entre el lenguaje y las cosas, luego entre el lenguaje y las intenciones e intereses del que habla; y, por último, entre el lenguaje y la audiencia a la cual se dirige el discurso. La retórica nos enseña que toda descripción se desarrolla dentro de una visión de mundo, al interior también de una práctica convencional del lenguaje. Toda descripción se construye además a partir de elementos estéticos y de un imaginario que no se limita al referente científico ni racional. Sin embargo, se presenta como un conocimiento.[2] En la

---

[1] Olivier Pétré-Grenouilleau, *Les Traites négrières, op. cit.*, p. 39.

[2] Pablo Hernández Hernández, *Sobre la descripción: tres Américas en el siglo XVI*, Revis-

época de Las Casas, existe una divulgación masiva de discursos sobre las Indias. La característica que une estos discursos es la exaltación de lo que se ve. La novedad desempeña sin duda un papel central, puesto que las tierras y los hombres que se «descubren» no se parecen a nada conocido. Pero dicha novedad se inscribe dentro de una *episteme*, es decir, al interior de una estructura subyacente e inconsciente que delimita el campo de conocimiento y los modos a través de los cuales los objetos son percibidos. Esta forma de comprender la descripción es lo que permite ver en su empleo una forma de dominación. Sin embargo, en el caso de Las Casas, este subraya el carácter sesgado de ciertas «historias» que circulan sobre los indios. Toma distancia de estos textos señalando la forma en que estos funcionan como *herramientas de dominación*. Además, su análisis no se limita a lo que sucede en los territorios americanos, por el contrario, estudia la manera en que esta descripción del Otro se construye a partir de la expansión europea en África.

Así, por ejemplo, resalta los ecos que pueden observarse entre las apreciaciones «antropológicas» que hacen los marinos portugueses y las descripciones producidas por Colón a su arribo a las Indias. Analizando el discurso de Gómez Eanes, historiador portugués, reproducido por Las Casas, se nota cómo los europeos ejercen una violencia «simbólica» que se materializa en la descripción de estas poblaciones sometidas por la fuerza. De hecho, en el relato de la llegada de un barco que regresa de una expedición, Gómez Eanes describe a los hombres y mujeres capturados y que abandonan los barcos. Afirma: «Entre ellos había algunos razonablemente blancos, hermosos y apuestos, otros menos blancos que querían parecer pardos, y otros tan negros como etiopios, tan disformes en las caras y cuerpos, que así parecían a los hombres que los miraban que veían la imagen del otro hemisferio más bajo».[3]

Esta descripción muestra un primer ejercicio de clasificación que caracteriza las diferentes formas de humanidad. En primer lu-

---

ta de Filosofía, Universidad de Costa Rica, núm. 104, vol. XLI, julio-diciembre, 2003, pp. 111-123.

[3] HDI, I, 24, p. 132.

gar, estas formas corresponden al color de la piel, pero también a otras características físicas como la forma de los cuerpos y los rostros. Finalmente, hay una jerarquía que se instala cuando aquellos que son más blancos son tan bien los más «hermosos», y aquellos que son «negros como etiopios» son deformes y representan el «otro hemisferio más bajo». La acción de describir no es simplemente una voluntad objetiva para tomar conciencia de estas poblaciones. Se trata, de acuerdo con lo que muestra Las Casas, de una forma de dominar la alteridad. A través de este discurso, no hay reconocimiento de una *esencia* humana que pudiera igualar opresores y oprimidos. El cronista portugués llama a la piedad viendo a los hombres separados de sus mujeres y sus hijos. Sin embargo, justifica la violencia afirmando que al final todos se convierten al cristianismo. Pero Las Casas se pregunta: «¿Qué amor y afición, estima y reverencia tenían o podían tener a la fe y cristiana religión, para convertirse a ella, los que así lloraban y se dolían y alzaban las manos y ojos al cielo, viéndose así, contra la ley natural y toda razón de hombres, privados de su libertad y mujeres e hijos, patria y reposo?».[4]

El discurso de conquista es a la vez un discurso que construye la imagen del enemigo y que justifica, por diversos argumentos, su sumisión. El Otro es diferente y *amenazante*, a veces también *inferior*. Pero esta caracterización no es contradictoria, como hemos visto, con la posibilidad de su conversión.[5] Las Casas señala el funcionamiento de estos discursos. Critica el hecho de que estén marcados por la mentira y la imaginación. Refiriéndose al poeta Petrarca,[6] afirma que este consideraba a los habitantes de las islas Canarias «poco menos que bestias [...] que vivían más por instinto de natura que por razón, y [que] vivían en soledades por los montes con sus ganados».[7]

La descripción del Otro, de sus hábitos y costumbres, puede a la vez deformar la acción política y justificar la agresión. Los métodos de dominación que se desarrollan en las costas africanas se repiten

[4] HDI, I, 24, p. 133.
[5] Podemos remitirnos aquí a lo que dijimos sobre Sepúlveda.
[6] *De vita solitaria*, lib. II, cap. 3.
[7] HDI, I, 21, p. 118.

en el caso americano, tanto en el plano ideológico[8] como en el de las prácticas concretas. Así, por ejemplo, Las Casas describe lo que realiza una expedición portuguesa, autorizada por el rey cuando parte a «descubrir» nuevos territorios:

> [los soldados] dan al salir el sol sobre la población y los que estaban en sus casas seguros, diciendo: Santiago, San Jorge, Portugal, Portugal. Las gentes asombradas de tan grande y tan nuevo sobresalto y súbita maldad, los padres desmamparaban los hijos, y los maridos las mujeres; las madres escondían los niños entre los herbazales y matas, andando todos atónitos y fuera de sí [...].[9]

Este relato hace pensar sin duda en las descripciones que Las Casas realiza en la *Brevísima,* donde enumera los múltiples abusos e injusticias cometidas por los españoles en los territorios americanos.

Esta descripción de la alteridad también se reproduce en el plano religioso. Estos pueblos «nuevos» son considerados «paganos» o «infieles», lo cual permite, como hemos señalado, someterlos por la fuerza. Esta sumisión va acompañada de una ideología de conversión. El historiador Gómez Eanes afirma, refiriéndose a la distribución que siguió a la llegada de los barcos de esclavos: «Aunque el lloro de aquestos por el presente fuese muy grande, en especial después que la partija fue acabada [...] por la fe de Cristo que recibían, y porque engendraban hijos cristianos, todo se volvía alegría, y que muchos de ellos alcanzaron después la libertad».[10]

Se puede observar que, en la misma lógica de los textos de Sepúlveda, el argumento de la evangelización y el argumento del «mal necesario» justifican el sometimiento del Otro, la destrucción de sus relaciones sociales, su esclavización y la degradación de su humanidad. Para Las Casas, este tipo de argumentos constituyen una instrumentalización de la religión para fines de guerra. Un uso que, como hemos visto, el dominico considera utilizan solo pueblos como

[8] HDI, I, 22, p. 120.
[9] *Ibid.*, 24, p. 130.
[10] *Idem.*

los turcos o los moros. Para él, el espíritu evangélico de difusión de la fe no puede, en ningún caso, recurrir a tales herramientas. Ningún «bien» futuro puede justificar el recurso lícito al «mal». Nos dice entonces que: «ni la buena intención del infante, ni los bienes que después sucedían, no excusaban los pecados de violencia, las muertes y la damnación de los que muertos sin fe y sin sacramentos perecían, y el cautiverio de aquellos presentes, ni justificaban tan grande injusticia».[11]

La evangelización es empleada, desde este período, como un coartada para justificar lo injustificable. Detrás de esta utilización ideológica del argumento religioso se esconden objetivos meramente materiales. Es el caso de la esclavitud como instrumento económico. En esta lógica que controla las rutas comerciales que están ligadas a la explotación económica, la preocupación moral se manipula en favor de la racionalidad del beneficio.

Pero si las prácticas de conquista desarrolladas al final del siglo xv por los portugueses sobre las costas africanas se parecen, por sus formas y por la ideología que transmiten, a lo que los españoles hacen en América, hay que señalar algunos puntos de distinción. La alteridad americana es una alteridad nueva, construida a partir de discursos y, por lo tanto, siempre impuesta. Para poder observar cómo esta construcción discursiva está ligada al establecimiento de cierto tipo de dominación, es necesario comprender cómo el continente americano aparece geográfica y humanamente en la conciencia europea.

La expansión hacia occidente y la invención del Otro

¿QUÉ ES AMÉRICA?

Ciertamente, antes de 1492, los europeos ya tienen la experiencia del contacto regular con la alteridad extraeuropea, es decir, con otros pueblos que representan para ellos ya sea una amenaza (los moros), ya sea un medio de enriquecimiento y comercio (los «negros» de África

[11] *Ibid.*, p. 133.

Occidental). Sin embargo, la aventura de Colón da lugar a un encuentro inusitado que hace aparecer nuevos actores. Estos serán primero «mal conocidos», puesto que son erróneamente nombrados.

Sin embargo, una vez que se entiende que estas poblaciones son radicalmente «nuevas», es decir que no forman parte del ámbito de conocimiento europeo, dicha «ausencia simbólica» es completada por una serie de suposiciones sobre su origen. Y, en el proceso de conquista, como veremos, este espacio «de invención» es muy importante. Este espacio concierne para empezar a «América» como objeto de conocimiento y de saber. La conciencia europea que apenas está naciendo no puede comprender el fenómeno que se le manifiesta más que a través de una proyección de su propio imaginario. Es decir, ve en América algo que no existe, pero que a partir de una referencia constante a todo un universo conocido (e imaginado) puede ser finalmente situado como realidad comprensible. Edmundo O'Gorman afirma que la historia debe ser considerada a partir de una perspectiva ontológica, es decir, una perspectiva que muestra cómo la historia *produce* hechos históricos, y no solamente como un proceso que toma como dado el ser de estos hechos.[12] En este sentido, lo que se ha llamado «descubrimiento» no es un hecho en sí mismo, sino una interpretación de hechos que sucedieron en octubre de 1492. Hay que reconstituir entonces la historia de la idea que América fue descubierta. Para ello, O'Gorman explora primero lo que se ha llamado la «leyenda del piloto anónimo», referida por Las Casas.[13]

Dicha leyenda cuenta que el almirante había realizado su travesía para probar la existencia de tierras desconocidas, existencia que le había sido revelada por otro marinero. El nacimiento de esta leyenda, más allá de su interés específico como hecho histórico, muestra el punto de partida del proceso de incomprensión del objetivo que animaba verdaderamente la empresa de Colón, es decir, la posibilidad de encontrar una ruta hacia Oriente navegando por el Atlántico. Así, la idea según la cual el almirante «descubre» América aparece por vez

---

[12] Véase Edmundo O'Gorman, *L'invention de l'Amérique: Recherche au sujet de la structure historique du Nouveau Monde et du sens de son devenir,* trad. por Francine Bertrand González, Québec, Presses de l'Université Laval, 2007.
[13] HDI, I, 14.

primera en el *Sumario* de Fernández de Oviedo.[14] En la época en que escribe Oviedo, se tiene conciencia de que las tierras a las que llegó Colón forman parte de una masa geográfica distinta de Asia. Oviedo trata de probar que Colón tenía efectivamente conocimiento de su descubrimiento. Así, la primera tentativa es decir que Colón pensaba que dichas tierras eran las Hespérides, de las cuales había tenido noticia gracias a su lectura de los autores clásicos.[15]

A la tesis de Oviedo se suman otras tesis, como la de Gómara o de Fernando Colón. Este último demuestra que su padre no solo era consciente de su descubrimiento, sino que también era el único responsable. Es finalmente Las Casas quien explica las distintas posibilidades que pudieron haber animado a Colón personalmente a realizar su viaje. Pero lo importante es que, para Las Casas, la hazaña de Colón es simplemente el cumplimiento de la voluntad divina. A partir de ahí, el dominico muestra que una de sus motivaciones era llegar a Asia y que estaba persuadido de haberlo logrado. Este primer reconocimiento del carácter asiático del viaje de Colón va a reforzarse a lo largo de los años y de los análisis, hasta llegar al texto de Martín Fernández de Navarrete,[16] donde este afirma que la única motivación del almirante era llegar a Asia siguiendo la ruta occidental y que creyó hasta su muerte que las tierras encontradas formaban parte de dicho continente.[17]

A partir de estas consideraciones, es claro que el acto de nombrar a los habitantes de las islas descubiertas como «indios» viene de esta confusión de Colón. Además, la aparición de estas tierras que van a formar el «nuevo mundo» se inscribe en una geografía imaginaria que supone una jerarquía de los continentes, a partir de una hermenéutica teológica cristiana.[18] Cada continente conocido antes de

---

[14] Véase Fernández de Oviedo, *Sumario de la natural historia de las Indias*, México, publicado en 1526, citado por O'Gorman, *op. cit.*, p. 23.

[15] O'Gorman, *op. cit.*, p. 26.

[16] Véase Martín Fernández de Navarrete, *Colección de los viajes y descubrimientos, que hicieron por mar los españoles, desde fines del siglo xv, con varios documentos inéditos concernientes a la historia de la marina castellana y de los establecimientos españoles en Indias*, Madrid, 1825-1837, citado por O'Gorman, *op. cit.*, p. 36.

[17] O'Gorman, *op. cit.*, p. 30.

[18] Walter Mignolo, *La idea de América Latina, la herida colonial y la opción decolonial,*

América es, según esta hermenéutica, heredado por un hijo de Noé.[19] Dicha jerarquía sitúa a Europa como centro y funda una posición de dominio sobre el resto del planeta.

Como lo muestra Mignolo, las nociones de «Nuevo Mundo», «Indias Occidentales» y «América» son producidas por los europeos a partir de su experiencia. Parten de una supuesta anterioridad de Europa, que se transforma así en referente espacial, pero también en lugar de enunciación, y por lo tanto de *poder* (recordemos el acto performativo de Colón cuando toma posesión de las islas «descubiertas» en nombre del rey). Dicha situación está ligada a la realidad colonial que comienza a tomar forma, como veremos más adelante a partir del relato lascasiano del «descubrimiento».[20]

LA ALTERIDAD AMERICANA

La descripción de los indios aparece de manera constante cuando Colón llega a las islas del Caribe.[21] El almirante se deslumbra ante la «belleza» de los indios. Los compara con lo que conoce. Al maravillarse con su apariencia física, Colón los introduce en un mundo conocido y familiar, de cierta forma los *humaniza* puesto que los reconoce como «semejantes».

Barcelona, Gedisa, 2007, pp. 170-177.

[19] Giuliano Gliozzi, *Adam et le Nouveau Monde*, París, Théétète, 2000.

[20] La occidentalización del territorio «descubierto» puede leerse como una anticipación de la actitud que Edward Saïd llama *orientalismo*. En efecto, para Saïd, Oriente debe ser considerado una producción histórica asociada a relaciones y discursos específicos que lo constituyen como un objeto de la imaginación occidental y de sus prácticas de dominación. El Oriente no es un objeto que existe en sí mismo, no es un espacio, ni tampoco un conjunto de prácticas y sociedades. Sin embargo, la mirada europea lo construye como tal. El orientalismo es una modalidad del pensamiento que establece una diferencia radical con «Occidente». Oriente sería así lo Otro de Occidente. Pero dicha estrategia se acompaña de una jerarquía donde Occidente tiene un lugar privilegiado. Lugar de dominación a partir del cual estudia, clasifica y nombra los que *es* Oriente. Encontramos entonces esta dimensión en la forma en que los territorios «descubiertos» por Colón serán llamados más tarde «Indias Occidentales». Dicho referente se construye siempre con respecto a la centralidad de Europa.

[21] Cabe señalar aquí que el texto a partir del cual Las Casas reconstruye esta visión colombiana es el *Diario* de Colón. El texto original se ha perdido, y solo queda la copia que Las Casas hizo de él.

Así, al describir a las mujeres, Colón afirma que son «de muy buen acatamiento, ni muy negras salvo menos que [las] canarias».[22] Son descritas entonces a partir de comparaciones con lo conocido. Aquí se trata ya sea de las habitantes de las islas Canarias o de las mujeres negras de África. Los criterios de belleza están ligados de nuevo a la blancura de la piel. Esto se nota una vez más cuando los hombres de Colón exploran otras islas. A su regreso, sobre los indios que encontraron, dicen que: «Y eran dizque los más hermosos hombres y mujeres que hasta allí habían hallado, harto blancos, que si vestidos anduviesen [...] y se guardasen del sol y del aire, casi serían tan blancos como en España».[23]

Esta asimilación por comparación insiste en la buena constitución de los indios. Son considerados bellos y «bien formados» puesto que se acercan al modelo europeo. Y esto hasta tal punto que podrían, si estuvieran vestidos y menos bronceados, ser tan blancos como los españoles, dijo el almirante.[24] Esta descripción de Colón se parece mucho a la de Gómez Eanes sobre los esclavos africanos, las dos se construyen a partir del color de piel. La descripción se acompaña de una «clasificación» que jerarquiza las poblaciones. Pero esto no se produce con criterios solamente formales, sino que pasa por el uso de la fuerza, como lo hemos señalado. Algunos autores consideran que esta lógica comienza con el descubrimiento de América como inicio del proceso de expansión europea: surgirían entonces estas preocupaciones antropológicas que buscan clasificar y jerarquizar a los pueblos. Estas preocupaciones carecen de base epistemológica real, pero sirven de fundamento a una política de dominación. De hecho, la separación y la jerarquía de sociedades africanas e indias, en el caso de la conquista, permitirían construir un esquema de repartición del trabajo, en el que estas poblaciones seguirían dependiendo de formas de trabajo no remuneradas. Como veremos más adelante

---

[22] HDI, I, 46, p. 237.
[23] *Ibid.*, 54, p. 268.
[24] «Este rey y todos los otros estaban desnudos como sus madres los parieron, y así las mujeres sin algún empacho. Eran [...] los más hermosos hombres y mujeres que hasta allí habían hallado, harto blancos, que si vestidos anduviesen [...] y se guardasen del sol y del aire, casi serían tan blancos como en España [...]», *ibid.* capítulo 54, p. 268.

cuando analicemos la visión española de los indios, sobre todo en lo que concierne a su «ética» de trabajo, estas descripciones se convierten en el substrato de su servidumbre. Este esquema de relaciones de poder, que irá más allá del período colonial, es lo que Aníbal Quijano llama *colonialidad*.[25]

De esta manera, el relato lascasiano muestra cómo las primeras clasificaciones de las poblaciones «otras» se hacen en un contexto de guerra. En esta situación de enfrentamiento, aparecen las descripciones que muestran la constitución de una *jerarquización* donde la «belleza» (y todo lo que ella conlleva) está asociada a lo conocido y limpio, es decir, a Europa. Como se ve en el caso de los indios, los que se parecen más a los españoles por el color de piel son los que no solamente se aprecian como «más bellos» que otros, sino que son también de «mejor condición». Contrario a esta idealización de la semejanza, existe una inferiorización de la «diferencia» que sirve de base a la dominación.

De la descripción al juicio: las variantes del discurso sobre el otro

La figura de alteridad posee diferentes facetas que siempre se construyen desde la visión de los españoles. Se puede afirmar que la «descripción» del Otro se convierte pronto en «juicio» sobre el Otro. Las Casas insiste en el hecho de que el discurso sobre los indios es portador de intereses políticos y económicos. Pero antes de entrar directamente en la caracterización moral y política de los indios, es necesario aclarar ciertos puntos.

LA IDEOLOGÍA DE LA «TIERRA VACÍA»

Como observamos anteriormente, cuando Colón llega a las islas del Caribe en 1492, tiene certeza de haber llegado a Asia. Sin embargo, en

[25] Aníbal Quijano, «Colonialidad del poder, eurocentrismo y América Latina», en *Globalización y diversidad cultural: una mirada desde América Latina*, Perú, IEP Ediciones Lima, Colección Serie de Lecturas contemporáneas, 2004.

las descripciones que hace de aquellos que llama «indios», así como de los territorios que «descubre», observamos lo que puede calificarse como una ideología de la «tierra vacía». Se considera a los hombres y a las cosas como enteramente nuevos, disponibles para ser poseídos. Esto explica, por ejemplo, el acto de nombrar que Colón ejecuta. No se interroga sobre los lugares a los que llega, toma posesión de estos a través de un acto político y discursivo.

El hecho de nombrar estos espacios es una forma particular de apropiación. Pudiera decirse que esta es doble. Por un lado, se toma «posesión» de estos territorios por un acto oficial y público donde intervienen las autoridades reales (como los notarios). Y, por otro lado, se nombra los territorios, es decir, se les impone una identidad escogida y definida por el conquistador. Esta nueva identidad desempeña también, por tanto, un papel ideológico, que puede comprenderse fácilmente si analizamos los nombres que Colón da a las distintas islas que «descubre». Las nombra siguiendo un orden para agradecer a la Providencia, pero también conservando un interés político. La primera isla es nombrada por Jesús, el Salvador («San Salvador»), y luego por la Virgen María (Santa María de la Concepción), después por el rey (isla Fernandina) y finalmente por la reina (la Isabela).[26] Esta misma dinámica está presente en todas las nominaciones de espacios americanos. Cada espacio es nombrado siguiendo la sola voluntad del conquistador que es también quien cuenta lo que observa. Esta tendencia hace que los espacios sean considerados «vacíos», es decir, «disponibles» para su control y explotación.

Así, la inmensidad del territorio que aparece se refuerza por la esperanza de riquezas infinitas. El conocimiento incipiente de los españoles pareciera ya estar determinado por la posibilidad de sacar provecho de lo que se encuentre. Las Casas refiere las palabras de

---

[26] HDI, 44, p. 225. Esta importancia de los nombres es analizada también por Todorov, véase *La conquête d'Amérique, la question de l'autre*, París, Le Seuil, 1982, capítulo 1. Sin embargo, Todorov lo estudia a partir de una visión semiológica. Se interesa en el *sentido* de estos nombres y en el hecho de que Colón siempre puso atención a su propio nombre, al punto que lo modificó varias veces en su vida. Para el autor, dicha nominación de los espacios no tiene un verdadero interés político. Colón aparece entonces como «intérprete» de una cierta realidad que él mismo se apropia.

Colón: «Cuánto será el beneficio que de aquí se puede haber, yo no lo escribo; es cierto, señores príncipes, que donde hay tales tierras, que debe haber infinitas cosas de provecho».[27]

El espacio es una fuente de enriquecimiento y debe quedar constancia de ello. El almirante señala que «vieron mucha diversidad de árboles, hierbas y flores odoríferas [...] desemejables de las de España».[28] Los árboles y las flores son especies naturales sobre las cuales la industria humana puede ejercerse para producir riqueza. La fascinación de Colón crece cuando la naturaleza que encuentra se parece a la de Castilla.[29] Nos refiere Las Casas: «Los árboles de aquella tierra pequeños, y la tierra parecía propia de Castilla».[30] Y más adelante: «Oyeron cantar al ruiseñor y otros pajaritos de los de Castilla que lo tuvo a maravilla por diciembre cantar ruiseñor».[31]

Colón domina esta capacidad semiótica propia de las sociedades europeas de su tiempo: la semejanza. Esta constituye, como lo muestra Foucault, la forma privilegiada del conocimiento en el siglo XVI.[32] La acción de nombrar y de apropiarse así los territorios (islas, cabos, bahías) que se observan le da a Colón la posibilidad de «conocer». Este «conocimiento» bajo la forma de la semejanza constituye un «poder» sobre la naturaleza, y de igual forma sobre los humanos que la pueblan. Las descripciones nos recuerdan que el viaje del almirante es un viaje de conquista. Su objetivo es llenar las esperanzas económicas y reembolsar la inversión que se le confió. Así, estos inventarios sirven para los reyes, como una prueba de la existencia de una naturaleza rica y una tierra próspera. Las Casas muestra que existe una verdadera presión económica en este viaje, que llevó a Colón a buscar oro por todos los medios, puesto que se trata de probar las futuras «rentas» para los reyes.[33] Pero dicha riqueza debía servir también a la voluntad

[27] HDI, I, 48, p. 249.
[28] Ibid., I, 46, p. 236.
[29] Aquí nos apartamos de la interpretación de Todorov, op. cit., capítulo 1. Para este autor, la admiración de Colón por la naturaleza es la de un naturalista extasiado por la belleza. La naturaleza no tendría para el almirante otro interés que el estético.
[30] HDI, I, 52, p. 260.
[31] Ibid, p. 261.
[32] Michel Foucault, Les mots et les choses, París, Gallimard, col. «Tell», 1966, p. 32.
[33] HDI, I, 41.

imperial de la Corona.[34] En efecto, nos dice Las Casas que Colón, «espera en Dios que a la vuelta, que entendía hacer de Castilla, había de hallar un tonel de oro que habrían rescatado los que allí entendía dejar, y que habrían descubierto la mina del oro y la especiería; y aquello en tanta cantidad, que los Reyes antes de tres años emprendiesen y aderezasen para ir a conquistar la Casa Santa».[35]

Estas descripciones de los espacios se desarrollan con una consideración de las poblaciones. De hecho, puede remarcarse que existe una correspondencia entre la «naturaleza» (islas, ríos y tierra) y los hombres y mujeres de las Indas. Esta *naturalización* sirve a un propósito de dominación que se articula de manera compleja. Los indios pueden ser percibidos como «bellos» y «semejantes» a los españoles. Pero sus comportamientos, calificados de «naturales», como el hecho de que «huyan» del trabajo, sirven como argumentos para su sometimiento. Dicha «naturalización» de su imagen puede leerse según dos perspectivas. Por un lado, sirve para mostrarlos como pacíficos, dóciles y sumisos. Por otro lado, es una forma de acercarlos a la animalidad, a la bestialidad. Es importante entonces detenerse en esta construcción de la imagen del indio.

EL ENCUENTRO CON LOS INDIOS:
DESCRIPCIÓN Y SOMETIMIENTO

Los discursos que describen las costumbres y los hábitos de los indios son una pieza fundamental de la dinámica de dominación. Se trata de justificar las estructuras político-económicas que es les imponen. Sin embargo, Las Casas cuestiona estos discursos demostrando que están inspirados en intereses económicos, es decir que son el fruto del desconocimiento absoluto de la realidad social de los indios. Dicho desconocimiento comienza con Colón. Este señala, como hemos visto, la cobardía y la docilidad de los indios como características que permitirían su sometimiento. Pero Colón observa también a los indios

[34] Aquí también nos apartamos de la interpretación de Todorov, que ve en las declaraciones de Colón una prueba de su religiosidad y del deseo que, según este autor, movía al almirante, a saber, la propagación del Evangelio.
[35] HDI, I, 60, p. 289.

dentro de la lógica de la «tierra vacía». En efecto, como lo señala Todorov, de cierta manera estos parecen formar parte del paisaje, como la flora o la fauna.[36] Esto permite al almirante afirmar: «Ellos deben ser buenos servidores y de buen ingenio, que veo que muy presto dicen todo lo que les decía, y creo que ligeramente se harían cristianos, que pareció que ninguna secta tenían».[37]

Como es claro en el marco de la época, el sometimiento religioso va ligado al sometimiento político. Un poco más adelante, Colón nos dice que les dio «cuentas de vidrio»: «Crean Vuestras Altezas [...] que esta isla y todas las otras son así suyas como Castilla, que aquí no falta salvo asiento y mandarles hacer lo que quisieren».[38]

La caracterización de los indios está seguida por la afirmación del poder español sobre los territorios y las personas. El proyecto de Colón aparece desde el principio, incluso para Las Casas, como un proyecto de dominación. Como comentario a lo que dice Colón, afirma:

> Es aquí de anotar, que la mansedumbre natural, simple, benigna y humilde condición de los indios, y carecer de armas, y andar desnudos, dio atrevimiento a los españoles a tenerlos en poco, y ponerlos en tan acerbísimos trabajos en que los pusieron, y encarnizarse para oprimirlos y consumirlos [...]. Y cierto aquí el Almirante más se extendió a hablar de lo que debiera, y desto que aquí concibió y produjo por su boca, debía de tomar origen el mal tratamiento que después en ellos hizo.[39]

Esta mirada sobre el indio se alimenta también de un imaginario bíblico que ve en su desnudez y en su comportamiento los signos de una «inocencia originaria». El propio Las Casas cae en este tipo de idealización. Así, por ejemplo, afirma:

> Debe aquí el lector considerar la disposición natural y buenas calidades de que Dios dotó a estas gentes, cuán aparejadas estaban por natura para ser doctrinadas e imbuidas en las cosas de la fe y todas virtuosas

---

[36] Todorov, *op. cit.*, p. 45.
[37] HDI, I, 40, p. 208.
[38] *Ibid.*, I, 54, p. 277.
[39] *Ibid.*, 54, p. 269.

costumbres, si hubieras sido tratadas y atraídas virtuosa y cristiana-
mente, y qué tierras estas tan felices que nos puso la divina providencia
en las manos para pagarnos aún en esta vida [...] los trabajos y cuidados que en atraerlas a Cristo tuviéramos.[40]

Algunos autores señalan que se trata de un verdadero desconocimiento de los indios. Paradójicamente, estos habrían sido mejor en-
tendidos en su hábitos y costumbres por alguien como Cortés.[41] Otros
afirman que hay siempre entre Las Casas y los indios un abismo cultural infranqueable debido, por ejemplo, a su falta de interés aparente
por aprender las lenguas indígenas, cosa que otros religiosos como
Motolinía, se tomaron el tiempo de hacer y practicar.[42]

Sobre esta crítica se pueden decir dos cosas. En primer lugar,
es cierto que Las Casas no es un misionero como lo fueron otros religiosos españoles. Es por esto que hay que ver en su trabajo, una reflexión *política* sobre las relaciones de dominación que se establecen
en el Nuevo Mundo. En segundo lugar, la referencia ética como base
de defensa de los indios sostiene también una *ideología de conversión*
que se fundamenta en la religión. Sin embargo, dicha ideología excluye la violencia física y busca fundarse en relaciones políticas, como se
verá con el análisis de los proyectos de reforma lascasianos, lo cual
no disminuye su carácter *imperial*. Finalmente, se debe señalar que
obras como la *Apologética* pretenden un acercamiento antropológico
a la realidad india, y siguen siendo referencias imprescindibles cuando se quiere conocer la vida y las costumbres de ciertos pueblos americanos.

De esta manera, las descripciones lascasianas deben separarse
de los discursos que validan la dominación. Hay en el relato del dominico una conciencia de esta toma de distancia. De tal manera que
subraya por ejemplo la incomprensión que existe entre Colón y los

[40] *Ibid.*, I, 53, p. 266.
[41] Todorov, *op. cit.*, p. 181.
[42] Daniel Castro, *Another face of the Empire, Bartolomé de las Casas. Indigenous Rigths,
and Ecclesiastical Imperialism*, Duke University Press, 2007, «This divorce from indigenous people and their culture is partially evident in his apparent lack of interest in
learning native languages», p. 11.

indios, mientras este *interpreta* la realidad de lo que está viviendo. Las Casas nos dice: «Bien parece que no entendían el Almirante ni los demás a los indios, o quizás ellos lo fingían por agradarle, como veían que tanta diligencia ponía en preguntar por el oro».[43]

No existe entonces una verdadera comunicación, por lo tanto, el texto de Colón puede ser cuestionado. Su búsqueda de riquezas no es comprendida por los indios. Como resultado, no hay ninguna relación política que pueda fundarse. La misma incomprensión es lo que conduce a la violencia.[44] Así, el dominicano agrega: «Y bien parece cuánta diligencia y afección ponían en preguntar por el oro, pues los indios, sintiéndosela, o les mentían y querían alejarlos de su tierra, o el Almirante no los entendía».[45]

Las Casas se distancia entonces del texto de Colón. Esta distancia le permite criticar la visión del almirante. El discurso de este muestra a los indios como súbditos potenciales del reino, pero no les otorga un lugar de igualdad.

Esto puede constatarse al observar la *divinización* que Colón cree ver en los ojos de los indios. Según el almirante, los indígenas verían a los españoles como «dioses», y esta admiración va acompañada de sumisión y reconocimiento: «Dice el Almirante que esta gente toda era como los otros que habían hallado y de la misma creencia, y estimaban que los cristianos descendían del cielo, y que cuanto tenían daban por poca recompensa que les diesen, sin decir que era poco, y creía el Almirante que así hicieran de la especiería y del oro si lo tuviesen».[46]

Este carácter divino está acompañado de la perspectiva de enriquecimiento. Además, la mirada es definida y estructurada por la experiencia europea, los indios están completamente sometidos. La sumisión se produce en la medida en que son considerados desde el principio como «adoradores» de dioses que están dispuestos a dar todo lo que tienen para satisfacer a los recién llegados. La Casas dice:

[43] HDI, I, 43, p. 221.
[44] La forma en que este malentendido puede convertirse en violencia puede verse en HDI, I, 67, p. 314, durante la primera «batalla» entre indios y españoles.
[45] HDI, I, 47, p. 241.
[46] *Ibid.*, I, 47, p. 254.

«los indios que el Almirante traía, que eran los intérpretes, ni el rey tampoco, dizque podían creer otra cosa sino que [los españoles] eran venidos del cielo y que los reyes de Castilla en el cielo habitaban y no en este mundo».[47]

La acogida de los indios es percibida como una toma de posesión progresiva. En efecto, el poder se despliega en varias esferas: el contacto y la interpretación de dicho contacto validan *a priori* un cierto ejercicio de la fuerza. El sometimiento de los indios *debe* hacerse como una obligación, por un lado, porque su *naturaleza* perezosa hace de ellos sujetos fácilmente gobernables, y por otro lado, porque existe una sumisión simbólica por la que los europeos aparecen como «dioses» a los que hay que obedecer.

Ahora bien, si la descripción es el primer paso para la dominación, no es suficiente para establecerla. En efecto, la figura del indio no solo debe ser descrita, debe ser *juzgada*. Es ahí que intervienen otros discursos que permiten enraizar la dominación, puesto que se acompañan de determinaciones políticas.

Discurso histórico y dominación

Las Casas expone a través de sus obras una conciencia lúcida del lugar que ocupan los discursos en la consolidación de la dominación. Estos discursos de carácter principalmente *histórico* describen a los indios en sus usos y costumbres, construyendo así una imagen que no es solamente simbólica, sino *política*. En efecto, a partir de dichos discursos se toman decisiones de control y de gobierno.

Las Casas define la tarea del historiador en el *Prólogo* de la *Historia de Indias*. Para él, la escritura de la historia puede responder a diversos motivos, entre los cuales se encuentran: la búsqueda de renombre, el elogio de los príncipes, dar a conocer hechos importantes que han sido olvidados y, por último, restablecer una verdad alterada por otros. Ninguno de los tres primeros objetivos es reivindicado por el dominico. De hecho, justifica su empresa en la voluntad de decir lo

[47] *Ibíd.*, I, 54, p. 417.

que realmente ocurrió en las Indias. Así, afirma: «Resta, pues, afirmar con verdad solamente moverme a dictar este libro la grandísima y última necesidad que por muchos años a toda España, de verdadera noticia y lumbre de verdad en todos los estados della cerca deste Indiano Orbe, padecer he visto».[48]

Las Casas asume una misión de verdad que debe ser vista no solamente como una forma de restablecer un «pecado» o una falta, sino como una voluntad de encontrar la verdad para actuar políticamente. En efecto, es claro que los discursos históricos pueden ser discursos de dominación que justifican las acciones políticas.

Ahora bien, antes de abordar lo que Las Casas dice sobre otros historiadores, tenemos derecho a cuestionar su propia objetividad al escribir la historia. Para esto, podemos seguir lo que André Saint-Lu sugiere en su introducción a la obra del dominico.[49] Para Saint-Lu, hay un esquematismo evidente en Las Casas en su trato a los actores de la conquista; es decir, los indios y los españoles. Los primeros son descritos como seres pacíficos, dulces, sumisos e inocentes, mientras que los españoles aparecen casi sistemáticamente como «tiranos», «codiciosos» y malvados. A esto, habría que agregar las exageraciones con respecto al número de muertos que la conquista produce.[50]

Pero lo que afirma Saint-Lu se aplica sobre todo para la *Historia de las Indias*. Otros textos de Las Casas tratan de balancear mejor el relato de los hechos a través de un análisis de los fundamentos de la dominación. Hay con frecuencia en la perspectiva del dominico una condena de la acción de los españoles, pero dicha condena explicita las causas materiales que provocan la acción. Así, no es el hecho de llegar a las Indias y encontrarse entre indios lo que provoca inmediatamente los bajos instintos de los españoles.[51] Al contrario, como lo hemos señalado, y como lo atestigua también el esfuerzo de reforma institucional de Las Casas, la acción de los españoles, sus abusos y sus masacres se explican a partir de un contexto de guerra y de los resultados concretos que dicha guerra produce, es decir, el surgimiento

[48] HDI, I, *Prólogo*, p. 11.
[49] *Ibid.*, I, p. 11.
[50] En especial en HDI, III, 164.
[51] Como parece dar a entender el comentario de Saint-Lu, cf. *Ibid*, I, *Introducción*, p. 40.

de una sociedad dividida entre vencedores y vencidos. Es por eso que la crítica lascasiana de los discursos se interesa en el lugar del emisor dentro de la estructura de la sociedad colonial.

Asistimos entonces a una evolución en la construcción discursiva de la alteridad. Si en las primeras impresiones de Colón, se podía encontrar una cierta imagen idílica de los indios, los relatos de otros historiadores están marcados, al contrario, por una condena de estos. Su imagen se degrada desde el punto de vista moral, pues comienzan a mezclarse intereses materiales que necesitan justificarse ideológicamente. En efecto, la consideración de los discursos se realiza también al interior de una relación de poder que es necesario dilucidar.

REPORTES E INFORMES OFICIALES
SOBRE LOS INDIOS

El trabajo de denuncia de Las Casas se construye como respuesta a otros discursos que buscan justificar la dominación sobre los indios. Así, es interesante estudiar en este contexto, cómo se organizan estos discursos, sus puntos en común y sus características. Se puede notar que ciertos rasgos se encuentran tanto en los testimonios de los colonos como en textos *históricos* o en tratados teóricos. Es, por ejemplo, la acusación sobre el trabajo de los indios, y a partir de ahí, la puesta en duda de sus capacidades intelectuales y políticas. Esta acusación afirma que los indios rechazan el trabajo porque son naturalmente inclinados a la pereza, lo cual desemboca en la imposibilidad de regirse libremente. Es por esto que deberían ser obligados a trabajar, pero también instruidos, a partir del contacto con los españoles, en las formas de vida «civilizada». Esta sería la única forma de perpetuar la empresa colonizadora y asegurar su evangelización.

El informe sobre la capacidad y la libertad de los indios de 1517, escrito por los jerónimos que llegan a la isla de la Española, es un ejemplo de esta construcción discursiva. Los testigos interrogados son colonos de la isla que deben responder a las preguntas sobre la capacidad política y las cualidades de los indios, sobre todo en lo que concierne al trabajo. Este funda la constitución civil puesto que permite alimentarse y sostener una sociedad, el manejo del trabajo sería entonces un signo de aptitud política.

Así, el primer testigo afirma que la pereza es una inclinación de los indios y que poseen muchos vicios. Basa su observación en el hecho de que es el colono con más tiempo en la isla. El segundo testigo confirma e indica, además, que los indios se dejan llevar por muchos vicios, por ejemplo, se escapan a la montaña y comen arañas, raíces y otras cosas sucias. Son propensos también a la lujuria y a la holgazanería, y nunca quieren estar con los españoles.[52]

Esta misma descripción se repite para el sexto, el séptimo y el onceavo testigo. Todos coinciden en el hecho de que los indios son perezosos y que no trabajan por voluntad propia. Por lo tanto, este tipo de informaciones son las que llegan a la Corte con la finalidad de establecer políticas para «gobernar» a los indios. A estas «observaciones» siguen las relativas a sus capacidades políticas.

La tercera pregunta del interrogatorio, por ejemplo, busca establecer la posibilidad de un gobierno indio autónomo y, por lo tanto, el reconocimiento de su libertad. A esto, el primer testigo responde que los indios son incapaces de vivir políticamente señalando que no pueden vivir como españoles.[53] El segundo testigo afirma que no pueden vivir libremente ni de manera independiente. No son personas que deban estar en libertad, dejados a sí mismos, como los españoles, puesto que no poseen las mismas habilidades que estos.[54] En efecto, como lo afirma el sexto testigo, más que la razón, es la sensualidad que domina su naturaleza, lo cual haría que huyan del contacto con los españoles, si no estuviesen obligados por la fuerza.[55]

---

[52] TIDS, p. 34. «Que son inclinados a michos vicios, a estar en los montes comiendo arañas y rayzes de árboles y otras cosas suzias, y que son inclinados a luxuria y a ocio y no querrían estar con los españoles».

[53] Ibid, p. 35, «dize que ellos ni ellas no tienen capacidad para poderse regir como ninguna persona española por rústica que sea [...]».

[54] Idem.

[55] Ibid., p. 36, «porque estando en libertad conformarse y an con la senssualidad de que ellos más usarían puesto en libertad que no con la razón y también porque son enemigos de conversar con cristianos sin cuya conversación no podrían venir en conocimiento de nuestra fe [...]».

No obstante, este conjunto de consideraciones mezcla criterios económicos, éticos y políticos. Los «vicios» de los indios se manifiestan en su incapacidad para trabajar como los españoles, es decir, para dominar la agricultura, pero también en su rechazo al ahorro y en la ausencia de moneda metálica. Como lo afirma el octavo testigo, sin el control y la dominación española, los indios no podrían vivir políticamente porque les falta la industria para adquirir los bienes y riquezas,[56] lo cual se demuestra por su indiferencia a la remuneración del trabajo.[57]

El aspecto económico, en particular la extracción y la acumulación de riqueza metálica, es central en la definición de las capacidades políticas de gobierno. Esto conduce, por un lado, a condenar a los indios como «culpables» de no poner en valor la riqueza de sus territorios. Es entonces necesario que sean obligados a ello, puesto que es sobre dicha valorización que reposa la «civilización». Sin embargo, por otro lado, esta obligación no se percibe bajo los términos del contrato libre de trabajo, puesto que su «naturaleza» rechaza incluso el salario. El trabajo es un medio para establecer costumbres civilizadas, pero debe ser forzado, es decir, sin remuneración.

Estas consideraciones se acompañan de una nueva tecnología de control de las poblaciones. En efecto, las preguntas respecto de los indios buscan establecer la conveniencia de su reagrupamiento. Sus aldeas pueden ser entonces reubicadas cerca de las villas fundadas por los españoles. Gracias a este acercamiento espacial y a la concentración de indios, estos pueden «comunicarse» con los españoles y aprender a vivir de manera civilizada. Se trata de una tecnología de control de las poblaciones que no es conocida aún en Europa.[58] La

[56] *Ibid.*, p. 37, «no tienen capacidad para ponellos en entera libertad ni ingenios para bivir politicamente porque no sacrían adquirir hazienda por su industria con que puedan bivir en poliçia como se haze en España [...]».
[57] *Idem*, «que no querrían servir por jornal aunque les den buen salario y si algunos lo hiziessen serían pocos y no continuarían porque son inconstantes y luego lo dexarían se iran a holgar, porque son holgazanes de su condición y no trabjarán sino compelidos a ello».
[58] John Sullivan, «La congregación como tecnología disciplinaria en el siglo XVI», *Estudios de Historia Novohispana*, 16, 1996. Sullivan señala que las tecnologías de control poblacional, que Foucault identifica como mecanismos que surgen a finales del siglo XVI

organización tribal de los indios es destruida y reemplazada por una disciplina del espacio que permite ejercer un control cercano sobre sus cuerpos. El poder se aplica mejor sobre una población desarraigada y reagrupada por la fuerza. El espacio de la «montaña» se asimila a la barbarie y se opone al espacio «civilizado» donde se encuentran los españoles, el espacio urbano.[59] Estas construcciones discursivas serían las que terminan permitiendo, de acuerdo con Las Casas, la instauración de la encomienda como sistema.

Hasta aquí hemos pasado revista de los discursos de colonos-conquistadores, es decir, testimonios recogidos *in situ*. Pero existen también discursos «doctos» que se presentan como argumentos fundados teológica y filosóficamente. Es el caso, por ejemplo, de los informes presentados durante la Junta de Burgos. En dicha reunión, que tenía casi el mismo objetivo que la visita de los jerónimos, letrados se habían reunido para discutir tanto de la naturaleza de los indios como de las relaciones que se podían establecer con ellos. Las Casas retoma las propuestas de otro dominico, Bernardo de Mesa, para mostrar cómo este, por su discurso, condena a los indios a una servidumbre *de facto*.

Las Casas busca deconstruir los prejuicios y las presuposiciones sobre los cuales se funda el discurso de Mesa. Como lo hemos señalado, para él, las falsas historias sobre los indios se inspiran sea por la mala fe ligada a intereses económicos, o por la ignorancia. En el caso de Mesa, es esta última hipótesis la que prevalece. En efecto, este afirma que los indios deben ser sometidos a los españoles a causa de su «naturaleza». Retoma el argumento aristotélico de la servidumbre natural. Dicho argumento se funda en un pretendido saber que Las Casas señala como absurdo: se trata de la afirmación según la cual todos los hombres que viven en las islas están «influenciados por la luna», lo cual quiere decir, de hecho, influenciados por las mareas. Esto impediría su perseverancia en la virtud, así como en cualquier

---

y se desarrollan a lo largo del siglo XVII en Europa, son aplicadas y perfeccionadas por los españoles a partir de la primera mitad del siglo XVI, primero en las islas del Caribe y luego en el continente. En su artículo desarrolla el caso de Tlaxcala, México.
[59] *Ibid.*

otro oficio, puesto que «la Luna es la soberanas de las aguas».[60] Las Casas responde comparando a los indios con los habitantes de algunas islas europeas (Inglaterra, Mallorca o Sicilia), y preguntándose si estas poblaciones deberían ser también repartidas y sometidas. Subraya entonces lo absurdo de este argumento y su pretensión de verdad.

De la misma manera, enfrenta el argumento de la holgazanería «natural» de los indios. Por un lado, la ausencia de esfuerzo y de trabajo es la perdición de los españoles que llegan a las islas, puesto que su único fin es poner a trabajar a los indios. Por otro lado, lo que diferencia a indios y españoles es la concepción de una vida feliz y plena. El dominico afirma que los indios se contentan con poco, puesto que sus tierras son fértiles y dan mucho con un poco de trabajo.[61] No tienen tampoco como objetivo en la vida la acumulación de riquezas. Sus actividades están centradas en la subsistencia (pesca, caza) y en la guerra (otro medio para procurarse bienes). Se trata entonces de una cuestión de perspectiva que hace que una sociedad aprecie cierta forma de trabajo (que lleva a la acumulación), mientras otra decide vivir de manera distinta.

Los relatos sobre los indios, que se presentan como observaciones *in situ* o como reflexiones teóricas y eruditas, tienen repercusiones prácticas sobre el régimen político impuesto. Así lo demuestra, por ejemplo, la adopción de las Leyes de Burgos, donde una ordenanza de Fernando el Católico afirma que los indios «son por naturaleza propensos a la pereza y a los vicios que ofenden [al] Señor y no poseen forma alguna de virtud o doctrina». Y como se trata de una verdadera «naturaleza» la simple predicación y el adoctrinamiento «no son suficientes para que los caciques y los indios adquieran el conocimiento de [la] fe necesaria para su salvación».[62] Es entonces esta conexión

---

[60] HDI, III, 9.

[61] Hay que señalar aquí que las explicaciones dadas por Las Casas sobre la «naturaleza» exuberante que rodea a los indios y les da todo lo que necesitan, pueden servir también como una construcción ideológica. Sobre este tema, véase Antonello Gerbi, *La naturaleza de las Indias Nuevas*, México, Fondo de Cultura Económica, 1978; y también, Antonello Gerbi, *Viejas polémicas sobre el Nuevo Mundo*, Lima, 1943.

[62] Konetze Richard, *Colección de documentos*, vol. 1 (1493-1502), Madrid, 1983, p. 39, citado por Giuliano Gliozzi, *op. cit.*, pp. 72-73.

entre «discurso falso» y toma de decisiones políticas lo que Las Casas denuncia. Los discursos negativos sobre los indios están cargados de una voluntad de dominación. Como el objetivo es ponerlos a trabajar, se debe argumentar que huyen del trabajo. Sin embargo, lo que los españoles desarrollan no es un «trabajo» como los demás, sino un sistema de explotación, donde los indios son la mano de obra y no obtienen ninguna ganancia. Es entonces a partir de intereses económicos precisos que surgen tanto los discursos de conquista como los discursos de legitimación política. La denuncia del dominico busca mostrar las pretensiones de verdad sobre las cuales reposan estas construcciones discursivas.

LA DINÁMICA
DEL DISCURSO HISTÓRICO

La crítica lascasiana de la dominación busca desmontar los discursos sobre los asuntos de las Indias que se presentan como frutos de la experiencia, de la observación y del saber erudito, es decir, como discursos verdaderos. Esta crítica es triple porque señala, por un lado, el interés económico y político que la construcción de la imagen del Otro esconde; pero por otro lado, apunta a la *fuente* de producción del discurso. Cuestionando dicha fuente, Las Casas debilita la legitimidad de lo narrado. Y finalmente, la crítica tiene también una dimensión jurídica porque trata de separar las responsabilidades de los actores de la dominación. Para Las Casas, la figura del rey no es jamás culpable de lo que sucede en los territorios bajo su jurisdicción. Los errores que se desarrollan entre la promulgación de las leyes y su aplicación son consecuencia de los «malos consejos» y de las mentiras que circulan. Así por ejemplo, en la *Brevísima*, afirma: «reyes, como padres y pastores [...] y generosos miembros de las repúblicas, ninguna dubda [sic] de la rectitud de sus ánimos reales se tiene, o con recta razón se debe tener, que si algunos defectos, nocumentos [sic] y males se padecen en ellas, no ser otra la causa sino carecer los reyes de la noticia dellos».[63]

[63] BR, p. 67.

No obstante, esta separación es problemática, puesto que impide ver los lazos que existen entre el poder de los encomenderos y la voluntad imperial de la Corona. Sin embargo, es importante señalar que esta tentativa de separación que Las Casas ejecuta es también una forma de promover su forma alternativa de «conquista». Pero el objetivo principal de la crítica lascasiana es la escritura de la historia o de «las historias». En efecto, esta escritura se presenta como un instrumento de difusión de las informaciones sobre los indios y para contar los detalles de un mundo nuevo. Diferentes *historias* pretenden explicar el origen de las poblaciones, sus hábitos y su *destino*. Se construyen a partir de fuentes bíblicas o clásicas, pero también a partir de la descripción de lo visto. Las Casas pretende denunciar el carácter ideológico de estos discursos refiriéndose a las contradicciones de los textos, pero sobre todo a sus condiciones de producción. Sus críticas están dirigidas contra tres fuentes principales: Fernández de Oviedo, cuya producción histórica es, para las Casas, una gran mentira contra los indios; López de Gómara, en quien el dominico ve la connivencia de ideología e intereses materiales; y por último, contra el grupo de los encomenderos que son responsables de difundir una serie de mitos sobre los indios.

Así, la crítica lascasiana contra los discursos de Oviedo, es decir, contra su *Historia Natural*, reposa sobre varios puntos. Las Casas lo acusa primero de no conocer las costumbres y usos de los indios y, por lo tanto, de mentir sobre el tema. Oviedo es ejemplo de aquel que escribe la historia sin conocer su objeto. Sus afirmaciones sobre los indios no se fundan en la experiencia ni en el contacto directo, sino en informaciones falsas propagadas por conquistadores. Es el caso, por ejemplo, cuando Oviedo afirma que los indios de la Tierra Firme eran todos sodomitas y sostiene eso como si se tratara de describir el color de su piel, como un hecho observable y evidente.[64]

Estas mentiras forman parte de una construcción de la alteridad como inferioridad. Oviedo retoma los prejuicios que circulan sobre la relación de los indios con el trabajo afirmando que son holgazanes y no pueden recordar las plegarias que se les enseñan por culpa de su

[64] HDI, III, 23.

pésima memoria. Lo cual hace casi imposible adoctrinarlos. Pero Las Casas señala las contradicciones de este discurso, puesto que, por otro lado, Oviedo señala que los indios aprendían de memoria su historia y que la cantaban[65] porque no tenían libros para escribirla.

Luego, Oviedo sostiene que los indios son naturalmente ociosos, viciosos, que rechazan el trabajo y son mentirosos.[66] Para responder a estas acusaciones, Las Casas restablece el contexto sociopolítico en el que se produce el relato. En efecto, nos dice, si los indios mienten es porque quieren escapar a los castigos de los españoles. Asimismo, el suicidio aparece para ellos como la única salida a su situación de esclavitud y opresión, no se trata de un «pasatiempo» como lo califica Oviedo.[67]

Este autor se hace eco finalmente de una tesis que busca justificar la dominación sobre los indios a partir del argumento del «castigo divino». Como lo muestra Giuliano Gliozzi, según dicho argumento, el sufrimiento de los indios bajo el régimen de encomienda establecido por los españoles era, de cierta forma, un castigo de Dios para purgar sus pecados pasados. Este argumento se encuentra claramente expuesto en un texto que circula en los medios sociales de los conquistadores alrededor de 1540, el manuscrito de Roldán. Este texto afirma que los indios son descendientes de las tribus de Israel que habrían sido castigadas por Dios a causa de su idolatría,[68] lo que les condenó a morir exterminados en manos de «extranjeros» que vendrían de lejos a someterles. Solo este castigo presente podría asegurar un futuro de redención. En respuesta a esto, Las Casas afirma que los deseos de Dios son insondables, pero advierte sobre la posibilidad de que los españoles sean aniquilados, por su parte, por otra nación, tal y como lo hacen con los indios.[69]

Es interesante notar aquí la manera en la que esta temática del «castigo divino» aparece también en los textos de los funcionarios de

---

[65] *Ibid.*, III, 145, Las Casas se refiere al capítulo 1, libro 5 de la *Historia Natural* de Oviedo. Véase también HDI, III, 146.

[66] *Ibid.*, III, 143.

[67] *Ibid.*, III, 145.

[68] Giuliano Gliozzi, *Adam et le Nouveau Monde*, París, Thééthète, 2000.

[69] HDI, III, 145.

la Corona. De hecho, Francisco Castañeda la utiliza en 1531, pero bajo otra forma. Se refiere a los indios que fueron vendidos como esclavos fuera de los territorios de Nicaragua. La mayoría de estos jamás volvió, nos dice, pero aquellos que regresaron propagaron una enfermedad que causó estragos en la población. Según Castañeda, fueron los «pecados» de los españoles los que causaron este «castigo divino»: «Y porque por nuestros pecados ha sucedido que ha dado tanta pestilencia en los indios de esta ciudad de León y su tierra, que han muerto de dolor de estómago y calenturas. A tal punto que creemos que han sido landres entre ellos los dos tercios de la gente de todos los indios, o al menos medio a medio, la mitad».[70]

Hay entonces una inversión de la culpabilidad con respecto a la falta, pero el proceso sigue siendo el mismo: son los indios quienes mueren a fin de cuentas. Su muerte se explica por acontecimientos ajenos a la voluntad de los conquistadores. No son las condiciones materiales de explotación las que explican la muerte, es una intervención divina que «castiga» a los españoles quitándoles los medios de su enriquecimiento. Para Castañeda, esta «maldición» no tiene que ver con las condiciones de trabajo que los indios sufren. En efecto, afirma: «Y no lo ha causado el trabajo, y se ha visto por experiencia. Porque los indios de acá, que llaman mansos, que sirven en las casas de los cristianos, se han muerto casi todos. Muchos de ellos súbitamente, andando bien arropados y mantenidos y aun algunos cristianos».[71]

No es por lo tanto la «esclavitud» como condición merecida por los indios, sino el hecho de que hayan sido puestos en un circuito comercial lo que vuelve frágil la condición político-económica de los colonos y afecta la valorización de la tierra. Al contrario, si los indios esclavizados permanecen *dentro* de los territorios, es decir, al servicio de los colonos españoles, es positivo y necesario para valorizar la provincia: «Antes conviene que de los indios rebeldes que se dieren por esclavos, se metan en la tierra y no se saquen de ella para poder sostener estos pueblos».[72]

[70] Documento 9, carta del licenciado Francisco Castañeda a Su Majestad sobre la situación de Nicaragua, 30 de mayo de 1531.
[71] *Ibid*.
[72] *Ibid*.

No hay en el relato de Castañeda nada que cuestione el sistema colonial basado en la encomienda. Lo que se denuncia aquí son las «desviaciones» con respecto a este sistema. Por lo tanto, lo que da originalidad a Las Casas radica en encontrar el vínculo entre estos dos fenómenos. Si los indios son perseguidos para convertirse en esclavos y ser vendidos, es porque el gobierno de los españoles se funda en la condición de la esclavitud. Se trata entonces de causas *políticas e históricas* que explican la muerte de los indios.

Para comprender cómo se producen estos discursos, se debe, según Las Casas, ubicar su origen en la jerarquía colonial. Es ahí que el dominico encuentra una relación entre los falsos discursos sobre los indios y los intereses materiales de aquellos que los propagan. Se trata entonces de un discurso ideológico que busca perpetuar la dominación. El relato de Oviedo y el del López de Gómara son dos ejemplos. En efecto, Oviedo admite abiertamente su posición dentro de la jerarquía colonial, cuenta que fue nombrado supervisor de la fundición de oro en la Tierra Firme y que con ese título «conquistó y pacificó, para el servicio de Dios y de su Majestad», esos territorios. Es decir, se trata de acciones guerreras que fundan la dominación,[73] estamos frente a un conquistador que relata la historia de sus aventuras y éxitos, y que, por lo tanto, describe a los indios como «enemigos» contra los que se enfrentó. Afirma, además, haber poseído repartimiento e indios en encomienda. Todo esto, en la perspectiva de Las Casas, confirma que la *Historia* de Oviedo no merece ningún crédito como objeto histórico o como fuente de saber sobre los indios, puesto que su autor está comprometido como servidor de intereses particulares.

Esto implica también que los relatos de López de Gómara sean criticados como panfletos de propaganda contra los indios. La posición de Gómara en la jerarquía colonial es la de un «criado» de Hernán Cortés. Dicha dependencia de un conquistador explica los ataques contra los indios. En efecto, Gómara afirma que los indios que viven en Yucatán sacrifican hombres y se los comen. Pero para el dominico, dichas acusaciones están desprovistas de realidad simplemente porque quien las propaga está ligado materialmente a los

[73] HDI, III, 142.

conquistadores. No hay una posición objetiva con respecto a lo que se pretende contar.[74] Además, este autor no tuvo contacto con los indios, jamás se desplazó hacia las Indias y no hace más que repetir lo que leyó en las cartas del conquistador de México.

Estos dos «historiadores» son, para Las Casas, la antítesis de lo que debe ser el trabajo historiográfico, a saber, un trabajo que se construye a partir de fuentes confiables que están por encima de intereses particulares, en una palabra, de fuentes «objetivas» (aunque Las Casas no emplea ese término). Oviedo y Gómara son el ejemplo perfecto de lo que Walter Benjamin llama contar la historia desde el punto de vista de «los vencedores».[75] Se reducen, según Las Casas, al mismo rango que los encomenderos, es decir, a personas particulares que defienden sus intereses más inmediatos. Las Casas nos dice: «[estos] importunando por diversas vías y varios fingidos colores que se les concedan o permitan dichas conquistas».[76]

Los discursos sobre los indios son narrativas en competencia. Los que los condenan por sus hábitos y costumbres forman parte de un aparato ideológico de dominación. A partir de ahí, la empresa histórica de Las Casas pretende fundarse sobre una «restitución de la verdad». Los relatos son el terreno de batalla donde se juega la liberación o la dominación de los indios.

Pero esta batalla se debe dar también en el ámbito de las ideas. El sistema de dominación produce un discurso que lo legitima, pero también produce riqueza y permite asentar el control español sobre vastos territorios. Para responder a ello, se debe proponer una alternativa a la dominación.

---

[74] *Ibid.*, III, 117.
[75] Véase Walter Benjamin, «Sur le concept d'histoire», en *Œuvres*, París, Gallimard, «Folio Essais», 2000.
[76] BR, p. 68.

La alternativa a la dominación

Capítulo I

Gobernar un territorio conquistado

Las prácticas de colonización

La conquista de los territorios se realiza por la guerra y se perpetúa mediante el poblamiento. En el discurso oficial, «poblar» un territorio significa vencer a los indios por la fuerza o someterlos mediante amenazas, fundar villas de españoles y urbanizar los territorios. Las Casas muestra que este poblamiento es en sí mismo un abuso de fuerza que deriva de las acciones bélicas. En efecto, la instalación de los españoles se traduce en el sometimiento de los indios al trabajo forzado. El poblamiento es entonces, para la Corona, una justificación de la presencia española y el servicio a Su Majestad. Pero del lado de los vencidos, se traduce en el establecimiento de la servidumbre y la respectiva pérdida de toda libertad y propiedad privada. El poblamiento hace efectiva la desposesión. Se trata de una tecnología disciplinaria que busca el control sobre el territorio y la población.[1]

Esta práctica es evocada como título legítimo frente a la autoridad real para justificar la toma de posesión de un territorio. «Poblar» es entonces un primer acto de colonización. Pero, como podemos

---

[1] HDI, II, 9, p. 62, «Estos españoles se apoderaron de cuantos indios pudieron y los obligaron a servir en el cultivo de los campos, so pretexto de que querían fundar allí una colonia [...]».

comprender a través de las crónicas de los conquistadores, este acto se instaura mediante la violencia. En efecto, el trabajo que implica la noción de «poblar», es decir, el establecimiento de una fortaleza o aldea, recae sobre los hombros de los indígenas. Lo que significa que toda instalación permanente de los españoles se traduce en una modificación del espacio circundante y en el control sobre los cuerpos. Las Casas muestra que la construcción de casas, el trazo de los caminos, así como la cultura de los campos se hacen gracias a los indios, bajo obligación y amenaza de muerte, puesto que ningún español «se rebaja» a esos trabajos.[2]

El poblamiento significa entonces la instauración del control cercano de la mano de obra indígena. Sin dicho control, no hay colonización posible.[3] Esto conduce a Las Casas a interrogarse sobre el tipo de gobierno que se desarrolla en las Indias. ¿Cuál es el lugar para la justicia en esta nueva organización política?

El análisis de los textos de servidores de la Corona muestra la concepción de *gobierno* que los españoles desarrollan. Esta noción que puede comprenderse como una forma de vida civilizada, donde las leyes rigen las relaciones sociales, parece ser aplicable únicamente a los españoles. En efecto, solo ellos parecen estar protegidos por las leyes y son quienes deben seguirlas. Los indios están excluidos de este dominio público, puesto que la única ley que se les aplica es la fuerza. Esto significa que un régimen colonial comienza a formarse. Esto define diferencias fundamentales entre las poblaciones afectadas. Crea una separación política, fundada en prácticas precisas, entre dos poblaciones que coexisten en un mismo territorio.

---

[2] Esta crítica del carácter improductivo de los españoles en los territorios americanos marca profundamente el discurso lascasiano. Encontramos esta perspectiva cuando analizamos su programa alternativo de colonización donde el lugar de los españoles está reservado a campesinos venidos de Castilla. Es también una forma, para el dominico, de invertir las acusaciones de holgazanería que pesan sobre los indios.

[3] HDI, II, 10, p. 46, «Esta traza de asentar estas villas en los ya dichos lugares y mantenimientos de los españoles, no era con las azadas que tomaban en las manos los españoles, ni son sus trabajos ni sudores, porque ninguno dellos sabía abajar el lomo, sino que los indios, constreñidos por ellos y por miedo de las matanzas pasadas, lo trabajaban, haciéndoles las casas con todo el pueblo, y labranzas con que se sustentaban».

Sin embargo, en el caso español, la cuestión de la organización y de gobierno sigue en el aire. En efecto, la conquista de los territorios deja la puerta abierta a una organización de tipo militar donde diferentes poderes están en competencia: el poder *de facto* de los conquistadores, el poder oficial de los representantes de la Corona y el poder espiritual. Así, las cartas enviadas a los reyes subrayan de diversas maneras, la corrupción y el desorden que imperan en las colonias. Esta situación surge en un contexto donde los bienes que son repartidos entre los conquistadores son hombres y mujeres. Los indios representan entonces la mayor riqueza. Su posesión es la principal fuente de conflictos. Las quejas de los gobernadores están en la distribución y el control de esta mano de obra.

El verdadero dominio «político», es decir, el acceso a la justicia, está reservado a los españoles. Las cartas de tesoreros o informantes de la Corona no cuestionan nunca la posición que ocupan los conquistadores, puesto que es considerada legítima. Los hechos de conquista, es decir, los actos bélicos y el sistema que instauran, no se cuestionan. Parecen darse por sentado. Cuando hay abusos de parte de los representantes de la Corona o por parte de los gobernadores, los españoles se quejan frente a las autoridades designadas. Sus demandas de justicia se limitan a lo que los colonos consideran que son sus derechos, por ejemplo, el poseer indios.[4]

Cuando estos documentos denuncian los malos tratos contra los indios o el hecho de que estos hayan sido puestos en encomienda, se trata de algo considerado una falta particular y localizada. Es el caso cuando Martin Esquivel denuncia la no aplicación de las Leyes Nuevas por parte de ciertos gobernadores. No hay una condena del sistema en su integridad. Lo que explica que este tesorero pueda pedir al rey, en caso de que este reparta más indios, de procurarle algunos cuantos, como recompensa a sus servicios: «Suplica a vuestra merced que atento los muchos trabajos que esta provincia ha padecido después que a ella vine por servir a su Majestad, y la mucha necesidad que tengo y a la calidad de mi persona, [...] que si a otros oficiales

---

[4] Documento 13, informe de Martín Esquivel, Recaudador e Inspector de Nicaragua, sobre la situación en esa provincia, 30 de diciembre de 1545.

se hubieren de dar indios, me hará vuestra merced a mi la misma merced».[5]

Este tipo de solicitud permite comprender la petición que Francisco Castañeda realiza en 1529 al rey, para asegurar la instalación de una audiencia, es decir, de un tribunal de justicia, donde podrían ser juzgados los asuntos de esos territorios. Esto significa que la justicia, la aplicación de las leyes del reino, no es algo que caracterice a los gobiernos de las Indias. Gobernar se limita a la aplicación de la voluntad del gobernador. Estos no responden directamente por sus acciones y no pueden ser controlados de cerca por la administración central. Así, Castañeda advierte:

> Y crea Vuestra Majestad que en esta Mar del Sur, en la Costa del Poniente, que está aquí poblada y en la de Levante, que poblará Pizarro, y en la que más se poblase en ambas costas, no faltarán escándalos ni fuerza si Vuestra Majestad no provee que en Panamá, más que en Castilla del Oro, haya quien conozca de las apelaciones y deshaga agravios y fuerzas y escándalos.[6]

La justicia es el privilegio de los españoles, quienes poseen el estatus de «sujetos» dentro de un gobierno concebido como soberano, donde reina la ley. La situación que dejan las conquistas no es un ambiente de paz, ni siquiera para los colonos españoles. Al contrario, la ausencia de ley es evidente, es por esto que la instauración de un tribunal de justicia es necesario. En efecto, las peticiones del conquistador se dirigen a reforzar la presencia del Estado.

El dominio «político» está reservado a los españoles, son ellos quienes contratan y tienen títulos de propiedad. Finalmente, son ellos quienes «gobiernan» y son «gobernados» según las leyes del reino. Pero la justicia se pide porque dichas leyes no se cumplen. Y en ocasiones, en los textos, la noción de «justicia» está ligada a la posesión de recursos, es decir, al control sobre los indios. La justicia es

[5] *Idem.*
[6] Documento 9, carta del licenciado Francisco Castañeda a Su Majestad sobre la situación de Nicaragua, 30 de mayo de 1531.

entonces poseer los indios que uno se merece, según los privilegios acordados por la Corona, o ganados en batalla y en los «descubrimientos». Es la imposibilidad de acceder a estos recursos lo que motiva las críticas contra los distintos gobernadores. Así, por ejemplo, en 1545, Martín Esquivel enumera los abusos cometidos por Pedro de los Ríos, tesorero del rey y por Rodrigo de Contreras, gobernador de Nicaragua. Cuando este último debía «confiar los indios a los conquistadores y a los pobladores, [para] que hubiese respeto a las calidades y trabajos de cada uno», no lo ha hecho. Al contrario, nos dice Esquivel, «ha quitado a muchos de ellos los indios que tenían encomendados, encomendándolos a su propia mujer e hijos y criados y a niños de muy pequeña edad, que ni ellos ni sus padres han servido a Su Majestad».[7]

Esquivel denuncia el control de la mano de obra indígena y el irrespeto de los usos y costumbres, como la repartición de indios entre quienes lo ameritan. Afirma también que muy pocas personas pueden reclamar justicia en las provincias porque son cómplices de actos de corrupción, tenían miedo de ser maltratadas o engañadas en los juicios por testigos falsos. También temían la persecución por parte de las autoridades de allí.[8] Una vez más se observa que no hay referencia alguna a los indios. Las acusaciones que son aquí formuladas no toman en cuenta la posible injusticia de las encomiendas o el hecho de que estas sean en sí mismas una forma de esclavitud que amenace a los indígenas. Estas acusaciones son hechas por españoles para españoles, es decir, para los «sujetos» del reino que ven sus derechos violados.

En la práctica cotidiana de la dominación, los colonos consideran su organización social y política como una extensión de la soberanía real. Pero dicha extensión se hace en detrimento de los derechos de los vencidos. Estos son el objeto de deseo entre las fuerzas que se instalan lejos de la metrópoli. Los textos citados evocan la acción de gobernadores, como acciones que se alejan de las normas establecidas y responden a intereses locales y particulares. Pero no interrogan

[7] Documento 13, *ibid.*
[8] *Ibid.*

189

la fuente de este poder y cómo este se basa en el sometimiento absoluto de los indios.

Al contrario, la crítica lascasiana subraya ese fundamento injusto del poder, y es a partir de este que explica la posibilidad de la explotación indígena y de la autonomía del poder local. Para Las Casas, esta autonomía del poder soberano es una verdadera «tiranía», puesto que los gobernadores locales no constituyen una organización política y social fundada en la justicia. En cambio, dirigen y controlan los recursos para su beneficio. Los puestos de autoridad son usados para fines particulares. Esta crítica se repite para todos los gobernadores estudiados: Cerezeda denuncia las acciones de Pedrarias Dávila, Diego García de Celis denuncia lo que hace Cerezeda, y por último, Esquivel denuncia las acciones de Rodrigo de Contreras y de Pedro de los Ríos.

Las Casas analiza el esquema de corrupción de los oficiales de la Corona y muestra cómo este distanciamiento con respecto a la norma depende del poder que se ejerce sobre los indios. Toma como ejemplo los primeros comandantes que gobiernan la isla de la Española. Son ellos quienes pusieron a trabajar a los indios. Se sirvieron de estos para «poblar», para los trabajos domésticos y las labores del campo. El poder que ejercen estas autoridades es de alguna manera legal y legítimo sobre los españoles, porque son súbditos del reino, y por tanto se ejerce sobre ellos un poder en forma de soberanía. Por el contrario, la nueva forma de poder que se ejerce sobre los cuerpos indígenas, a través de una tecnología de control como las reparticiones y encomiendas, es una forma ilegal e ilegítima. En efecto, estas autoridades locales no representan a los señores naturales de los indios. Los reemplazan por medio de la violencia directa, pero también por medio del castigo físico. Es por esto que los indios no son considerados «sujetos», sino «esclavos»,[9] es decir, objetos. Hay una ruptura en la ley. Las leyes del reino dan un estatus particular a los indios y uno privilegiado a los españoles. Estas leyes surgidas de la violencia continuarían durante todo el período colonial. Frente a esta situación de injusticia, Las Casas trata de pensar una organización política distinta que pueda limitar los poderes locales en beneficio de los indígenas.

[9] HDI, II, 9.

La primera reforma:
entre «colonia» y «evangelización»

¿LA ALTERNATIVA UTÓPICA?

Los primeros remedios[10] de 1516 y 1518, propuestos por Las Casas para detener la destrucción de las Indias, constituyen una reforma que ciertos autores han calificado como un «proyecto utópico», en la medida en que estas propuestas pretenden reorganizar la sociedad sobre un territorio «virgen». Este proyecto posee similitudes con el modelo utópico desarrollado por Tomás Moro.[11]

Entre dichas similitudes, podemos destacar tres. Primero, se trata del imperativo de volver a un cristianismo primitivo. Frente a la degradación de la práctica católica en Europa, habría que redescubrir una cierta pureza original del cristianismo. Las Casas vería en los nuevos territorios el espacio ideal para este regreso a los orígenes.[12] En efecto, la «naturaleza» dócil y sin vicios de los indios los predispone a convertirse en cristianos y a revivir las prácticas de los primeros tiempos de dicha religión.

La segunda semejanza es de orden político y social. El proyecto lascasiano propone fundar aldeas mixtas donde trabajarían juntos españoles e indios, dando nacimiento así a una nueva comunidad, a la vez rica y próspera, y donde reinaría la fe y la fidelidad al rey.[13] Esta comunidad estaría bajo la dirección de un *pater familias* español

---

[10] OCM, *Memorial de remedios para las Indias* (1516), p. 5.

[11] Véase Juan Durán Luzio, *Bartolomé de las Casas ante la conquista de América: las voces del historiador*, EUNA, 1992; especialmente el primer capítulo donde Durán Luzio hace una excelente lectura paralela del texto de Moro, *Utopía*, relacionándolo con *Memorial* de Las Casas. Retomamos aquí algunos pasajes de este texto para mostrar las semejanzas y diferencias con nuestra lectura del tema. Se puede señalar también la obra de Angel Losada, *Bartolomé de las Casas a la luz de la moderna crítica histórica*, Madrid, 1970, donde el autor analiza también estos remedios lacasianos como una forma utópica de gobierno. Las referencias al texto de Moro vienen de la edición de J. H. Hexter y Edward Surtz, *Utopia*, vol. 4, *The Complete Works of St. Thomas More*, New Haven, Yale University Press, 1965.

[12] Juan Durán Luzio, *op. cit.*, pp. 37-39.

[13] *Colección de documentos, op. cit.*, p. 19.

responsable de guiarla. Este tipo de comunidad es similar a la que propone Moro en su *Utopía*, quien busca responder a los problemas económicos y sociales de la extensión de los pastizales en Inglaterra,[14] mientras que la comunidad de Las Casas responde a la explotación de los indios. En ambos casos, hay una crítica a la propiedad privada y una lucha por una nueva forma de organización.[15]

Finalmente, se trataría de una exhortación al rey con miras a fundar un mejor Estado, más justo y que pudiese lograr el bien común. Los dos proyectos se inscriben dentro de una reforma estatal, en el caso de Moro, en una reforma social para la Inglaterra de su época, para el caso de Las Casas, se trata de una manera de salvar a los indios, pero también todo el proyecto colonial español. El análisis de Marcel Bataillon va también en este sentido. Sin embargo, indica que la novedad de Las Casas no se debe buscar en la propuesta de asociación libre de trabajadores, puesto que dicha idea no es novedosa en sí misma. Lo que es original es tomar en cuenta a los indios, es decir, crear una figura mixta con dos grupos diferentes que trabajan con miras al bien común.[16]

No obstante, consideramos que esta visión olvida una serie de rasgos específicos que cuestionan el carácter estrictamente «utópico» de la propuesta. Por un lado, como lo subraya Beatriz Pastor,[17] esta supuesta armonía que busca el proyecto lascasiano deja casi intacto el sistema colonial en su totalidad. No hace más que humanizar las características esenciales del sistema de encomienda y no modifica profundamente la situación de trabajo forzado a la cual están sometidos los indios. Por otro lado, el acercamiento con Moro deja de lado la forma pacífica que Las Casas desarrolla. En efecto, la instauración de la república de Utopía, en el texto de Moro, se realiza luego de la invasión y la conquista de las poblaciones autóctonas, que antes eran consideradas «bárbaras». Es gracias a las leyes del rey Utopo que di-

[14] Thomas More, *Utopia*, *op. cit.*, p. 379.
[15] Juan Durán Luzio, *op. cit*, p. 54.
[16] Marcel Bataillon, *Études sur Bartolomé de las Casas*, París, Centre de recherche de l'Institut d'études hispaniques, 1966.
[17] Beatriz Pastro Bodmer, *El jardín y el peregrino: el pensamiento utópico en América Latina* (1492-1695), 1999, México, UNAM, p. 224.

chas poblaciones acceden a un nivel superior de cultura.[18] El proyecto de Moro es un proyecto civilizador que se realiza por la violencia.

Hay que considerar también que, para Las Casas, no se trata de reformar la totalidad del estado español en su conjunto, sino de modificar las líneas del gobierno de Indias. De hecho, su propuesta busca instaurar un «verdadero gobierno» de Indias, y no una administración que se instale fundada en hechos bélicos. Las Casas tampoco considera el surgimiento de un terreno nuevo para la cristiandad cuya misión sería reformar lo que sucede en Europa, puesto que este terreno se encuentra inmediatamente condenado por los vicios y las malas acciones de los conquistadores.

Así, nos parece que no es el carácter utópico lo que marca la particularidad de los proyectos de 1516 y 1518. Al contrario, proponemos leer estos textos a partir de un tipo de «gobierno» que comienza a gestarse. Las Casas propone una extensión del poder real que toma en cuenta las particularidades de la nueva «población» sobre la que se ejerce dicho poder. Hay aquí una mezcla de «control» y de «gestión» que merece estudiarse a detalle.

EL PROYECTO COLONIAL

El *Memorial de Remedios* (1516) aparece desde el principio como un texto político. Se presenta como un consejo al rey. En sus primeras líneas, Las Casas expone los pilares de su petición: «Los remedios que parecen ser necesarios para que el mal y dañó que han las Indias cese, y Dios y el príncipe nuestro señor hayan más servicio que hasta aquí y la república della sea más conservada y consolada son estos [...]».[19]

La visión lascasiana del poder que tienen los españoles sobre los indios es el de una dominación absoluta que deriva de la conquista violenta. Es así que los indios son esclavizados, repartidos y a veces deportados hacia otras islas para trabajar la tierra y extraer oro. De esta manera, la primera propuesta del dominico busca suspender

---

[18] *Ibid.*, p. 225.
[19] OCM, *Memorial de Remedios para las indias*, p. 6. Las Casas se refiere en detalle a este proyecto en HDI, III, 85.

esta condición de esclavitud en la que los indios se encuentran.[20] Resulta urgente eliminar el trabajo en las minas y el servicio doméstico puesto que este régimen amenaza su vida. En efecto, dado el contexto de posguerra donde se enfrentan diferentes fuerzas por el control de los recursos, los colonos tienen un poder incierto sobre los indios. Lo cual hace que los exploten sin ninguna consideración.

A esto se deben agregar los desplazamientos forzosos que constituyen una pieza central en el engranaje de la dominación. La mano de obra indígena que no está directamente al servicio de los españoles en las labores domésticas debe sin embargo estar disponible para trabajar en las minas y los campos. Esta mano de obra permite conseguir el poblamiento de los territorios. Las Casas solicita entonces que las aldeas de los indios dejen de ser desplazadas, porque esto amenaza el equilibrio de vida a causa de la desorganización de sus relaciones de producción.[21]

No obstante, en este período de su vida, Las Casas no establece conexión directa entre estos abusos y la presencia de los españoles. Para él, esta presencia es legítima porque responde a la necesidad de evangelizar las poblaciones indígenas. El gobierno de las Indias está fundado en fines justos, pero utiliza medios incorrectos. Se trata entonces, para él, de modificar los medios de la dominación. Para ello, se debe abandonar la fuerza y dejar el lugar al derecho.

Así, además de estas prohibiciones, hay que pensar otras formas de organización que permitirían enriquecer a la Corona, conservando siempre la mano de obra indígena. Para ello, Las Casas propone la creación de «comunidades de trabajo» mixtas, donde podrían vivir en cierta igualdad españoles e indios. Esto reemplazaría la desigualdad *de facto* que subsiste entre los dos grupos, es por esto que propone: «que vuestra señoría mande hacer una comunidad en cada

---

[20] *Idem*, «[...] que S. A manda ver y determinar lo que conviene, que mande en aquellas islas, para que lo sobredicho haya efecto, mande suspender todos los indios de todas las islas, que en ninguna cosa sirvan ni trabajen, que de trabajo sea; lo uno, porque siguiendo la mala e pestífera costumbre que los españoles en servise de los indios tienen, matarán y darán causa a matar y a morir en poco tiempo muchos dellos, especialmente sabiendo la muerte del Rey»
[21] *Idem*.

villa y ciudad de los españoles, en que ningún vecino tenga indios conocidos ni señalados, sino que todos los repartimientos estén juntos y hagan labranzas juntos, y lo que hobieren de coger oro lo cojan juntos».[22]

Es a partir de esta forma de comunidad, lo hemos visto, que el proyecto lascasiano es calificado de «utópico». Sin embargo, no hay aquí ni utopía, ni misticismo.[23] Al contrario, para alcanzar sus objetivos, las propuestas lascasianas toman en cuenta la correlación de fuerzas que existe en América. El religioso piensa una colonización pública que esté regida y controlada por el Estado. Trata entonces de conciliar el sistema del *pater familias* español con el sistema colectivo y comunitario de los indios. Las aldeas autónomas, descentralizadas y autogestionadas económicamente se oponen a la lógica de concentración de las encomiendas. Esto impide entonces que los encomenderos se constituyan como clase social y, por lo tanto, desarticula el tejido colonial.[24]

Sin embargo, aunque es interesante mostrar que la reorganización espacial y política prevista en los proyectos lascasianos puede explicarse desde una perspectiva de economía política, esta visión nos parece incompleta. En efecto, esta disposición espacial puede tener otro sentido. Puede formar parte de una dominación racional que se ejercería sobre los cuerpos y las almas de los indios y de los españoles. Las Casas no pretendería, en su primer proyecto, desarticular el tejido colonial, sino proponer un tejido alternativo basado en tres pilares.

En primer lugar, una racionalización de la explotación que tome en cuenta la corporalidad y la capacidad de producción de los indios. Luego, un control estricto de la doctrina religiosa, es decir, un poder que se ejerce sobre las creencias y sus prácticas. Y por último, un control político que pueda mantener a los funcionarios y representantes de la Corona al margen de los abusos, es decir, una afirmación de la soberanía. Entonces, Las Casas trata de tomar en cuenta el control cercano del cuerpo indio, del espacio de vida y de las creencias que se

---

[22] *Idem.*
[23] Fernando Mires, *La colonización de las almas, op. cit*, p. 84.
[24] *Ibid.*, p. 86.

manifiestan mediante la encomienda. El dominico quiere que este control no esté más en manos de particulares, sino que sea regido por el Estado. Es esta integración lo que permite legitimar la soberanía española en las Indias.

El primer pilar:
la explotación racional de los recursos

El proyecto lascasiano toma en cuenta la situación física y emocional de los indios. Sus consejos están centrados en la perpetuación de la mano de obra indígena que se ha visto duramente disminuida por los años de sobreexplotación. Esta consideración de los indios deriva en parte de una inquietud ética. Luego de su «primera conversión», Las Casas considera que el régimen de encomienda es un régimen tiránico, contrario a la doctrina cristiana. Sin embargo, sigue marcado por su pasado de colono y toma en cuenta el beneficio económico que la Corona saca de esta forma de dominación. Con el interés de conservar dicho beneficio, y a la vez proteger la mano de obra indígena, Las Casas propone entonces racionalizar las formas de trabajo.

La primera medida a tomar es acabar con el régimen de encomienda. Los indios no deben estar más bajo autoridad directa de particulares y no pueden someterse a trabajos forzados. El religioso busca, como lo hemos descrito, una serie de comunidades mixtas. Cada comunidad está compuesta por familias de indios y españoles que trabajan juntas. Se trata de una coexistencia familiar donde los campesinos españoles, con sus esposas e hijos, viven cada uno con cinco familias indias, bajo autoridad de un español. La riqueza producida por esta unidad de explotación debe repartirse según la costumbre: una parte debe ser dada al rey, otra debe servir para pagar los salarios de los funcionarios, el diezmo eclesiástico, y finalmente, una parte debe darse a aquellos que trabajaron la tierra o las minas.[25]

Esta repartición del trabajo debe permitir la conservación de la mano de obra indígena, así como su reproducción. Las Casas señala que el objetivo del programa es que «S. A tenga sus rentas ciertas y sus

---

[25] OCM, *Memorial de remedios para las Indias*, ibid., p. 7.

tierras pobladas y abundantes de vasallos; y multiplicando la gente, como en aquella tierra maravillosamente multiplica, aumentarse ha cada día su auxilio y provecho, a gran utilidad y fijeza del reino [...]».[26]

De la misma manera, la reorganización alienta la instalación de colonos españoles y excluye la participación de soldados. La colonización es vista entonces como una empresa civil y religiosa, y no militar. Dicha empresa toma en cuenta la corporalidad de los indios. El proyecto de Las Casas se interesa de cerca en la forma de mantener, cuidar y multiplicar estos cuerpos. Si la Corona se enriquece con el trabajo, aumenta también su fuerza a través del control que puede tener sobre sus súbditos. No se trata en este caso de un control represivo, sino por la intermediación de lo que podríamos llamar una economía de la corporalidad. El cuerpo indio es el objeto sobre el cual se despliega un poder de intervención.

Tomar en cuenta los cuerpos

Las Casas considera que la salud corporal y mental de los indios es esencial para la estabilidad de las Indias, puesto que esto significa una mano de obra que produce riqueza y se reproduce, lo cual constituye una fuente de poder para la Corona. Así, el religioso reformador solicita la instauración de un hospital destinado únicamente al cuidado de los indios que funcionara enteramente a expensas de la Corona. La salud es vista como un asunto que hay que regular y que el poder central debe tomar en cuenta. Para Las Casas, esta salud corporal se acompaña de la salud espiritual. En efecto, durante sus cuidados, los indios deben escuchar la misa.[27]

Con el fin de mantener la salud producida por la intervención de las instancias del poder, Las Casas propone establecer un régimen salarial para los indios. Todo trabajo debe ser objeto de remuneración, incluso aquel que se desarrolla en el hospital.[28] Remunerar el trabajo constituye un esfuerzo para luchar contra la esclavitud y la

[26] *Idem.*
[27] *Ibid.*, pp. 17-18.
[28] *Ibid.*, p. 19.

servidumbre. Esto permite a los indios acceder a otro estatus económico y político en la jerarquía del reino. Dicha inquietud de Las Casas debe relacionarse con su consejo sobre la formación artesanal de las poblaciones indias. Con esta preparación se pretende también que los indios accedan a otro tipo de reconocimiento como elementos constitutivos del Estado español.

Además de este salario, Las Casas aconseja una protección suplementaria para los niños. La cual consiste en una especie de guardería, donde las familias indias pueden dejar a sus hijos. El objetivo de esta facilidad es la reproducción de la vida de los autóctonos.[29] Esto responde a una situación de desesperanza donde los indios son llevados al infanticidio porque no desean una vida de tormento para sus hijos, pero también mueren por abandono cuando sus padres son llevados por la fuerza al trabajo. Esta protección se acompaña de una prohibición del trabajo infantil entre los 0 y 15 años.

En el proyecto lascasiano, los ámbitos de intervención de la Corona se multiplican. Propone regular los matrimonios de los indios. Así, aquellos entre 20 y 25 años deben ser conducidos al matrimonio y el concubinato no debe ser tolerado.[30] Estas disposiciones buscan a la vez un control sobre la natalidad y la práctica de valores y costumbres cristianas.

Finalmente, Las Casas propone un régimen alimentario particular para los indios que trabajan.[31] Este régimen toma en cuenta las condiciones naturales en las cuales se desarrollan las diferentes actividades. Debe acompañarse del aprendizaje de modales para la mesa, puesto que los indios están acostumbrados a comer «en la tierra como perros».[32] La prescripción de una dieta tan precisa muestra cómo el control se desarrolla hasta en la alimentación. Se puede leer también

[29] *Ibid.*, p. 18, «Porque en sucesión y multiplicación de los indios está el durar dellos y no acabarse [...]».
[30] *Idem*, «que los que fueren de 20 o 25 años arriba, los casen y tengan sus mujeres, y las mujeres sus maridos, y que no los consientan estar amancebados, sino que vivan vida marital [...]».
[31] *Ibid.*, p. 19, «que se les dé pan y carne y pescado, y ajes y axí, dos veces al día, cuando hobieren menester para sus comidas, y en las mañanas se les den sendos pedazos de cazabí, e ajes, y ají para almorzar, porque con el calor beben muchas veces agua [...]».
[32] *Ibid.*, p. 19.

una comprensión de las condiciones de vida en América (la importancia del calor, la percepción de una naturaleza fecunda). Estos elementos de control sobre la corporalidad individual de los indios se acompañan de una gestión de las poblaciones en sus desplazamientos y sus condiciones de trabajo.

Gestionar las poblaciones

El proyecto lascasiano no elimina completamente los desplazamientos de la mano de obra indígena. Sin embargo, establece un control estricto que les condiciona. En efecto, los desplazamientos deben realizarse bajo la autoridad de religiosos franciscanos y dominicos. Estos últimos deben estar acompañados por algunos españoles bajo sus órdenes. En este marco se da la bienvenida a estos indios, con comida y ropa cuando llegan a la isla que les fue destinada. La acogida precede su conversión. La perspectiva lascasiana toma en cuenta primero el cuerpo, para luego salvar el alma. En efecto, una vez que los indios han engordado y han recuperados sus fuerzas, pueden ser adoctrinados en los principios de la fe.[33]

La espiritualidad cristiana, el bautizo y los sacramentos forman parte de una preparación particular que se acompaña del aprendizaje de oficios. Los indios se forman en el trabajo comunal. A esto se suman las prescripciones fundamentadas en un pretendido «saber» sobre las costumbres y prácticas indígenas. Así, por ejemplo, Las Casas afirma que los indios de Cuba «no acostumbran comer sino pescado sólo [...] y son holgazanes, que no trabajan en hacer labranzas ni en otra cosa [...]».[34] Entonces, se les debe imponer un régimen particular para lograr su adaptación. De hecho, «[y] a éstos hanlos de meter en el ejercicio y trabajo más moderadamente que a otros, y aun en el comer de las viandas que los otros comen y comieren [...]».[35] Se ve que en esta etapa de su pensamiento, Las Casas está todavía muy influido

---

[33] OCM, *ibid.*, p. 13, «desque estén ya recios y gordos y fuera de peligro y en disposición para ser enseñados, que los enseñen y doctrinen en las cosas y principios de la fe [...]».
[34] *Ibid.*, p. 14.
[35] *Idem.*

por los prejuicios que circulan sobre la «naturaleza» y las costumbres indias.

De cierta manera, este mismo «saber» se pone en práctica a la hora de organizar los diferentes momentos del trabajo en el nuevo régimen. Así, para los indios que trabajan en los campos y las granjas, hay que establecer un régimen de trabajo anual en el que tienen que prestar servicio durante seis meses. Dicho período se organiza en alternancias de dos meses (dos meses de trabajo y dos meses de reposo). Esto debe ir acompañado de una alimentación diaria regular y momentos precisos de descanso. Por ejemplo, pueden comer a las diez de la mañana, luego descansar y retomar el trabajo a partir de las dos de la tarde.[36] Esto permite tomar en cuenta las condiciones climáticas que son en extremo agotadoras en las islas del Caribe.[37]

Para los indios que trabajan en las minas, los ritmos de trabajo deben alternar dos meses de reposo y dos meses de labor, pero deben detenerse al cabo de ocho meses. El resto del tiempo debe utilizarse a fundir el oro, lo que impone un tiempo obligatorio de descanso para todos. Esto permite entonces una mejor gestión de la fuerza de trabajo, haciendo más tolerable esta labor.[38] Dicha regulación rompe con las prácticas de explotación irracional instauradas en las Indias, donde ciertos españoles hacen trabajar a los indios todo el año sin descanso alguno en las minas[39] o usándolos como bestias de carga, práctica que el dominico busca también prohibir.[40]

Asimismo, este régimen anual propone reservar un lapso de tiempo para la economía tradicional de los indios. Una de las inquietudes principales de Las Casas es que haya siempre suficientes indios que puedan mantener la producción de su alimento. Esto equivale a proteger una parte de la mano de obra de los servicios y del trabajo

---

[36] *Ibid.*, p. 21.

[37] *Idem*, «porque todo el año hace grandísimo sol, y es verano por el gran calor del cual los indios reciben muy gran pasión y tormentos».

[38] *Ibid.*, p. 22, «Esta manera es tolerable para que no sientan el trabajo como hasta aquí [...]».

[39] *Idem*, «muchos, todo el año, oculta o descubiertamente, no sacaban los indios mineros de las minas, ni hoy los sacan [...]».

[40] *Ibid.*, p. 23, «que en ninguna manera ni caso se eche carga a indio alguno, ni por mal camino ni por bueno».

en las granjas y comunidades de los españoles. De esta manera, si hay distribución de trabajadores según el esquema que hemos explicado, siempre deben quedar algunos para que pueda llevarse a cabo su propio trabajo de campo. Esto impide que el abandono de las aldeas condene a muerte a sus habitantes: viejos, mujeres y niños.[41] Vemos entonces cómo el imperativo de respeto a la economía de vida guía las propuestas lascasianas. Estos consejos dejan incluso un espacio de libertad a los indios que desearían formar su propia familia, y constituirse en «vasallos» libres del rey.[42] Existe, pues, una división política dentro de los propios indios. Están aquellos que son agrupados dentro de sus aldeas y que, de forma comunitaria, trabajan la tierra o las minas para pagar su tributo al rey, y los otros, «agricultores libres» que pueden tener un estatus similar a los españoles.

De esta manera, la consideración de la corporalidad de los individuos y la gestión de las poblaciones se acompaña finalmente de una protección jurídica bajo dos formas: 1) la instauración de un defensor de los indios nombrado directamente por el rey, independiente de los poderes locales, sin amarres materiales a las Indias, y 2) el castigo a las infracciones de la ley.[43]

El proyecto de Las Casas busca modificar el poder que se ejerce sobre los indios —limitando primero el poder particular que se ejerce sobre sus cuerpos— a través de la prohibición de la repartición y de la dependencia que está en juego en la encomienda. En segundo lugar, alienta la intervención directa del poder soberano del rey en la gestión de la población india. En este punto, está claro que esta nueva dinámica de poder no es una «liberación» de los indios. Al contrario, podemos señalar que existe una multiplicación de las instancias sobre las cuales el poder puede y debe intervenir. Podemos relacionar este esfuerzo lascasiano con el proceso descrito por Foucault bajo el concepto de «gubernamentalidad». Según este autor, la concepción

---

[41] *Idem*, «que los indios sean partidos de tal manera que queden cierto númerno dellos, siempre lo que fuere menester, en sus pueblos para que hagan las labranzas suyas». *Idem*, «que queden y dejen ciertos indios, tantos a cada bohío o casa, a vista del procurador, para que traigan de comer a las mujeres y niños y viejos [...]».
[42] *Ibid.*, p. 24.
[43] OCM, p. 9. Véase Quinto Remedio, Sexto Remedio, Séptimo Remedio.

del poder soberano se modifica a partir del siglo XVII, pasando de un poder pensado bajo la forma «pastoral», donde el soberano es responsable de la salvación espiritual y material de los súbditos del reino, hacia un poder que busca definir e identificar los «principios» de conducta de la «población». El poder es entonces concebido como un «arte de gobernar» que se sostiene sobre el conocimiento de estos principios que fundan el poder y la fuerza del Estado.[44] Este arte se manifiesta en la extensión de los dominios de intervención del poder. La perspectiva reformista de Las Casas nos muestra cómo pueden pensarse la gestión y la organización de una nueva población. Sus propuestas pretenden regular las diferentes dimensiones de la vida de los indios y de los españoles. Según él, se debe racionalizar el trabajo, mejorar las técnicas de conversión y gestionar los ritmos de vida de esta población.[45] Parece entonces que la cuestión de la dominación a la que la Corona trató de dar respuesta a través de órganos de control como la encomienda, se unió a una serie de cuestiones sobre la forma de gobierno que se desarrollarían posteriormente en Europa, pero que tuvieron su origen en las Indias.

Por su parte, Las Casas responde a esta cuestión del gobierno intentando conciliar algunas técnicas de control con la intervención exclusiva del poder soberano. Para ello multiplica los órganos de control sobre la salud de los indios, su trabajo y su reproducción, asegurando que permanezcan bajo el dominio del poder central. Pero también, a través del campo jurídico, protegiendo a los indígenas con leyes eficaces. De esta forma, Las Casas busca extender la soberanía a aquellos lugares que parecían escapársele.

---

[44] Michel Foucault, *Sécurité, territoire, population: Cours au Collège de France, 1977-1978*, París, Le Seuil-Gallimartd, «Hautes Études», 2004.

[45] De hecho, podemos hablar aquí de *población* como un conjunto humano homogéneo que requiere técnicas particulares de gestión y de organización. Las características específicas que Las Casas reconoce en los indios, permiten ver que se trata de una «población» distinta a los españoles.

El segundo pilar: controlar la doctrina
y la evangelización

La segunda vertiente del proyecto lascasiano es la religiosa. A partir de las disposiciones del cura, podemos ver la forma en que se concibe el rol y el lugar del poder religioso, así como su articulación con la esfera política. En 1518, Las Casas propone que hermanos dominicos y franciscanos, nombrados obispos, se encarguen de la evangelización. Estos están ligados, a través de su formación y su vocación, a su «rebaño». Son conscientes de que la pérdida de una sola oveja es su propia pérdida.[46] Su preparación teórica es fundamental. Deben dominar la doctrina, prepararse espiritualmente, rechazar la ignorancia para rechazar el pecado y no dejarse corromper.[47]

Los religiosos deben reemplazar a los laicos que no conocen nada de los métodos de conversión y que, además, se han apropiado de la mano de obra indígena. Ahora bien, para llevar a cabo esta misión de evangelización, se deben poner en práctica técnicas que modifiquen la relación de los religiosos con su misión. En efecto, Las Casas propone que se instalen en parejas en las aldeas. De esta forma, la confesión recíproca a la cual están obligados sirve de control de su comportamiento. Puesto que, si estuviesen solos, lejos durante años de sus pares, serían incapaces de confesarse y no podrían dar el servicio ni la misa y serían fácilmente corrompidos por los bienes materiales o los pecados de la carne.[48]

Así, la dinámica de centralización del poder se acompaña de nuevas técnicas de control. Este control se realiza tanto sobre los recursos del reino (indios y su trabajo) como sobre las conciencias de

---

[46] OCM, *Memorial de Remedios* (1518), p. 33, «Estos tales servirán allí [...] mucho porque han de trabajar por fuerza de apaciguar los indios y tenelos en pueblos, porque de otra manera no los podrán tornar cristianos, y saben que son sus ovejas y que si una se pierde la han de pagar [...]».

[47] *Idem.*

[48] *Idem*, «que no esté en villa de los españoles un cura solo, sino dos, porque se pueden confesar cuando de celebrar hobieren porque acaece estar un clérigo dos y tres años sin confesarse, diciendo misa por ventura cada día que no sin alguna conciencia creo yo que se hace».

los cristianos que pueblan estos parajes. Es un poder que debe extenderse y autorregularse.[49]

El tercer pilar: la cuestión de la soberanía

La propuesta lascasiana busca reforzar la soberanía de la Corona. El religioso pretende una intervención cada vez más fuerte del poder central en los asuntos de las Indias. Su proyecto de colonización busca eliminar las instancias que aparecen como obstáculos al ejercicio del poder soberano. Así se explican la prohibición de las encomiendas y el monopolio de la evangelización en manos de órdenes religiosas. Estas disposiciones requieren multiplicar las técnicas de control tanto sobre la población indígena como sobre la población española, pero debe complementarse con la aplicación efectiva de la ley.

Los representantes de la Corona son los responsables de dicha aplicación, deben asegurar la protección de los intereses del reino. Es por eso que Las Casas prevé que cada comunidad mixta tenga autoridades nombradas directamente por el rey y que sean dependientes de un salario fijado por la Corona. Además, estos funcionarios deben prometer obediencia y no pueden tener relación con negocios de ninguna índole en las Indias. Se trata entonces de combatir las fuerzas centrífugas que, por intermediación de las reparticiones, han desarrollado un poder *de facto* sobre los indios. Las Casas propone también una mayor participación de la Corona en la gestión de los recursos (animales de trabajo y animales de granja).[50]

Así, el gobierno debe ejercerse sobre los pobladores y el territorio. La experiencia de la conquista americana demuestra que, sin el control de los recursos económicos, el poder político no está asegurado. Este poder político debe tener en cuenta la corporalidad de los individuos, en la medida en que debe asegurar no solo su sobrevivencia, sino su perpetuación. El objeto del gobierno son los seres humanos, más que un territorio. Y en el caso de las Indias, el gobierno debe

[49] Veremos más adelante cómo Las Casas utiliza también la confesión como medio de presión sobre los encomenderos. Se trata del último instrumento para castigar su violencia contra los indios.

[50] OCM, *Memorial de Remedios* (1518), p. 33.

acompañarse de una dimensión ética que refuerce el poder político. La evangelización es un elemento central, no solamente como propagación de la fe, sino como «control de la conciencia» que asegura el respeto a la ley.

Para Las Casas, la realización del «bien común» pasa por la aplicación del poder a fines específicos, como la conservación de los indios, su evangelización y la producción de riquezas para la Corona. Sin embargo, es necesario interrogar también el lugar que ocupan los indios como sujetos dentro de estas formas de gobierno.

LIBERTAD O «TUTELA»:
¿UNA DOMINACIÓN ALTERNATIVA?

Como lo señalamos antes, los proyectos de 1516 y 1518 no buscan «liberar» a los indios. Deben ser comprendidos como reformas que buscan corregir los excesos de una conquista no planificada. El gobierno de las Indias se reduce a una dominación *de facto* sobre la mano de obra indígena. Lo que Las Casas propone es racionalizar dicha dominación a través de una mayor intervención de la Corona. Ahora bien, el lugar que ocupan los indios en esta nueva aplicación del poder sigue siendo un lugar subordinado. La visión lascasiana sigue siendo una visión paternalista. Los indios son considerados, en ese momento, bajo los mismos prejuicios que el dominico combatirá más adelante.

Así, el establecimiento de estas comunidades mixtas debía permitir, según Las Casas, aguzar las mentes de los indios y hacerlos menos «brutos».[51] Esta «comunicación» con las familias españolas se acompañaba también de un aprendizaje del trabajo. La vida común debía incitar, por imitación, a los indios y hacerlos vencer sus «inclinaciones naturales» a la holgazanería.[52]

Además, los indios continúan en una especie de tutela[53] porque dependen de un jefe de familia que posee un poder paterno sobre

---

[51] *Idem*, «avisarse han y hacerse han sotiles y aguzárseles han los ingenios [...]».

[52] *Idem*, «los inducirán al trabajo, y ellos viendo que los cristianos trabajan tendrán mejor gana de hacer lo que vieren [...]».

[53] *Idem*, «y del todo no estarán a su querer, porque los compañeros que tuvieren serán como sus ayos [...]».

ellos. Las Casas no especifica si se trata de una condición temporal o definitiva. Lo cual nos conduce a interrogar la pertinencia de ciertas propuestas suyas, como por ejemplo, la del matrimonio mixto. El mestizaje deseado por el cura no puede realizarse sin que haya libertad de elección.[54]

Estas limitaciones particulares definen el proyecto lascasiano como un proyecto neocolonial. Se trata de una intervención directa de la Corona que intensifica las instancias de control sobre la población indígena. Algunas de dichas instancias están pensadas, ciertamente, para mejorar la calidad de vida de esta población. Sin embargo, los indios nunca se liberan completamente del trabajo forzado. No pueden disponer con libertad de su tiempo ni de sus territorios. Las Casas no cuestiona la presencia de los españoles, el sometimiento indígena a la Corona ni la apropiación de las riquezas de los territorios. Lo que propone es racionalizar la explotación,[55] pero esta propuesta no contempla el aspecto político. Los indios no juegan ningún rol como «iguales» en el aparato administrativo que se instaura. Sus instituciones y sus jerarquías no son realmente tomadas en consideración.

Ahora bien, la visión lascasiana sobre la situación de las Indias va a modificarse profundamente después de 1522. Nos parece que resulta poco relevante saber cuáles fueron las condiciones personales de este cambio. Lo que nos interesa es analizar la nueva concepción del poder que Las Casas desarrolla. Esta concepción puede definirse según dos ejes. En primer lugar, un pensamiento imperial que articula «soberanía» y «contrato». Y en segundo lugar, una doctrina de la restitución que se fundamenta en la articulación entre religión y política.

[54] *Idem*, «y se mezclarán casándose los hijos de los unos con las hijas de los otros [...]».
[55] *Ibid.*, p. 23, «Guardándose esta orden en todo lo dicho, los indios vivirán y multiplicarán y habtá lugar para que se salven y no se dará para que los españoles y ellos se vayan al infierno, y S. A. terdrá muy mayores rentas y más ciertas que hasta aquí, y que sean perpetuas, y que sea señor de la mejor y más rica tierra del mundo; todo esto viviendo los indios».

Capítulo II

Conquista
y legitimidad

Imperio y ley en
el pensamiento lascasiano

La crítica lascasiana a la dominación se vuelve cada vez más radical y sistemática luego de que el padre entra en la orden de los dominicos. Dicha crítica sobrepasa la condena de los excesos de la conquista y se articula como una verdadera condena estructural del colonialismo. Una de las bases de dicha crítica es el rechazo de la encomienda. Esta institución sigue siendo el ejemplo más concreto de una dominación ilegítima. Pero la crítica de Las Casas se acompaña, al mismo tiempo, de la formulación de una teoría de la soberanía que mezcla la concepción imperial con la libre voluntad de los pueblos. A continuación, analizaremos el contexto a partir del cual las encomiendas evolucionan hacia un sistema perpetuo, esto nos permitirá comprender los argumentos de aquellos que ostentan el poder. Luego, analizaremos los principales puntos de la propuesta lascasiana que equilibra sumisión imperial y autodeterminación indígena. Finalmente, estudiaremos cómo esta formación política se acompaña de una propuesta ética que busca reparar las afrentas contra los indios.

La lógica de la dominación que se desarrolla en los territorios de las Indias es bélica. El gobierno que nace de esta lógica es dirigido por hombres en armas que buscan legitimar su estatus frente a la Corona. Como lo hemos analizado, esta es responsable de la instauración de un nuevo orden colonial. No obstante, este orden es inestable, puesto que reposa sobre el sometimiento indígena y se enfrenta a los intereses particulares de los distintos actores en el terreno. El pilar de la dominación es la institución de la encomienda. Los que poseen este privilegio buscan asegurarse su perpetuidad, porque, desde su punto de vista, solo esta condición permite la estabilidad del gobierno y legitima la soberanía española.

Ahora bien, existe una tensión creciente entre la afirmación de la soberanía *sin intermediarios* y los intereses concretos de los encomenderos. Así, en 1540, los españoles que forman el cabildo[1] de León escriben al rey para pedirle el poder perpetuo sobre los indios que tienen encomendados. Afirman que esta perpetuación de la gracia concedida por el rey es beneficiosa de dos maneras. En primer lugar, si los vecinos saben que los indios les pertenecen a perpetuidad, los tratarán con mayor cuidado y los instruirán en las cosas de la fe. Esto aumentará la población india y, por tanto, permitirá que la tierra produzca y prospere.[2]

Los autores de esta carta hacen hincapié en la promesa de llevar a cabo la evangelización, perpetuar el asentamiento y, por tanto, la explotación de los territorios. Asegurar el control de la mano de obra india a través de los mecanismos de la soberanía, es decir, mediante una concesión formal del poder real, era a los ojos de los encomenderos

---

[1] El cabildo fue una forma representativa de gobierno establecida en los territorios americanos. Es el antecedente del gobierno municipal. Estaba formado por notables del pueblo y funcionarios de la Corona.

[2] «Porque sabiendo los vecinos que los indios son perpetuos, con mejor voluntad los tratarán e industriarán en las cosas de nuestra santa fe católica, que no teniéndolos solo por encomienda. Y los indios se acrecentarán y vendrán mejor en conocimiento de Dios. Y para esto y para lo demás conviene a la perpetuidad de esta tierra y vecinos de ella, a Vuestra Majestad suplicamos humildemente», Documento 12, carta del Cabildo de León a su Majestad sobre el descubrimiento del Desaguadero, 25 de marzo de 1540.

una forma de preservar las colonias americanas. A estos argumentos de los representantes del cabildo de León, se suman las consideraciones de los encomenderos de Perú.

Para estos, el primer argumento es el del orden y la paz. En efecto, las leyes de 1542 que prohibían el régimen de encomienda provocaron la ira de los colonos, lo que dio inestabilidad y problemas para gobernar los territorios. Esta amenaza de rebelión muestra las tensiones y dificultades para asegurar el respeto de la ley real en los territorios de ultramar. Dichos episodios de revuelta son utilizados como una prueba de la necesidad de perpetuar los privilegios de las encomiendas. Según los beneficiarios, solo este sistema puede asegurar los medios de sobrevivencia de los colonos y evitar la incertidumbre que estos experimentan cuando hay cambios en el gobierno local y los indios son de nuevo repartidos.[3] La perpetuidad permite arraigar a las familias, desarrollar un sentimiento de pertenencia y de propiedad. Por último, esta concesión pondría fin, según los encomenderos, a la avaricia de aquellos que buscan hacer fortuna en Perú.

Sin embargo, el principal argumento es agrandar y conservar los nuevos reinos. Se trata de una afirmación de la soberanía imperial de la Corona. La concesión a perpetuidad legitima una situación *de facto*. Los encomenderos prometen entonces invertir sus riquezas para hacer fructificar la tierra puesto que dicha riqueza no será amenazada.[4] Estamos frente al desarrollo de una *conciencia colonial* porque los territorios no son vistos únicamente como medios temporales para hacer fortuna. La perpetuidad de las encomiendas se piensa como una forma de asentar el poder colonial, pero con una participación política y económica reconocida para los colonos. Hay incluso una cierta concepción de autonomía de los territorios que hace que los encomenderos rechacen la instalación y la permanencia de los «recién llegados».

---

[3] DRP, «Estudio preliminar», p. LXVI, «Porque la principal causa de todos los males que han acaecido en las dichas provincias y reinos del Perú se debe a que no haya perpetuidad en las encomiendas», AGI, 1530, fol. 131, *«Petición que dio don Antonio de Ribera a su Majestad en España, en que pidió la perpetuidad»*.

[4] *Ibid.*, p. LXVII, «gastarán sus haziendas y patrimonios en edificar casas romper tierras, plantar árboles, cultivar la tierra y en criar todo género de ganados y bestias para su servicio». AGI, 1530, fol. 131.

EL FIN DE LAS ENCOMIENDAS
Y EL INICIO DEL IMPERIO

Sin embargo, para Las Casas, la perennidad de este sistema representa la aceptación de la injusticia como modo de gestión de las poblaciones y el rechazo por parte de la Corona de su rol político de gobierno. Al aceptar esta situación, el rey no establece más los fines hacia los cuales deben ser dirigidos los pueblos y las tierras bajo su jurisdicción. Los encomenderos tratan de legitimar «la usurpación»[5] de los territorios, lo cual amenaza la soberanía del reino de las Indias, puesto que esto equivaldría a una alienación: «si diese Vuestra Majestad por vasallos los indios a los españoles, o de cualquier manera les concediese mando y superioridad particular sobre ellos [...] los españoles [...] serían muy señores y menos domables y obedientes a Vuestra Majestad [...]».[6]

Para Las Casas, la totalidad de la conquista, tal y como se desarrolló, es una usurpación de los territorios indios por parte de los conquistadores. Dicha situación permitió el surgimiento de una clase privilegiada que compite por el poder de la Corona. Esta situación conduce a la autonomía de aquellos que poseen los medios económicos y que controlan, en última instancia, las decisiones políticas locales. Tenemos entonces, por parte del dominicano, una concepción de lo que debe ser el poder del Estado. Se trata de un poder que debe ejercerse sobre el conjunto de los territorios y los sujetos que los habitan. Esto se realiza mediante leyes, pero también a través de la presencia militar y administrativa. Pero ¿cómo se justifica la presencia del Estado español fuera de las fronteras continentales?

La soberanía de los Reyes Católicos sobre las Indias, para Las Casas, se funda en la concesión que el papa realiza a través de su bula, en 1493.[7] Pero el dominico interpreta esta concesión bajo ciertas condiciones. Para él, solo es válida si existe una voluntad real por parte de los Reyes de llevar a cabo la evangelización de la que son

---

[5] HDI, II, 52.
[6] OCM, *Entre los Remedios* (1542), p. 112.
[7] Por ejemplo, HDI, III, 11.

responsables.[8] En efecto, el poder soberano debe ejercerse sin intermediarios que puedan corromper su fin último: conservar y hacer prosperar a los sujetos bajo su dominación. Este objetivo es incluso más importante cuando la soberanía pretende extenderse sobre pueblos numerosos y diversos.[9] El rey es responsable frente a un número importante de sujetos que pertenecen a naciones distintas, que hablan, cada una, una lengua particular.[10] Se trata entonces, en primera instancia, de una soberanía potencial (*jus ad rem*) que no se vuelve efectiva hasta que los indios aceptan libremente la conversión y el sometimiento a las leyes del reino (*jus in re*). Las Casas concibe el poder de los Reyes como un poder que toma en cuenta la salvación material y espiritual de las «ovejas». El rey se asemeja al pastor que debe mantener su rebaño. Sin embargo, este rebaño no se concretiza hasta que los indios entren al mismo tiempo en la comunidad política y en la comunidad religiosa, es decir, en la comunidad cristiana. Se trata de un «imperio de la fe» donde el sometimiento religioso solo puede hacerse voluntariamente y depende, en parte, de un sometimiento político que se realiza a través de un «contrato de imperio».

Según Las Casas, es entonces posible pensar una «doble soberanía» dentro de la estructura imperial. La obediencia a los Reyes Católicos no elimina y no entra en competencia con la obediencia que los indios deben a sus señores naturales.[11] Conservan entonces sus leyes y tradiciones, bajo la condición de que estén dentro del derecho natural. Las Casas prevé, por ejemplo, un reconocimiento que estaría fundamentado en el tributo, así como en el acceso de la Corona a las minas. Pero lo que es importante de resaltar es que estas condiciones deben negociarse entre las dos partes, según un estatus de igualdad.

---

[8] Esta condición nunca es señalada en el texto de la bula. Se trata de una interpretación de Las Casas que busca sentar las condiciones de un imperio religioso sobre los indios. Este imperio es un obstáculo al poder *de facto* que los encomenderos ejercen.

[9] OCM, *Carta al Consejo de Indias* (1531), p. 44, «Y si a todos los que gobiernan es común y necesario este cuidado, e más y mayor debe de ser al que, más y mayores pueblos tiene de que dar cuenta [...]».

[10] *Ibid.*, «teniendo tan innumerables gentes, tan extrañas nasciones, tanta diversidad de lenguas debajo de su gobernación y amparo; [...]».

[11] *Ibid.*

Se trata, al parecer, de una forma de federación compuesta por diferentes naciones pero con igual estatus ante la ley.

A continuación, pueden destacarse las formas que debe adoptar esta doble soberanía. En el *Tratado de las doce dudas*, escrito alrededor de 1564, Las Casas sugiere una serie de pasos a seguir para integrar el reino de Perú, con su señor natural, en la estructura imperial de la Corona. Así, el primer acercamiento político debe ser hecho por religiosos. Estos desempeñan el papel principal acercándose al rey de los incas. Deben pedir perdón por las ofensas cometidas por los españoles y persuadir al rey para que se instale en una provincia que se le señala, con los pueblos indios que él haya elegido. Los religiosos son mensajeros políticos que le acuerdan y garantizan, en nombre del rey de Castilla, la seguridad sobre su persona y su libertad.

Una vez que el rey y sus súbditos están en tierras cristianas, los religiosos deben predicarles el Evangelio, dulcemente y con calma, como lo señala la enseñanza de Cristo.[12] Dicho proceso se acompaña del reconocimiento oficial del imperio soberano del rey de Castilla sobre esos territorios, como Gran Señor. Pero Las Casas insiste en el hecho de que este consentimiento debe hacerse voluntariamente.[13] Esta primera conversión es esencial, porque la religión adoptada por el rey inca será fácilmente aceptada por sus súbditos. Una vez que esto se realice, hay que señalar los términos del contrato.

Condiciones de gobierno
y restitución material

Las Casas propone como primer punto para asegurar el sometimiento pacífico de los indios y el reconocimiento del rey de Castilla, que este se comprometa a realizar un «buen gobierno», que prometa guardar las leyes y las costumbres de los indios que no vayan contra los preceptos de la religión cristiana. Este buen gobierno consiste igualmente en el respeto de la soberanía del rey inca. El rey católico debe

[12] OCM, *Tratado de las doce dudas* (1564), p. 534.
[13] *Ibid*., p. 534, «Lo cual requiere que le sea declarado que está en su mano consentir o no consentir, y que cese todo el miedo y todo engaño».

comprometerse a restituir todas las aldeas que están bajo su autoridad, así como las que son controladas por los encomenderos.[14]

Sin embargo, esta restitución no es total. En efecto, Las Casas considera la presencia de españoles que vivirían todavía en dichos territorios. Para ello, propone que sus aldeas y caseríos sean limitados y reducidos. De la misma forma, propone que sean respetados los lugares santos (cementerios, iglesias y monasterios). Lo que resta debe ser dado a los indios que poseían esas tierras. Si estos hubieran muerto, entonces los bienes deben ir a sus herederos. Y en caso de que no haya, las tierras pasan a manos del rey inca, para que este las reparta.[15] Finalmente, debe restituirse el valor de los inmuebles construidos gracias al trabajo forzado de indios y negros. Por lo tanto, se trata de mitigar los abusos cometidos durante el período de conquista.[16] Las Casas señala que este fue un proceso ilegítimo que debe dar lugar a una reparación. La desposesión de los indios se realizó sin una *causa justa*, lo que equivale a violar el derecho de gentes.

Las formas de la obediencia y el reconocimiento político

Las condiciones que deben asumir los indios para el establecimiento del contrato son sobre todo políticas, pero también poseen una dimensión económica. Así, lo primero a lo que el rey inca se compromete es a la fidelidad, la lealtad, el respeto y el reconocimiento del *imperio universal*[17] del rey católico. Este reconocimiento se acompaña entonces con la instauración de tributos. Los reyes incas y sus sucesores se comprometen también a otorgar cada año una cierta cantidad de oro

[14] *Ibid.*
[15] *Ibid.*, p. 534.
[16] *Ibid.*, p. 535.
[17] Podría pensarse que Las Casas actualiza aquí una noción medieval de imperio, otorgando el título de *dominus mundi* a los Reyes Católicos, bajo la autoridad del papa. Sin embargo, esta noción se emplea en otro sentido. El rey posee un «imperio universal» que viene a limitar el poder *de facto* de los colonos. Los reyes naturales son respetados y reconocidos en su legitimidad. Las Casas piensa una forma de federación de «naciones» indias bajo la protección del rey. Este último es el garante de la difusión de la fe y la protección de sus nuevos súbditos.

y de plata, respetando siempre lo que las leyes naturales y razonables establecen.[18] Las Casa prevé, finalmente, que haya un acto jurídico que firme este sometimiento y reconocimiento mutuo. La ceremonia permite afirmar la relación de vasallaje y recordar la libertad de los indios.

No obstante, en el ámbito económico, Las Casas no solicita la restitución de las riquezas acumuladas en el tesoro público. Considera que esto es difícilmente realizable y propone, en cambio, que los tributos sean muy leves. Alienta también que sean los religiosos quienes convenzan a los señores indios de renunciar a este tipo de restitución.[19] Esta concesión busca sin duda ablandar la cuestión de la restitución territorial. Es una forma de asegurarle al rey que no debe devolver todas las riquezas que ha extraído de América.

Igualmente, se debe convencer a los indios para que perdonen las ofensas y malos tratos, pues esto no puede restituirse en dinero. Este perdón permite a los españoles vivir tranquilamente en los territorios de Perú. El dominico busca así evitar las represalias y las guerras revanchistas. Estas propuestas se articulan como una respuesta alternativa a la dominación. Las Casas acompaña su teoría del imperio con una doctrina de la conversión y una teoría de la restitución.

La evangelización vista por los conquistadores

La ideología que sostiene la conquista es la ideología de la evangelización. Es en nombre de la Cruz que la guerra es realizada y los indios sometidos. Para combatir dicha ideología, es necesario ver cómo funciona. Por eso, analizando el proceso de conquista que los portugueses inauguraron en África, Las Casas muestra cómo está siempre presente el *discurso de la evangelización*, pero indica que los métodos empleados no difieren en nada de la guerra. Los soldados

[18] *Idem*.

[19] *Idem*, «Pueden ser persuadidos por los religiosos que perdonen de su libre voluntad la hacienda que a los reyes de Castilla han traído y habido de las Indias, porque sería cosa dificultosa volver y restituir allá tantos navíos de oro y plata como han venido a España...».

son los responsables de la evangelización cuando en realidad están preparados para combatir y matar;[20] es decir, no existe ningún método de conversión. Se trata únicamente de una tapadera ideológica que busca legitimar el enriquecimiento material.

La confusión entre conquista y misión evangélica aparece también en los relatos de Cortés.[21] Estos mezclan el carácter guerrero de la empresa, con la voluntad de conversión y propagación del Evangelio. Para Las Casas, representan una de las formas más acabadas de esta ideología de conquista. La avanzada de Cortés es una avanzada militar. La lógica de su acción es tomar posesión de los territorios y someter a los pueblos por la fuerza. Su expedición está equipada para la guerra.[22] En sus cartas, Cortés narra sus hazañas como un guerrero famoso. Afirma haber matado más de treinta mil indios en una de las primeras batallas por la conquista de la Nueva España. Al mismo tiempo, no cesa de afirmar su misión de expansión de la fe católica. Afirma haber convertido a los indios explicándoles los secretos del Evangelio.[23]

No obstante, en la opinión del dominico, estos relatos forman parte de la propaganda que busca justificar la fuerza y legitimar los crímenes cometidos durante la conquista. Parece poco creíble que los indios se dejen convertir fácilmente, pues sus religiones están bien arraigadas, estas poseen una historia importante y regulan sus vidas cotidianas. Para el dominico, esta pretensión de cumplir un mandato de evangelización sirve de justificación para el control de la mano de obra y la legitimación del dominio español.

En esta misma línea, al analizar los documentos producidos en la época, es claro que la cuestión de la evangelización de los indios aparece solo de forma superficial: cuando se piden indultos o privilegios al rey o cuando se evocan las acciones de ciertos gobernadores. Este es el caso, cuando el cabildo de León se refiere a las acciones

[20] HDI, I, 25.
[21] Véase Georges Beaudot, Tzvetan Todorov, *La conquête: récits aztèques*, París, Le Seuil, 2009.
[22] HDI, III, 120.
[23] *Ibid*.

realizadas por Rodrigo de Contreras en favor de los buenos tratos y el adoctrinamiento de los indios. Los miembros del cabildo afirman:

> y decimos que ya por otras habemos hecho relación a Vuestra Majestad del estado de esta tierra y de cómo Rodrigo de Contreras, gobernador de esta provincia ha procurado y procura con toda diligencia el servicio de Dios y de Vuestra Majestad, y que los naturales de esta provincia sean muy bien tratado e industriados en las cosas de nuestra santa fé católica muy mejor que se hacía antes que viniese a esta tierra.[24]

Aquí tenemos, más que una verdadera explicación del método de evangelización, una fórmula convencional que sirve para preparar el terreno con el fin de solicitar privilegios, como la puesta en encomienda perpetua de los indios.

No hay entonces una verdadera consideración de la alteridad en la comprensión del fenómeno religioso. Es por ello que el esfuerzo de conquista, incluso justificado a partir de la extensión de la religión, aparece como un esfuerzo militar que busca apropiarse de los bienes y riquezas de los indios. Su sumisión se hace en un esquema de dominación que impone la conversión forzada. Así, Francisco Castañeda escribe en una carta al rey en 1531, que agradece a Dios no tener en su provincia a indios que comen carne humana y hacen sacrificios. Considera haber extirpado este mal gracias a los castigos ejemplares ejecutados. Sin embargo, reconoce que los indios siguen teniendo sus ídolos y los adoran en secreto. Dice que había encontrado más de doscientos y los había destruido,[25] lo que forma parte de su método de evangelización.

Así, la misión de conversión se entiende de dos maneras para los españoles. Dependiendo del papel que desempeñan en el proceso de conquista y colonización. Al inicio de la expansión militar, evangelizar es una coartada para justificar la lucha contra los indios y su desposesión. Luego, cuando la empresa de poblamiento y colonización

[24] Documento 12, *ibid.*
[25] Documento 9, carta del licenciado Francisco Castañeda a Su Majestad sobre la situación en Nicaragua, 30 de mayo de 1531.

está en marcha, la conversión de los indios justifica la permanencia y el control sobre ellos, aunque no haya ninguna verdadera sistematización de dicha práctica. Toda tentativa de ruptura con esta forma de evangelización es entonces revolucionaria puesto que desafía el poder *de facto* y destruye el principal argumento de la conquista.

La evangelización vista por Las Casas

El método evangelizador que Las Casas propone no puede comprenderse sin las referencias que hemos desarrollado. En efecto, además de ser una forma de evangelizar a los indios, se trata de una plataforma política que debe servir a su liberación y a su integración política. Para Las Casas, la religiosidad es un asunto de razón y de política. En efecto, el grado de civilización de un pueblo puede determinarse a través del análisis de sus instituciones religiosas. Si estas están desarrolladas y fuertemente reguladas, esto quiere decir que la religión ocupa un lugar central en la cultura y que sus representantes (curas, ministros) poseen poder al interior de la jerarquía social. Este grado de cultura es lo que permite juzgar sus comportamientos religiosos. Así, por ejemplo, los indios de la isla de Cuba viven de manera civilizada, su organización social parece racional, y es a partir de ahí que se pueden calificar sus prácticas religiosas. Para Las Casas, existe una evolución de dichas prácticas que culmina con el acceso a la verdadera religión.[26] De esta forma, todos los hombres son llamados a recibir el Evangelio,[27] pero esto no se realiza de forma natural.

En efecto, tiene que haber una intervención externa que debe realizarse en paz y por medio de la persuasión.[28] La fe no es del orden

---

[26] HDI, II, 23.
[27] HDI, III, 149.
[28] DUM, p. 7, «La Providencia divina estableció para todo el mundo para todos los tiempos, un solo, mismo y único modo de enseñarles a los hombres la verdadera religión, a saber: la persuasión del entendimiento por medio de razones y la invitación y suave moción de la voluntad. Se trata, indudablemente, de un modo de ser común a todos los hombres del mundo, sin ninguna distinción de sectas, errores, o corrupción de costumbres».

de las verdades que se conocen naturalmente,[29] se trata de una verdad en la cual se cree. Pero, para ello, la participación de la razón es indispensable. Esta se debe alejar de las pasiones que perturban el pensamiento.[30] Estas pasiones perturban la mente y le impiden acceder a los argumentos que se le presentan. Así, Las Casas sostiene que deben repetirse las verdades de la fe y de la religión. Esta repetición es más que mecánica, se trata de una proposición, una explicación, una distinción y una determinación de estas verdades.[31] De hecho, la repetición de los actos adquiridos genera una costumbre. Esta se convierte al final en una especie de segunda naturaleza, lo cual hace que las acciones no sean forzadas.[32]

Las Casas condena los métodos de los colonos y otros religiosos que destruyen los ídolos de los indios cuando estos aún no han sido convertidos. Este método de *tabula rasa*, preconizado por los franciscanos, era considerado por el dominico como una simple substitución. Sin el ejemplo de una vida virtuosa, los indios van a considerar a los nuevos santos y a las nuevas imágenes como un reemplazo de las anteriores[33] sin comprender su verdadero valor.

De esta manera, Las Casas distingue cinco aspectos que deben primar durante la evangelización. En primer lugar, los que escuchan deben comprender que los predicadores no tienen intención de adquirir poder sobre ellos, es decir que la conversión no puede ser empleada como medio de dominación política. En segundo lugar, los predicadores deben convencer a su auditorio de que no tienen ningún deseo de enriquecerse. Además, deben ser dulces, humildes, amables, benévolos y

---

[29] DUM, p. 35.
[30] *Ibid.*, «Introducción», p. XXIV.
[31] *Ibid.*, p. 95, «Es necesario que quien se propone atraer a los hombres al conocimiento de la fe y de la religión verdaderas, que no pueden alcanzarse con las fuerzas de la naturaleza, use de los recursos de este arte [la repetición]. Es decir, que frecuentemente, que con la mayor frecuencia posible, proponga, explica, distinga, determine y repita las verdades que miran a la fe y a la religión: que induzca, persuada, ruegue, suplique, imite traiga y lleve de la mano a los individuos que han de abrazar la fe y la religión».
[32] *Idem.*
[33] Olivier Servais, Gerard Van't, Spijker, *Anthropologie et missiologie: XIXe-XXe siècles: entre connivence et rivalité: actes du colloque conjoint du CREDIC et de l'AFOM*, KARTHALA Éditions, 2004, p. 6.

deben establecer un diálogo con aquellos que escuchan.[34] Finalmente, deben seguir el ejemplo de San Pablo y predicar de forma sana y justa. Estos puntos de método permiten a Las Casas establecer un vínculo entre la práctica de la predicación y el ejercicio del dominio.

Definiendo las líneas de lo que debe ser de manera razonable la predicación de la fe, Las Casas busca puntualizar un objetivo político. De hecho, puede entonces condenar el uso de la guerra como medio de conversión. De esta forma, denuncia el discurso de «cruzada» que usan los conquistadores. Los españoles y los teóricos de la guerra contra los indios son comparados con los infieles que siguen a Mahoma.[35] Este enemigo se define por su acción militante y militar en favor de sus creencias. Esta comparación de Las Casas tiene como objetivo de despreciar todas las acciones de los españoles. De esta manera, su guerra contra los indios se define como una guerra injusta y no puede fundamentarse en el espíritu de la evangelización. Es contraria a la razón y únicamente se mueve por intereses particulares, correspondiendo así a la definición misma de la tiranía.[36] Se trata de una guerra contra «infieles», cierto, pero estos forman parte de una nueva categoría. Son pueblos que jamás han estado en contacto con el Evangelio. Son entonces exteriores a las tensiones históricas y religiosas que determinan la evolución de la cristiandad.

Las Casas busca exponer la posibilidad de una evangelización alternativa y el antagonismo que existe entre los fundamentos de la fe católica y la conversión forzosa. Su método es ante todo una respuesta a la persecución y a la esclavización de los indios. Ciertamente, hay que resaltar que toda modificación de las costumbres indígenas puede ser considerada como un acto de fuerza contra ellos. Sin embargo, el punto fuerte de las propuestas lascasianas es el llamado

---

[34] DUM, «Introducción», p. XXV.

[35] DUM, p. 459, «Estos hombres son también verdaderos imitadores de aquel noble, asquerosísimo seudoprofeta y seductor de los hombres, de aquel hombre que mancilló doloo el mundo, de Mahoma [...]».

[36] Ibid., p. 520, «porque anteponen su propia utilidad particular y temporal, cosa que es propia de los tiranos, al bien común y universal, es decir, al honor divino y a la salvación y vida espiritual y temporal de innumerables personas y pueblos. De donde se deduce que el principado adquirido con tal guerra es injusto, malo y tiránico [...]».

a la razón, y por lo tanto el reconocimiento de la humanidad y de la racionalidad de los indios.[37] También se ve reforzada por una apelación a la justicia que no es solo formal.

De hecho, la afirmación de un método pacífico de conversión que toma en cuenta la voluntad del Otro es una forma, lo hemos visto, de subrayar el carácter tiránico de la dominación española. Esta dominación injusta exige una reparación. La justicia, nos dice Las Casas, consiste en otorgar a cada uno lo que le corresponde, es así que puede pensarse y practicarse una doctrina de la restitución.

Política y restitución
en el pensamiento lascasiano

LA RESTITUCIÓN COMO ACTO ÉTICO-POLÍTICO

El esfuerzo de Las Casas para establecer la injusticia de la guerra contra los indios va más allá de una condena ética. Se trata, para empezar, del primer paso hacia una reforma del gobierno de las Indias. Pero la afirmación progresiva de la dominación lleva al dominico hacia una reflexión más radical donde la religión se utiliza como arma política. Es así que Las Casas redacta, en 1547, un documento llamado *Confesionario*, que contiene las reglas que deben seguir los religiosos en las Indias.[38] Estas reglas tienen un objetivo en común: la restitución de los bienes de los indios como forma de reparación de

---

[37] Este método lascasiano puede recordarnos las palabras de Pascal: «El arte de persuadir tendrá una relación necesaria con la manera en que los hombres consienten en lo que se les propone, y con las condiciones de las cosas que se les quiere hacer creer. Nadie ignora que hay dos entradas por las que se reciben las opiniones en el alma, que son sus dos potencias principales, el entendimiento y la voluntad. La más natural es la del entendimiento, pues nunca se debe consentir otra cosa que verdades demostradas […]», Pascal, *De l'esprit géométrique*, París, GF-Flammarion, 1985, p. 85. Para Las Casas las «verdades divinas», que según Pascal no caen bajo el arte de la persuasión, son aquellas que se muestran en el ejemplo de una vida cristiana. La persuasión exige la razón y, por tanto, las verdades del cristianismo pueden demostrarse a través de una vida regulada según los mandamientos y el amor al prójimo.

[38] OCM, *Avisos y reglas para confesores*, 1547, pp. 235-249.

los daños producidos por la conquista. La importancia de este documento es que resume las posiciones del dominico sobre la justicia que deben recibir los indígenas.

Así, el poder de la religión permite controlar la esfera política, es decir, el ámbito de los encomenderos y sus relaciones con los indios. Estas reglas se inspiran en prácticas desarrolladas por los dominicos en las islas del Caribe, donde rechazaron la absolución a españoles que maltrataban a los indios. Las Casas busca sistematizar esta práctica, detallando de manera precisa las acciones que deben realizarse con el fin de ganarse el derecho a la confesión y una posible absolución. Este manual se destina a los jóvenes dominicos que llegan a las Indias.

En el prólogo, Las Casas define tres tipos de personas que pueden recurrir a la confesión. El primer tipo son los «conquistadores». El segundo está compuesto por aquellos que tienen repartimientos, es decir, los encomenderos. El tercero concierne a los «mercaderes», esto es, los comerciantes de armas que apoyan a los conquistadores en sus guerras contra los indios.[39]

Para el primer grupo, se debe tener a un secretario o a un notario que debe escribir todo el proceso de confesión. Se trata entonces de la redacción de un documento oficial que posee carácter de contrato. El confidente debe someterse plenamente al confesor y a las órdenes que este prescriba. Dicha obediencia conlleva, en primer lugar, poner a disposición toda su riqueza y todos sus bienes. El penitente se compromete a seguir las recomendaciones que se le harán.[40] Luego, debe confesar todas las situaciones de guerra en las que participó, lo que implica confesar las violencias contra los indios de las que haya sido cómplice. Después, debe declarar que todos los bienes que posee han sido extraídos del trabajo de los indios o de sus posesiones. Lo cual significa confesar que los bienes fueron injustamente tomados y no le pertenecen. Esto conlleva, entonces, la posibilidad de una restitución que es necesaria para salvar su alma. Según lo prescrito por Las Casas, la restitución debe ser explícitamente «voluntaria». El

[39] *Ibid.*, p. 235.
[40] *Ibid.*, p. 236.

penitente debe afirmar que «por lo tanto quiere y es su última voluntad que el dicho confesor restituya y satisfaga».[41]

La confesión se interesa luego en la posesión injusta de indios. Estos deben ser liberados de forma incondicional. Y no pueden, en ningún caso, ser cedidos o heredados.[42] Esta liberación es a la vez una acción privada y pública, debe ir seguida de una petición de perdón a los indios.[43] Además, se acompaña de una reparación económica. El confesor debe fijar una suma que sirve para pagarles a los indios por sus años de servicio como esclavos.

A partir de esta confesión, el penitente debe elaborar un nuevo testamento que resuma sus últimos deseos. En efecto, Las Casas prevé la posibilidad jurídica de que esta última confesión no tenga valor concreto frente a cualquier otro documento. Por lo tanto, debe consolidarse como un documento jurídico válido, lo que implica reconocer su superioridad por sobre otros documentos firmados anteriormente. Pero el texto del dominico va aún más lejos, puesto que otorga poderes extendidos al confesor para aumentar las restituciones con miras a una salvación más segura del alma del penitente.[44]

En el último paso de esta primera regla, el penitente se compromete a obedecer por ley todas las órdenes del confesor, bajo pena de perder la totalidad de sus bienes. Este compromiso prevé de la misma forma, que ningún otro documento pueda venir a contradecir este. Así, se somete al derecho eclesiástico e incluso el derecho secular en caso de ruptura del contrato.[45] Esta serie de disposiciones constituye apenas la primera parte de la confesión. Se trata de un preámbulo que el penitente debe cumplir para comenzar su testimonio. A partir de allí, se aplica la segunda regla dictada por Las Casas. Se trata de confesar al penitente señalando la atrocidad de sus crímenes. Se le debe

---

[41] *Idem.*
[42] *Idem.*
[43] *Ibid.*, p. 236, «Y pidales perdón de la injuria que les hizo en hacellos esclavosusurpando su libertad [...]».
[44] «Y si fuera menester también da poder a dicho confesor para añadir a esta su determinación en favor de la dicha restitución y satisfacción cualesquiera cláusulas que viere que convienen a la salud de su ánima».
[45] *Ibid.*, p. 237.

indicar claramente que se trata de crímenes contra hombres, mujeres, niños, contra la propiedad de los indios y contra la fe.[46]

Debe hacer penitencia no solo por los crímenes que cometió personalmente, sino también por todos los que cometieron los demás conquistadores con los que estaba. Para Las Casas, se trata de un crimen colectivo que no se limita a la acción individualizada. Solo con estar presente en una guerra se produce una complicidad con las injusticias que son cometidas, puesto que es muy evidente que en el caso de las Indias, se trata de una guerra injusta. Esta dimensión colectiva de la falta es la que amerita una penitencia pública, que compromete los bienes del penitente y su arrepentimiento presente ante aquellos a los que ha ofendido.[47]

La tercera regla estipula que el confesor se encargue de encontrar los lugares precisos donde fueron cometidas las faltas para identificar a las víctimas y proceder a la reparación. Esta restitución de lo que se robó debe ir primero a los indios que lo sufrieron. Si estos están muertos, se debe otorgar lo restituido a sus hijos y herederos. En caso de que no se encuentre nadie que pueda reclamar dichos bienes, Las Casas prevé otorgarlos a la colectividad, es decir, a las comunidades afectadas por la destrucción.[48]

Finalmente, pareciera ser que todas las posibilidades están contempladas como en una reflexión jurídica. En efecto, si las comunidades indias desaparecieron a causa de la violencia, la reparación puede servir de tres formas. En primer lugar, para las aldeas de españoles que están en los territorios que pertenecían a los indios que murieron. De entre los habitantes, hay que elegir a los más pobres para que se beneficien de esta ayuda.[49] Luego, si la riqueza es suficiente, puede darse una parte a las órdenes religiosas que predican en las Indias. Y finalmente, si todavía queda algo por repartir, esto

---

[46] *Idem.*

[47] Es interesante observar que esta definición de *crimen* en Las Casas puede compararse con la noción de «crimen contra la humanidad». Para el dominico, se trata de una falta cometida contra la humanidad de los indios, pues es esta condición humana la que es negada por el trato a que son sometidos los indígenas.

[48] *Idem.*

[49] *Ibid.*, p. 238.

puede ser utilizado para reforzar el proyecto de colonización con familias españolas que ayuden a poblar la tierra.

La cuarta regla especifica que no hay herencia posible de los bienes del penitente. De hecho, su familia es excluida *de facto* y no posee ningún derecho sobre estos bienes. Las Casas prevé una remuneración de caridad para ayudar a los descendientes del conquistador. Pero no pueden acceder a riquezas que han sido robadas y usurpadas.

Hasta aquí, hemos visto reglas que se aplican a penitentes en peligro de muerte. En el caso contrario, se deben seguir las mismas disposiciones. Se trata entonces de un sometimiento completo al confesor que debe establecer un nuevo documento público donde el penitente se compromete a seguir todas las órdenes y poner a disposición su riqueza. Una vez que se ha cumplido esta condición, el confesor debe observar y medir el patrimonio del penitente. Dicha riqueza debe servir para pagar una remuneración limitada a la familia del conquistador, solo para su sobrevivencia. Luego, lo que reste, como la riqueza producida en las granjas que se poseen, debe servir de reparación a los indios y a la restitución de los tributos que estos han generado.[50] Dicha disminución de renta se acompaña de una pérdida de estatus social, puesto que el conquistador pierde la posibilidad de casar a sus hijas con nobles. Pierde entonces su posición social y debe ser considerado como hombre ordinario sin bienes ni propiedades.

En cuanto a los encomenderos, estos deben igualmente restituir todos los bienes, puesto que se trata de usurpaciones violentas, no fundadas en derecho y contrarias al derecho natural y de gentes. Asimismo, esta restitución se justifica por el fracaso de su misión de evangelización.[51] En este caso preciso, la familia del encomendero no tiene derecho a ninguna caridad para su sobrevivencia, puesto que se considera que los indios que trabajan en la encomienda siguen vivos y es su descendencia la que merece estas riquezas. Ahora bien, es posible que algunos encomenderos no vivan en la ostentación extraída del trabajo de los indios; para ellos, solo es necesario proporcionarles

---

[50] *Ibid.*, p. 239.
[51] *Idem.*

el tributo indispensable para su subsistencia y obligarlos a estar al servicio de los indios enseñándoles la doctrina de la Iglesia.[52]

Esta doctrina de restitución que Las Casas concibe destruye entonces el imperio efectivo que los españoles poseen en las Indias. Se basa en el principio de ilegitimidad absoluta de todas las conquistas.[53] Además, se trata de un doctrina política que pasa de la esfera privada (el pecado de los conquistadores) hacia la esfera pública (la pérdida efectiva de territorios bajo control de los españoles). Hay aquí un paso más hacia lo que se perfila como una restitución del poder político en manos de los indios. Si la dominación se funda en el control de las poblaciones y la explotación de los recursos, el primer paso para terminar con esta dominación es la restitución de los bienes y la liberación de los indios. Las Casas articula religión y política: el carácter ilegítimo de la conquista pone automáticamente a los españoles en situación de falta. Esta falta se reconoce en la confesión y sirve de base a la reparación.

La crítica a la dominación, comprendida como denuncia de las atrocidades cometidas por los españoles, así como los puntos principales de esta doctrina de restitución sirven de terreno fértil para las reivindicaciones independentistas que sacuden el continente americano dos siglos después. La recuperación del pensamiento lascasiano, en ese momento, subraya la actualidad de su crítica como condena de un cierto tipo de poder.

[52] *Ibid.*, p. 240.
[53] Esto explica por qué Las Casas fue acusado de cuestionar el imperio de los reyes sobre las Indias. Su doctrina de la restitución, aunque dirigida contra los encomenderos, es también peligrosa para la Corona. Esta es responsable de haber permitido las expediciones de conquista y se enriqueció también con el trabajo forzado de los indios.

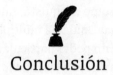

Conclusión

Dominación, soberanía y gobierno

Las Casas critica una dominación que se aleja de la forma tradicional de la soberanía. Para él, parecería que el gobierno solo puede pensarse bajo la forma de un poder soberano que se ejerce sobre individuos y territorios, pero en el respeto de la ley. Este poder no pretende, ciertamente, la igualdad de todos sus sujetos. Instaura, sin embargo, una diferencia que toma en cuenta derechos que pertenecen a distintos cuerpos sociales (campesino, nobles, clero). En este sentido, Las Casas no es un crítico de la expansión europea, en la medida en que esta sería como una tentativa para propagar la fe. La existencia de un imperio que se extiende más allá de las fronteras terrestres es concebible. Pero, para que dicho imperio sea legítimo, debe tener a la vez, de acuerdo con Las Casas, sumisión religiosa y reconocimiento político. La expansión puede concebirse entonces como una coexistencia de soberanías: una imperial y otra local. Esto muestra que la única dominación que Las Casas permite es una donde los sujetos sean igualmente protegidos por la ley y compartan la misma religión. En este sentido, se puede afirmar que Las Casas es el primero en pensar y concebir una confederación de «naciones» unidas bajo la dirección del rey católico. Dicha concepción del imperio es paradójicamente antiimperialista, porque pretende conservar la autonomía legal y jurídica de los territorios y de sus poblaciones.[1] Se opone a la concepción moderna del imperio. Más tarde, esta unión de los pueblos americanos fue retomada y reconceptualizada por hombres como Simón Bolívar.[2]

Pero la posible instauración de esta forma de poder está amenazada por la dominación como conquista, tal y como se desarrolló en las Indias. Por un lado, hay aquí una multiplicación de instancias de competencia que ejercen un poder particular y contrario al poder soberano. Este poder busca dirigir a los individuos hacia fines precisos, por ejemplo, la producción de riqueza, el control de las creencias y de las prácticas. Es una forma de poder nueva que Las Casas identifica y que permite la gestión de una población en manos de otra. Se trata entonces de una dominación que se instala a través de la guerra y se perpetúa en unas instituciones que arraigan el poder en los cuerpos. Esta dominación se caracteriza también por la producción de una serie de discursos, cuya pretensión de racionalidad y de verdad buscan justificarla y darle sentido.

Sin embargo, en las primeras propuestas lascasianas de reforma hay una voluntad de equilibrio entre estas dos formas de dominación. Aunque busca eliminar las formas intermediarias del poder soberano (la encomienda y por lo tanto los encomenderos), también parece aprovechar lo que estas formas han sacado a la luz. Así, se desarrollará una intervención del poder soberano sobre los nuevos «territorios» que se le escaparon. Es el caso, por ejemplo, de la «salud» y del «trabajo» bajo sus diferentes formas. El poder se ejerce de esta manera, cada vez más, sobre una «población», a la cual hay que conocer en sus ritmos de vida, hay que salvaguardar sus ritmos de reproducción y asegurarle una verdadera conversión. Esta conversión se piensa como una aculturación completa y total que no solamente pueda borrar las marcas de un pasado idólatra, sino que también pueda reemplazar las costumbres bárbaras por formas de vida civilizadas. Las Casa propone entonces al poder soberano asumir el control de estas superficies que se le escapan.

[1] Véase Capdevila, *op. cit.*
[2] Véase *Carta de Jamaica*, Bogotá, Editorial Epígrafe, 2003.

Ahora bien, lo que se impone finalmente en el pensamiento las-casiano es una afirmación del poder soberano. En este caso, se trata de una doble soberanía subsumida bajo el concepto de «imperio». Esta integración recae en el establecimiento de un contrato político donde la afirmación del poder vendría de la libre voluntad de las partes. Parece que Las Casas renuncia a una aplicación estricta, disciplinaria y «tecnológica» del poder. Habría que dejar entonces el gobierno de los indios en manos de sus señores naturales, teniendo como único compromiso el respeto de la religión. Las Casas concibe así, por vez primera, la autonomía de los territorios americanos con respecto del poder español, pero sin comprender la diversidad y la complejidad de las «naciones» que ocupan estos territorios. Su visión sigue siendo una visión ética, en la medida en que el elemento que unifica estas naciones diversas es la religión.

Esta consideración espiritual es el único aspecto que el dominico guarda de sus primeras propuestas políticas. La consolidación del catolicismo como religión universal pasa, sin duda, por su afirmación y su arraigo en los territorios americanos. Existe ahí una interrogación sobre la dominación que permanece. En efecto, el gobierno de las almas es la única forma de dominación que Las Casas defiende hasta el final. Ciertamente intenta disociarla de la dominación por conquista, pero es cuestionable hasta qué punto esta disociación elimina el carácter coercitivo de cualquier conversión. Se trata de una aculturación que implica renunciar a creencias y ritos que estructuran un cierto tipo de sociedad y a sus individuos. Esto quiere decir, al mismo tiempo, una negación de esta cultura primera. Dicha perspectiva permite afirmar el carácter imperial del pensamiento lascasiano en el ámbito religioso. La esencia de su lucha es distinguir esta pretensión universal de extensión de la fe de las formas bélicas que se tomaron en manos españolas y que caracterizan, según el dominico, la expansión del islam. Para Las Casas, si la única forma de convertir a los indios en cristianos es cederles sus territorios y que conserven su jurisdicción propia, entonces hay que acceder a ello.

De esta manera, Las Casas no se libera completamente de uno de los principales argumentos ideológicos de la dominación: la conversión de los indios. Además, como lo hemos visto, su metodología abre un nuevo campo para la aplicación del poder. El sometimiento que la conversión demanda es paradójicamente un sometimiento voluntario. Eso implica interiorizar el control a partir de una decisión donde se juega el libre albedrío del sujeto. Se puede afirmar entonces que la dominación deviene en subjetividad. Y esto de una forma mucho más fuerte que en las conversiones masivas que llevaban a cabo, por ejemplo, los franciscanos. Estas se quedaban en la superficie del fenómeno. Al contrario, Las Casas pretende acceder a la intimidad del sujeto, para anclar verdaderamente la disciplina de la religión cristiana. Esta disciplina, que debe ser libremente adoptada, se acompaña de una serie de prácticas, rituales y normas que transforman al sujeto, en su cultura y en su historia, es decir, en su identidad. En esta transformación, la mano del misionero está siempre presente como guía y como dirección. Estos elementos de reflexión sobre la labor de los predicadores en las Indias, su formación y sus técnicas de conversión serán detalladas con precisión en obras más tardías como la de José de Acosta, *De procuranda Indorum salute*, escrita en 1577.

Sin embargo, ¿se le puede pedir al cura militante que es Las Casas renunciar a la pretensión de adoctrinar a los indios? ¿No hay también en la aceptación meditada de una enseñanza, una parte íntima y subjetiva que afirma la capacidad racional del sujeto y, por lo tanto, su libertad? ¿No hay un aspecto liberador en esta forma de conocer el Evangelio? No es por azar que, como lo cuenta Las Casas, los indios que recibían la doctrina se convertían en «bachilleres» y podían entonces denunciar los abusos de los cuales eran víctimas. Es esta comprensión del Evangelio como palabra de liberación y de lucha contra la opresión que hizo que ciertos autores vieran en Las Casas a un precursor de la teología de la liberación.[3]

Podemos entonces concluir que la crítica de la dominación que Las Casas desarrolla nos permite apreciar una modificación en la práctica y la concepción del poder. Este último se transforma, en América, de un poder como soberanía a un poder que penetra, cada vez más, diferentes ámbitos sociales. La noción de «gobierno» no se limita

---

[3] Gustavo Gutiérrez, *En busca de los pobres de Jesucristo: El pensamiento de Bartolomé de las Casas*, Lima (Perú), Instituto Bartolomé de las Casas, 1992.

al ejercicio del poder soberano bajo la forma del respeto a la ley. Al contrario, esta noción implica tomar en cuenta la vida, el trabajo, las creencias de los indios. La crítica lascasiana permite entonces apreciar cómo esta nueva concepción del gobierno surge y cómo se convierte en una amenaza para la vida de los sujetos, cuando se delega en manos de particulares.

Igualmente, Las Casas muestra cinco dinámicas que acompañan esta nueva forma de dominación. La primera es infravalorar la alteridad: el Otro es considerado inferior por su historia, su cultura o su religión. Así, el primer supuesto es que estos pueblos nuevos no tienen historia. Luego, se les considera «atrasados» e «incultos». Finalmente, se considera que su religión no es «verdadera», pues refleja una forma inferior de relación con la divinidad.

La segunda dinámica es la que ve en el Otro una amenaza. Puede tratarse de una amenaza en el ámbito político. De modo que las formas de organización según las cuales el otro vive representan un cuestionamiento a mis propias formas de vida, es el caso, por ejemplo, de la propiedad colectiva criticada por Sepúlveda. Esta amenaza puede también ser cultural, cuando las prácticas, las costumbres del Otro se definen como «bárbaras». Finalmente, esta amenaza puede ser una amenaza religiosa, cuando las creencias del otro cuestionan las mías.

La tercera dinámica que caracteriza esta forma de dominación es el hecho de construir y alimentar una serie de discursos con pretensión de verdad y de racionalidad. Estos discursos forman parte de la ideología de la dominación. Se presentan como un saber que busca explicar, describir y objetivar al Otro. Las Casas parece ser el primero en denunciar sistemáticamente la connivencia entre la llamada formación del «saber» y el ejercicio del «poder». Ciertamente, su propio discurso no escapa por completo a este movimiento por el cual la imagen del Otro se construye. Pero plantea cuestiones centrales que se encuentran luego en la crítica de las ciencias humanas: el lugar que ocupa en las estructuras de poder aquel que observa y describe un fenómeno social, así como la pretensión de verdad que acompaña siempre al discurso científico.

La cuarta dinámica de esta dominación es que esta se comprende como una forma de tutela cuyo objetivo es llevar a los pueblos conquistados y sometidos a un nivel superior de civilización. Es decir que la dominación se justifica como medio de salvación material, político, cultural y religioso para los sujetos sobre los cuales se ejerce. De esta manera, el lugar de aquel que conquista es el de «liberador», «redentor» o «civilizador». Su acción, incluso si es vivida como una agresión, se legitima por el interés futuro o trascendente del que la sufre.

Finalmente, se trata de una dominación que se aplica a los sujetos en su dimensión corporal, espiritual y social, convirtiéndolos en «sujetos coloniales»,[4] se les define en una relación de dominación que va más allá de la referencia a la ley. Es el ejercicio ininterrumpido de la violencia, a través de instituciones que gestionan la vida cotidiana, y la estrecha intervención del poder, que constituye a estos sujetos como «menores» o «marginales» dentro de una estructura más amplia conocida como «colonia».

Sobre la modernidad de Las Casas

La obra de Las Casas sirve entonces como hilo conductor para comprender y estudiar este nuevo tipo de dominación que establece las bases de lo que será el despliegue imperial de Europa. Esta crítica puede ser vista como la primera crítica anticolonialista de la historia; sirvió de base en el siglo XVIII a los filósofos de la Ilustración para condenar la acción inhumana de España, así como para argumentar en favor de la unidad de la especie humana. En efecto, uno de los puntos capitales de esta crítica es su concepto ilustrado de *subjetividad*. Se trata de un concepto liberal, donde el Otro es reconocido en su humanidad y en sus derechos. Aunque ello no puede separarse de una voluntad de propagación de la fe. Convencer al Otro, a través de la

---

[4] El término es utilizado por John Sullivan, *op. cit.*, en referencia a la condición de los indios que se concentran en pueblos cercanos a los centros urbanos, en la ciudad de Tlaxcala, México. Es a partir del análisis de su congregación, es decir, su concentración en espacios proporcionados por los españoles, que Sullivan considera que se integran a la dinámica colonial. Aquí utilizamos el término en oposición a la condición de los españoles como «súbditos» del reino, con derechos a los que los indios no podían acceder.

retórica es la condición necesaria de una evangelización efectiva, es decir, interiorizada.[5]

Esta interiorización solo es posible con la afirmación del libre albedrío individual. Esto va en el sentido de una autonomía de la comunidad política, pero esta autonomía no es más que la condición de una legitimidad del carácter universal del cristianismo. No obstante, al mismo tiempo, afirmar la posibilidad y la capacidad de conversión por la vía pacífica representa una ruptura definitiva con el espíritu medieval de la cruzada. Las Casas rompe con la concepción de la evangelización como guerra. Además, a través de esta ruptura, denuncia el carácter ideológico que pueden tener ciertos argumentos que buscan justificar la guerra. Muestra que esta justificación puede servir a todas las causas. Es así como debe ser comprendida su crítica de los discursos históricos y científicos, estos pretenden construir una verdad que sirva a intereses particulares.

La crítica lascasiana es también recuperada por el discurso liberador de los independentistas americanos. Bolívar lo cita como testigo de la «tiranía» española. Esta recuperación de su pensamiento no está, sin embargo, exenta de ambigüedades, porque a menudo este proceso de independencia benefició paradójicamente a aquellos contra los que Las Casas luchaba, es decir, a los herederos del sistema de encomiendas.

En suma, el trabajo de Las Casas no puede ser leído de manera unilateral. No se puede hacer de él solo «el defensor de los indios» o el crítico de España. Sus obras permiten comprender la estructura de la dominación que comienza a desarrollarse a partir de la conquista. Es la ruptura con una concepción del poder como soberanía que la crítica lascasiana pone en evidencia. Pero sus propuestas no buscan combatir todas las formas que puede tener esta nueva dominación. Al contrario, sus proyectos políticos y sus reflexiones sobre la conversión integran, en parte, estas concepciones modernas del poder. Las Casas se encuentra entonces en el cruce del pensamiento político. Su obra es una fuente de interrogación sobre conceptos a la vez tradicionales y nuevos. Señala el fin de una cierta comprensión

[5] Véase Eduardo Subirats, *op. cit.*, p. 115.

del poder y el nacimiento de un tipo nuevo de dominación moderna e imperial.

La obra lascasiana, así como otros textos de este período, siguen siendo un terreno abierto a la exploración. Hemos querido señalar a través de este trabajo un aspecto de esta obra, así como su relación con los textos de su época. La incorporación de los documentos de archivo nos permitió situar la reflexión lascasiana dentro de un conjunto de discursos que cuentan la cotidianidad de la dominación y dejan ver las diferentes visiones sobre las cuales se sostiene. Quedan sin duda ejes de análisis que deben ser todavía investigados, como la influencia de las doctrinas lascasianas en las técnicas misionarias y de conversión desarrolladas por las órdenes religiosas, como los jesuitas, o el análisis de la corporalidad en la sociedad colonial que se desarrolla luego de la conquista.

Bibliografía

Obras de Las Casas

Bartolomé de las Casas, *Obras Completas*, Madrid, Alianza Editorial, 1988-1998, 14 tomos.

_____, *Apologética Historia Sumaria*, México, UNAM, 1968.

_____, *Apología de Bartolomé de las Casas contra Juan Ginés de Sepúlveda*, traducción de Ángel Losada, Madrid, Editorial Nacional, 1975.

_____, *Brevísima Relación de la destrucción de África*, Salamanca-Lima, San Esteban-Instituto Bartolomé de Las Casas, 1989.

_____, *De Regia Potestate*, edición crítica bilingüe por Luciano Pereña, J. M. Pérez Prendes, Vidal Abril y Joaquín Ascárraga, Madrid, Consejo Superior de Investigaciones Científicas, 1984.

_____, *Historia de las Indias*, introducción de André Saint-Lu, Caracas, Biblioteca de Ayacucho, 1986.

_____, *Historia de las Indias*, México, 3 vol. Fondo de Cultura Económica, 1965.

_____, *La Controverse entre Las Casas et Sepúlveda*, introducción y traducción de Nestor Capdevila, París, Vrin, 2008.

_____, *Opúsculos, Cartas y Memoriales*, Madrid, Biblioteca de Autores Españoles, 1958.

_____, *Tratados, México*, Fondo de Cultura Económica, 1965.

Traducciones completas

Bartolomé de las Casas, *OEuvres de Las Casas, Évêque du Chiapas*, 2 vol., por J. A. Llorente, París, A. Eymery, 1822.

_____, *Très brève relation de la destruction des Indes*, traducción de Fanchita González Battle, París, La Découverte, 1996.

_____, *Histoire des Indes,* 3 tomes, traducción de J.-P. Clément et J.-M. Saint-Lu, París, Le Seuil, 2002.

Bibliografía crítica sobre Bartolomé de las Casas

Phillippe-Ignace André-Vincent, *Las Casas, l'apôtre des Indiens: foi et libération,* París, Nouvelle Aurore, 1975.

_____, *Bartolomé de las Casas,* París, Tallandier, 1980.

Santa Arias, *Retórica, historia y polémica en el Nuevo Mundo: Bartolomé de las Casas y la tradición intelectual renacentista,* Lanham, University Press of America, 2001.

Marcel Bataillon, André Saint-Lu, *Las Casas et la défense des Indiens,* París, Julliard, 1971.

Marcel Bataillon, *Études sur Bartolomé de las Casas,* París, Centre de recherche de l'Institut d'études hispaniques, 1966.

Nestor Capdevila, *Bartolomé de las Casas, une politique de l'humanité: l'homme et l'empire de la foi,* París, Éditions du Cerf, 1998.

Daniel Castro, *Another Face of Empire: Bartolomé de las Casas, Indigenous Rights, and Ecclesiastical Imperialism,* Durham, Duke University Press, 2007.

Juan Duran Luzio, *Bartolomé de las Casas ante la conquista de América, Las voces del historiador,* Heredia, EUNA, 1992.

Juan Friede, Benjamin Keen (ed.), *Bartolomé de las Casas in History: toward an Understanding of Man and His Works,* DeKalb, Northern Illinois up, 1971.

_____, *Bartolomé de las Casas, precursor del anticolonialismo,* México, Siglo XXI, 1974.

_____, *Bartolomé de las Casas, 1485-1566: su lucha contra la opresión,* Bogotá, Carlos Valencia, 1978.

Charles Gillen, *Bartolomé de las Casas: une esquisse biographique,* París, Éditions du Cerf, 1995.

Manuel Giménez Fernández, *Bartolomé de las Casas, Delegado de Cisneros para la Reformación de las Indias (1516-1517),* Sevilla, Escuela de Estudios Hispano-Americanos de Sevilla, 1953.

Nicole Giroud, *Une mosaïque de Fr. Bartolomé de las Casas (1484-1566): histoire de la réception dans l'histoire, la théologie, la société, l'art et la littérature,* Fribourg, Éd. universitaires de Fribourg, 2002.

Gustavo Gutiérrez, *La Fuerza histórica de los pobres,* Salamanca, Ed. Sigueme, 1982, traducido por Francis Guibal, *La Force historique des pauvres,* París, Éditions du Cerf, 1986.

Lewis Hanke, *All Mankind is One. A Study of the Disputation between Bartolomé de las Casas and Juan Ginés de Sepúlveda in 1550 on the Intelectual and Religious Capacity of the American Indians*, DeKalb, Northern Illinois University Press, 1974.

_____, *Estudios sobre Bartolomé de las Casas y la lucha por la justicia en la América española*, Caracas, Universidad Central de Venezuela, 1968.

_____, *El prejuicio racial en el Nuevo Mundo: Aristóteles y los Indios de Hispanoamérica*, trad. Marina Orellana, Santiago de Chile, Editorial Universitaria, 1958.

_____, *La lucha por la justicia en la conquista de América*, trad. Ramón Iglesias, Buenos Aires, Sudamericana, 1949.

_____, *Bartolomé de las Casas: pensador político, historiador, antropólogo*, trad. Antonio Hernández Travieso, La Habana, Ucar García, 1949.

Lewis Hanke, Manuel Giménez Fernández, *Bartolomé de las Casas, 1474-1566: bibliografía crítica y cuerpo de materiales para el estudio de su vida, escritos, actuación y polémicas que suscritaron durante cuatro siglos*, Santiago, Chile, Fondo Histórico y Bibliográfico José Toribio Medina, 1954.

Someda Hidefuji, *Apología e historia: estudios sobre fray Bartolomé de las Casas*, Lima, Fondo Editorial PUCP, 2005.

Álvaro Huerga, *Bartolomé de las Casas: vie et oeuvres*, trad. Gérard Grenet, París, Éditions du Cerf, 2005.

Ángel Losada, *Bartolomé de las Casas a la luz de la moderna crítica histórica*, Madrid, Technos, 1970.

Marianne Mahn-Lot, *Las Casas moraliste: culture et foi*, París, Éditions du Cerf, coll. «Histoire de la morale», 1997.

_____, *Bartolomé de las Casas: une théologie pour le Nouveau Monde*, París, Desclée de Brouwer, coll. «Prophètes pour demain», 1991.

_____, *Bartolomé de las Casas. L'évangile et la force*, París, Éditions du Cerf, 1991.

Ramón Menéndez Pidal, *El Padre Las Casas: su doble personalidad*, Madrid, Espasa Calpe, 1963.

Francis Orhant, *Bartolomé de las Casas: un colonisateur saisi par l'Évangile*, París, L'Atelier, «Collection juridique romande. Précis et traités», 1991.

Isacio Pérez Fernández, *Inventario documentado de los escritos de Fray Bartolomé de las Casas*, Bayamón Puerto Rico, Centro de los dominicos del Caribe, 1981.

_____, *Bartolomé de las Casas: ¿contra los negros? Revisión de una leyenda*, Madrid-México, Esquila, 1991.

_____, *Fray Bartolomé de las Casas, O. P. De defensor de los indios a defensor de los negros. Su intervención en los orígenes de la deportación de esclavos negros a América y su denuncia de la previa esclavización en África*, Salamanca, San Esteban, 1995.

Ramón Queraltó Moreno, *El pensamiento filosófico-político de Bartolomé de las Casas*, Sevilla, Escuela de Estudios Hispanos, 1976.

André Saint-Lu, *Las Casas indigéniste : études sur la vie et l'oeuvre du défenseur des Indiens. Séminaire interuniversitaire sur l'Amérique espagnole coloniale*, París, L'Harmattan, 1982.

Artículos sobre Bartolomé de las Casas

Rolena Adorno, «Censorship and its Evasion: Jerónimo Román and Bartolomé de las Casas», *Hispania*, núm. 75, 1992, pp. 812-827.

_____, «Discourses on Colonialism: Bernal Díaz, Las Casas and the Twentieth Century Reader», *Modern Language Notes*, núm. 103.2, 1988, pp. 239-258.

_____, «The Discoursive Encounter of Spain and America: the Authority of Eyewitness Testimony in the Writing of History», *William and Mary Quarterly*, núm. 49, 1992, pp. 210-228.

_____, «The Politics of Publication: Bartolomé de las Casas's "the Devastation of the Indies"», *New West Indian Guide*, núm. 67, 1993, pp. 285-292.

Philipe André-Vincent, «La notion de droit dans la dialectique lascasienne» en *Las Casas et Vitoria, Le supplément, revue d'éthique et théologie morale*, Éditions du Cerf, marzo de 1987.

Marcel Bataillon, Las Casas face à la pensée d'Aristote sur l'esclavage» en Collectif, *Platon et Aristote à la Renaissance*, París, Vrin, 1976.

Trinidad Barrera, «Bartolomé de las Casas en el siglo xix: Fray Servando Teresa de Mier y Simón Bolívar», *América sin nombre*, núm. 9-10, 2007, pp. 27-31 [ref. 20/09/09], http://dialnet.unirioja.es/servlet/articulo?-codigo=2756101

Miguel Barceló Perello, «Loquella Barbarica (III): Bartolomé de las Casas, Muhammad i els homes-llop», [en línea] en *Faventia: Revista de filologia clàssica*, núm. 25, fasc. 1, 2003, pp. 69-81 [ref. 20/09/09], dialnet.unirioja.es/servlet/articulo?codigo=645793.

Mauricio Beuchot, «Bartolomé de las Casas, el humanismo indígena y los derechos humanos», [en línea] *Anuario Mexicano de Historia del Derechos*, núm. 6, 1994, pp. 37-48 [ref. 20/09/09], dialnet.unirioja.es/servlet/articulo?codigo=814915.

E. Shaskan Bumas, «The Cannibal Butcher Shop: Protestant Uses of Las Casas's Brevísima relación in Europe and the American Colonies», *Early American Literature*, núm. 35, 2000, pp. 107-136.

Francesca Cantú, «América y utopía en el siglo xvi», [en línea] *Cuadernos de Historia Moderna*, Anejos, núm. 1, 2002 (De mentalidades y formas culturales en la Edad Moderna), pp. 45-64 [ref. 20/09/09], http://dialnet.unirioja.es/servlet/articulo?codigo=286087

_____, «La dialectique de Las Casas et l'Histoire» en Las Casas y Vitoria, *Le supplément, revue d'éthique et théologie morale*, Éditions du Cerf, marzo de 1987.

_____, «Evoluzione e significado della dottrina della restituzione in Bartolomé de las Casas», *Critica Storica*, núm. 2-4, 1975.

Glen Carman, «On the Pope's Original Intent: Las Casas Reads the Papal Bulls of 1493», *Colonial Latin American Review*, núm. 7, 1998, pp. 193-204.

Felipe Castañeda, «Conflictos mayores y concepciones de la historia: los casos de Agustín de Hipona, Bartolomé de las Casas e Immanuel Kant», [en línea], *Historia crítica*, núm. 27, 2005 [ref. 20/09/09], redalyc.uaemex.mx/src/inicio/ArtPdfRed.jsp?iCve=81102706.

Salvador Cruz, «El padre Las Casas y la literatura de independencia en México», *Anuario de Estudios Americanos*, núm. 24, 1967, pp. 1621-1639.

Miguel Remedios Contreras, «La flora de América a la Historia general y natural de las indias de Gonzalo Fernández de Oviedo y la Apologética Histórica de fray Bartolomé de las Casas», [en línea] *Cuadernos de Historia Moderna*, núm. 6, 1995 (Ejemplar dedicado a: Homenaje a D. José Cepeda Adán y D. Juan Pérez de Tudela), pp. 157-178 [ref. 20/09/09], dialnet.unirioja.es/servlet/articulo?codigo=123140.

Francisco Fernández Buey, «A proposito della controversia tra Ginés de Sepúlveda e Bartolomé de las Casas», *Dimensioni e Problemi della Recerca Storica*, núm. 2, 1992, pp. 153-187.

Carla Forti, «Letture di Bartolomé de las Casas: uno specchio della coscienza, e della falsa coscienza dell'Occidente attraverso quattro secoli», *Critica Storica*, núm. 26, 1989, pp. 3-52.

Lewis Hanke, «Bartolomé de las Casas and the Spanish Empire in America: Four Centuries of Misunderstanding», [en línea] *Proceedings of the American Philosophical Society*, vol. 97, núm. 1 (Feb. 14, 1953), pp. 26-30 [ref. 02/10/2009], jstor.org/stable/3143727.

David García López, «La defensa de los indios y la crítica de la conquista en "Regimiento de príncipes": una utopía española del siglo xvi», [en línea] *Revista española de antropología americana*, núm. 34, 2004, pp. 111-124 [réf. 27/08/09], revistas.ucm.es/ghi/05566533/articulos/REAA0404110111A.PDF.

José Matos Mar, «A propósito de Fray Bartolomé de las Casas: los nuevos retos del indigenismo al final del milenio», *Anuario Indigenista*, núm. 29, 1990, México, pp. 7-16.

Kenneth J. Pennington Jr., «Bartolomé de las Casas and the Tradition of Medieval Law», Church History, vol. 39, núm. 2. (Jun. 1970), pp. 149-161, Cambrigde University Press, jstor.org/stable/3163383.

Isacio Pérez Fernández, «Hallazgo de un nuevo documento básico de fray Bartolomé de las Casas: Guion de la redacción de las "Leyes Nuevas de Indias"», *Studium* 32, 1992, pp. 459-504.

_____, «Los tratados del Padre Las Casas, impresos en 1552-1553, fueron impresos "con privilegio"», *Studium* 29, 1989, 51-59.

_____, Inventario documentado de los escritos de Fray Bartolomé de las Casas, revisado por Helen Rand Parish. Bayamón (Puerto Rico), Centro de Estudios de los Dominicos del Caribe (Estudios Monográficos, 1), 1984 a.

_____, Cronología documentada de los viajes, estancias y actuaciones de Fray Bartolomé de las Casas. Bayamón (Puerto Rico), Centro de Estudios de los Dominicos del Caribe (Estudios Monográficos, 2), 1984 b.

_____, «Tres nuevos hallazgos fundamentales en torno a los tratados de Fray Bartolomé de las Casas impresos en Sevilla en 1552-1553», *Escritos del Vedat* 8, 1978, pp. 179-211.

_____, «Fray Bartolomé de las Casas en torno a las Leyes Nuevas de Indias», *La Ciencia Tomista* 102, 1975 *a*, pp. 379-457.

_____, «El triunfo del programa de acción pro indis del Padre Las Casas, después de la derogación de las "Leyes Nuevas de Indias"», *Communio* 8, 1975 *b*, pp. 171-207.

Isacio Pérez Fernández/Helen Rand Parish, «¿Un nuevo autógrafo de Fray Bartolomé de las Casas?», *Studium* 18, 1, 1978, pp. 115-123.

José Ortega, «Las Casas, reformador social y precursor de la "teología de la liberación"», *Cuadernos Hispanoamericanos*, núm. 466, 1989, pp. 67-88.

Mario Alberto Salas, «El padre Las Casas, su concepción del ser humano y del cambio cultural», *Estudios sobre Bartolomé de las Casas*, Sevilla, Editorial Universidad de Sevilla, 1974.

Teófilo Urdanoz, «Las Casas y Francisco de Vitoria (en el V centenario del nacimiento de Bartolomé de las Casas, 1474-1974)», *Revista de estudios políticos*, núm. 199, 1975, pp. 199-222.

Margarita Zamora, «"Todas son palabras formales del Almirante": Las Casas y el diario de Colón», *Hispanic Review*, núm. 57,1989, pp. 25-41.

Silvio Zavala, «Las Casas en el mundo actual», *Cahiers du Monde Hispanique et Luso-Brésilien*, núm. 45, 1985, pp. 5-20, también *Anales de la Academia de Geografía e Historia de Guatemala*, núm. 60, 1986, pp. 133-146.

Obras de contemporáneos de Las Casas

Fray Toribio de Benavente, *Historia de los indios de la Nueva España*, Madrid, Editorial Castalia SA, 1985.

Cristóbal Colón, «Diario del primer viaje», en *Textos y documentos completos: relaciones de viajes, cartas y memoriales*, Madrid, Alianza Editorial, 1989.

Hernán Cortés, *Cartas de relación a Carlos I*, Barcelona, Cambio 16, 1992.

Bernal Díaz del Castillo, *Historia verdadera de la conquista de la Nueva España*, 2 vol., edición y prólogo, Miguel León-Portilla, Madrid, Editorial Dastin, 2001.

Fray Diego Durán, *Historia de las Indias de la Nueva España e islas de Tierra Firme*, Ángel María Garibay K., México, Porrúa, 1967.

Gonzalo Fernández de Oviedo, *Sumario de la natural historia de las Indias*, Madrid, Historia 16, 1986.

Francisco López de Gómara, *Historia de la conquista de México*, México, Porrúa, 1997.

Juan López de Palacios Rubios, *De las islas del mar océano*, México, Fondo de Cultura Económica, 1954.

Antonio de Remesal, *Historia general de las Indias Occidentales, y particular de la gobernación de Chiapa y Guatemala*, Madrid, Atlas, «Biblioteca de Autores Españoles», 1964, 1966.

Bernardino Sahagún, *Historia General de las cosas de la Nueva España*, México, Porrúa, 1956.

Juan Ginés de Sepúlveda, *Tratado sobre las justas causas de la guerra contra los indios*, México, Fondo de Cultura Económica, 1986.

Francisco Vitoria, *Leçons sur les Indiens et le droit de guerre*, Genève, Droz, 1966.

_____, *Relecciones sobre los indios y el derecho de guerra*, Madrid, Espasa-Calpe, 1975.

Obras sobre la conquista escritas en el siglo XVII

José de Acosta, *De procuranda Indorum salute*, Luciano Pereña (ed.), Madrid, Consejo Superior de Investigaciones Científicas, 1984.

Inca Garcilaso de la Vega, *Comentarios Reales*, Madrid, Imprenta Consejo de Indias, 1763.

Felipe Guamán, Poma de Ayala, *Nueva Coronica y buen gobierno*, editado por Franklin Pease, Caracas, Biblioteca de Ayacucho, 1980.

La conquista vista por los indios

Francisco Alvarado Tezozomoc, *Crónica Mexicana*, México, Edición Vigil, 1944.

Anónimo, *Chilam Balam de Chumayel*, México, Fondo de Cultura Económica, 1948.

_____, *Memorial de Sololá*, San José, EDUCA, 1997.

Apu Inca Atawallpaman, *Elegía Quechua anónima*, traducción de José María Arguedas, Lima, Juan Mejía Baca Editor, sin fecha.

Georges Baudot, Tzvetan Todorov, *La Conquête: récits aztèques*, París, Le Seuil, 2009.

Miguel León-Portilla, *El reverso de la conquista: relaciones aztecas, mayas e incas*, México, Joaquín Mortiz SA, 1964.

_____, *La visión de los vencidos*, México, Biblioteca del estudiante universitario, 1961.

Joan de Santa Cruz, Pachacuti Yamqui Salcamaygua, *Relación de Antiguedades deste Reyno del Piru*, Estudio etnohistórico y Lingüístico de Pierre Duviols y César Itier, Cusco, Perú, IFA/CBC, 1993.

Adrián Recinos, *Crónicas Indígenas de Guatemala*, Guatemala, Editorial Universitaria, 1957.

Jacques Soustelle, *Les Aztèques à la veille de la conquête espagnole*, París, Hachette Littératures, 1955.

Nathan Wachtel, *La Vision des vaincus: les Indiens du Pérou devant la conquête espagnole*, París, Gallimard, 1971.

_____, *Los vencidos: los indios del Perú frente a la conquista española*, Madrid, Alianza, 1976.

Colecciones de documentos sobre la conquista y el período colonial

Martín Fernández de Navarrete, *Colección de los viajes y descubrimientos, que hicieron por mar los españoles, desde fines del siglo XV, con varios documentos inéditos concernientes a la historia de la marina castellana y de los establecimientos españoles en Indias*, Madrid, 1825-1837.

León Fernández, *Colección de documentos para la historia de Costa Rica, v. 1 Relaciones Histórico-geográficas*, San José, Editorial Costa Rica, 1976.

Lewis Hanke, Agustín Millares Carlo, *Cuerpo de documentos del siglo XVI sobre los derechos de España en las Indias y las Filipinas*, México, Fondo de Cultura Económica, 1943.

Richard Konetzke, *Colección de documentos para la historia de Hispanoamérica, vol. I (1493-1592)*, Madrid, 1953.

Joaquín Pachoco, Francisco Cárdenas, y Luis Torres de Mendoza, *Colección de documentos inéditos relativos al descubrimiento, conquista y organización de las antiguas posesiones españolas de América y Oceanía, sacados de los Archivos del Reino y muy especialmente del de Indias*, Madrid, Imprenta de Quirós, 1864-1889.

Obras filosóficas consultadas

Pascal Blaise, *De l'esprit géométrique*, París, GF-Flammarion, 1985.

Jean Bodin, *Les Six Livres de la République*, París, Fayard, 1986.

Simón Bolivar, *Carta de Jamaica*, Bogotá, Editorial Epígrafe, 2003.

Érasme, *La Philosophie chrétienne (L'éloge de la folie-L'essai sur le libre arbitre-Le cicéronien-La réfutation de Clichtove)*, introducción, trad. y notas de Pierre Mesnard, París, Vrin, 1970.

John Locke, *Traité du gouvernement civil*, París, Garnier-Flammarion, segunda edición corregida, 1992. Traducción, *Segundo tratado sobre el gobierno civil: un ensayo acerca del verdadero origen, alcance y fin del gobierno civil*, Madrid, Alianza Editorial, 1990.

Nicolas Machiavel, *Le Prince et les premiers écrits*, ed. Bilingue, París, Garnier-Flammarion, 1987.

Michel Montaigne, *Essais*, P. Villey (ed.), 2 vol., París, PUF, 1978.

Thomas More, *Utopia*, New Haven, Yale University Press, 1965.

Cornelius de Pauw, *Recherches philosophiques sur les Américains ou Mémoires intéressants pour servir à l'histoire de l'espèce humaine*, Berlín, Georges Jacques Decker, 1769.

Jean-Jacques Rousseau, *Œuvres complètes*, París, Gallimard, 1965.

Francisco Suárez, *Guerra, Intervención, Paz Internacional*, Estudio, trad., notas por Luciano Pereña Vicente, Madrid, Espasa-Calpe, 1956.

Otras obras filosóficas consultadas

Augustín, *La Ciudad de Dios*, 2 tomos, Madrid, Biblioteca de Autores Españoles, 2000.

Aristóteles, *La Politique*, París, Vrin, 1970.

Walter Benjamin, *Œuvres*, París, col. «Folio Essais», 2000.

J. H. Burns, *Histoire de la pensée politique moderne*, París, PUF, 1991.

A. Caillé, C. Lazzeri y M. Senellart, *Histoire raisonnée de la philosophie morale et politique*, París, La Découverte, 2001.

Benjamin Constant, *De l'esprit de conquête et de l'usurpation*, París, Garnier-Flammarion, 1986.

Michel Foucault, *Les Mots et les Choses*, París, Gallimard, col. «Tel», 1966.

_____, *Il faut défendre la société*, Cours au Collège de France, París, Le Seuil-Gallimard, 1976.

_____, *Sécurité, territoire et population*, Cours au Collège de France, París, Le Seuil-Gallimard, 1979.

Obras contemporáneas sobre la problemática de la conquista

Manuel Álvarez Fernández, *La sociedad española del Renacimiento*, Salamanca, Cátedra, 1970.

Emanuele Amodio, *Formas de la Alteridad: «Construcción y difusión de la imagen del Indio americano en Europa durante el primer siglo de la conquista de América»*, Quito, Ed. Abya-Yala, 1993.

Jean Baumel, *Les Leçons de Vitoria sur les problèmes de la colonisation et de la guerre*, Montpellier, Impr. de la Presse, 1936.

Fernand Braudel, *Civilisation matérielle, économie et capitalisme, XV-XVIIe siècles*, t. III, *Le Temps du monde*, París, Armand Colin, 1979.

Pierre Chaunu, *L'Expansion européenne du XIII aux XVe siècles*, París, PUF, 1983.

_____, *Conquête et exploitation des nouveaux mondes*, París, PUF, 1977.

Alois Dempf, *La filosofía cristiana del Estado en España*, Madrid, Ediciones Rialp, 1961.

Fernando De Los Ríos, *Religión y Estado en la España del siglo XVI*, Sevilla, Editorial Renacimiento, Biblioteca Histórica, 2007.

Enrique Dussel, «Europa, modernidad y eurocentrismo», en Edgardo Lander, *La colonialidad del saber: eurocentrismo y ciencias sociales. Perspectivas latinoamericanas*, Buenos Aires, CLACSO, 2000.

_____, *Ética de la Liberación en la edad de la globalización y de la exclusión*, Madrid, Trotta, 2000, tercera edición.

_____, *1492: El encubrimiento del Otro*, La Paz, Plural, 1993.

_____, *Filosofía de la Liberación*, México, La Aurora, 1985.

_____, *Les Évêques hispano-américains, défense et évangélisation de l'Indien, 1504-1620*, Wiesbaden, Steiner, 1970.

Beatriz Fernández Herrero, *La utopía de América: teoría, leyes, experimentos*, Madrid, Anthropos Editorial, 1992.

Alfonso García Gallo, «Las Bulas alejandrinas de 1493 referentes a las Indias», *Anuarios de Estudios Americanos*, Sevilla, Escuela de Estudios Hispano-Americanos de Sevilla (CSIC), 1944.

Raúl García, *Micropolíticas del cuerpo: de la conquista de América a la última dictadura militar*, Buenos Aires, Biblos, 2000.

Antonello Gerbi, *La naturaleza de las Indias Nuevas*, México, Fondo de Cultura Económica, 1978.

_____, *Viejas polémicas sobre el Nuevo Mundo*, Lima, Colección Historia, 1943.

Giuliano Gliozzi, *Adam et le Nouveau Monde*, París, Théétète, 2000.

Thomas Gomez, *Droit de conquête et droit des Indiens*, París, Armand Colin, 1996.

Serge Gruzinski, *Histoire du Nouveau Monde. De la découverte à la conquête*, t. I, *Une expérience européenne*, París, Fayard, 1991.

_____, *Histoire du Nouveau Monde. Les métissages*, t. II, París, Fayard, 1993.

_____, *La Colonisation de l'imaginaire. Sociétés indigènes et colonisation dans le Mexique espagnol XVI-XVIIIe siècles*, París, Gallimard, 1988.

Pedro Laturia, *Relaciones entre la Santa Sede e Hispanoamérica*, Roma-Caracas, Sociedad bolivariana de Venezuela, 1959.

Juan Manzano Manzano, *La incorporación de las Indias a la Corona de Castilla*, Madrid, Ediciones Cultura Hispánica, 1948.

José Antonio Maravall, *Estado moderno y realidad social*, Madrid, Ediciones de la Revista de Occidente, 1972.

Natsuko Matsumori, *Civilización y Barbarie: los asuntos de Indias y el pensamiento político moderno 1492-1560*, Madrid, Biblioteca Nueva, 2005.

Marcel Merle, *L'Anticolonialisme européen de Las Casas à Karl Marx*, París, Armand Colin, 1969.

Walter Mignolo, *Historias locales, diseños globales: colonialidad, conocimientos subalternos y pensamiento fronterizo*, Madrid, AKAL, 2002.

_____, *La idea de América Latina, La herida colonial y la opción decolonial*, Barcelona, Gedisa, 2007.

Fernando Mires, *En nombre de la cruz*, San José, DEI, 1986.

_____, *La colonización de las almas*, San José, DEI, 1991.

O'Gorman Edmundo, *L'Invention de l'Amérique: recherche au sujet de la structure historique du Nouveau Monde et du sens de son devenir*, Laval, Presses de l'Université de Laval, 2007.

Antony Padgen, *The Fall of Natural Man: the American Indian and Origins of Comparative Ethnology*, Cambridge, Cambridge UP, 1982. Traducción Belén Urrutia Dominguez, *La caída del hombre: el indio americano y los orígenes de la etnología comparativa*, Madrid, Alianza Editorial, 2002.

Beatriz Pastor Bodmer, *El jardín y el peregrino: el pensamiento utópico en América Latina (1492-1695)*, México, UNAM, 1999.

Luciano Pereña, *La idea de justicia en la conquista de América*, Madrid, MAPFRE, 1992.

Laureano Robles (ed.), *Filosofía iberoamericana en la época del Encuentro*, Madrid, Editorial Trotta, 1992.

Claudia Quirós Vargas, *La era de la encomienda*, San José, EUCR, cuarta edición, 2002.

Carlos Stoetzer, *Las raíces escolásticas de la emancipación de la América Española*, Madrid, Centro de Estudios Constitucionales, 1982.

Juan Solórzano Pereira, *De indiarum iure*, 4 vol., Madrid, csic, 1994-2000.

Samuel Stone, *El legado de los conquistadores: las clases dirigentes en la América Central desde la conquista hasta los Sandinistas*, San José, EUNED, 1993.

Eduardo Subirats, *El continente vacío: la conquista del Nuevo Mundo y la conciencia moderna*, Madrid, Siglo XXI, 1994.

Tzvetan Todorov, *La Conquête de l'Amérique, la question de l'autre*, París, Le Seuil, 1982.

Silvio Zavala, *La filosofia política en la conquista de América*, México, FCE, 1977.

_____, *Amérique latine: philosophie de la conquête*, París-La Haye, Mouton, 1977.

_____, *La encomienda indiana*, México, Porrúa, 1973.

_____, *Las instituciones jurídicas en la conquista de América*, Madrid, Imprenta helética, 1935.

Charles Verlinden, Florentino Pérez-Embid, *Cristóbal Colón y el descubrimiento de América*, Madrid, Rialp, 2006.

Yves-Charles Zarka, *Figures du pouvoir: Études de philosophie politique de Machiavel à Foucault*, París, PUF, Fondements de la Politique, 2001.

Artículos sobre la problemática de la conquista general

Alexis Diomedi P., «La guerra biológica en la conquista del nuevo mundo: una revisión histórica y sistemática de la literatura», *Revista chilena de infectología*, vol. 20, núm. 1, 2003, pp. 19-25.

Pablo Hernández, «Sobre la descripción: tres Américas en el siglo XVI», *Revista de Filosofía Universidad de Costa Rica* XLI, núm. Julio-Diciembre 2003, pp. 111-123.

Aníbal Quijano, «Colonialidad del poder, eurocentrismo y América Latina», *Globalización y diversidad cultural: una mirada desde América Latina*, de Colección Serie de Lecturas Contemporáneas, Perú, IEP Ediciones Lima, 2004.

Mojica Sánchez, Dairo, «La instauración del cuerpo conquistador en los primeros años de la gobernación de Santa Marta», *Revista Nómadas*, Universidad Central de Colombia, Octubre 2009, núm. 31, pp. 182-195.

John Sullivan, «La congregación como tecnología disciplinaria en el siglo XVI», *Estudios de Historia Novohispana*, núm. 16, 1996, pp. 33-53.

Olivier Servais y Van't Spijker Gérard, *Anthropologie et missiologie: XIX-XX siècles: entre connivence et rivalité*, actas del coloquio conjunto del CREDIC y de la AFOM, París, Karthala, 2004.

H. Vander Linden, «Alexander VI and the Bulls of Demarcation», *American History Review*, oct. 1916, vol. XXII, núm. 1.

Coloquios

Autour de Las Casas, actas del coloquio del V centenario, 1484-1984, París, Taillandier, 1987.

Tesis sobre Bartolomé de las Casas

Laura Ammon, *Work useful to religion and the humanities: A history of the development of the comparative method in religion from Bartolome las Casas* to *Edward Burnett Tylor*, 170 pp., tesis de Filosofía, United States, The Claremont Graduate University, 2006.

Santa Arias, *Retórica e ideología en la «Historia de las Indias» de Bartolomé de las Casas*, 223 pp., tesis de filosfía, PhD Dissertation, Madison, United States, The University of Wisconsin-Madison, 1990.

Deyanira Ariza-Velasco, *Debate de Valladolid (1550-1551) entre Las Casas y Sepúlveda: comprensión y sus repercusiones en derecho y literatura*, 140 pp., tesis de filosofía, PhD Dissertation, United States, The University of Utah, 2003.

Dan Bursztyn, *Bartolome de las Casas: The conquest's converted converter*, 299 pp., tesis de filosofía, PhD Dissertation, United States, New York University, 2003.

Brunsen Cardenas, José Alejandro, *The canon law tradition in the writings of Fray Bartolome de las Casas*, 522 pp., tesis de filosofía , PhD Dissertatio, United States, Yale University, 2008.

Nam Yong Choe Daniel, *Bartolome de las Casas: His anthropology of the natives in his effort to evangelize Amerindians of sixteenth-century New Spain*, 281 pp., tesis de filosofía, PhD Dissertation, United States, Southwestern Baptist Theological Seminary, 2009.

Francisco Rodríguez, *La «Brevissima Relacion» del Padre Las Casas. Texto y subtextos*, 242 pp., tesis de filosofía, PhD Dissertation, United States, University of California, Davis, 1995.

Jesús Rodríguez, *Stating his purpose: Autobiographical, confessional, and testimonial discourse in Bartolome de las Casas's «De unico vocationis modo»*, 146 pp., tesis de filosofía, PhD Dissertation, United States, University of Alabama, 2006.

Paul Scott Vickery, *The prophetic call and message of Bartolome de las Casas (1484-1566)*, 275 pp., tesis de filosofía, PhD Dissertation, United States, Oklahoma State University, 1996.

Mariana Zinni, *El descubrimiento de América y la invención de un nuevo espacio hermenéutico: alternativas de la mimesis y el surgimiento de una modernidad contaminada*, 260 pp., tesis de filosofía, PhD Dissertation, United States, University of Pittsburgh, 2008.

Documentos del Archivo Nacional de Costa Rica

Documento 1

Cédula real que ordenaba a Pedrarías Dávila obedecer a los Padres Jerónimos en la reducción de los indios. 22 de julio de 1517
Fondo colonial
Signatura: 004964

Documento 2

Gil González Dávila, Pedimento que se cumpla lo prometido por Su Majestad, 1523
Fondo colonial
Signatura: 5386

Documento 3

Expedición de Gil González Dávila a Nicaragua. Toma de posesión del Lago de Nicaragua, 1523

Documento 4

Cédula Real sobre Descubrimientos del licenciado Gaspar de Espinosa hacia el Poniente, 5 de marzo de 1524
Fondo colonial
Signatura: 4964

Documento 5

El Rey a Francisco Hernández de Córdoba, nuestro capitán, Sobre el poblamiento de Nicaragua, 20 de junio de 1526
Fondo colonial
Signatura: 004964

Documento 6

Carta de Andrés de Cerezeda a Su Majestad sobre la situación en Honduras y la prisión de Diego López de Salcedo, 20 de enero de 1529.
Fondo colonial
Signatura: 005300-CC

Documento 7

Francisco de Castañeda al Emperador, Carta sobre la situación de Nicaragua, De León, 5 de octubre de 1529
Fondo colonial
Signatura: 5018

Documento 8

Andrés de Cerezeda al Conde de Ossorno, Presidente Consejo de Indias, 15 de marzo de 1530
Fondo colonial
Signatura: 005296 CC

Documento 9

Carta del licenciado Francisco Castañeda a Su Majestad sobre la situación de Nicaragua, 30 de mayo de 1531
Fondo colonial
Signatura 5112-CC

Documento 10

Capitulación con Felipe Gutiérrez para poblar la provincia de Veragua, 24 de diciembre de 1534
Fondo colonial
Signatura: 4964

Documento 11

Administrativo Gob. Honduras.
Diego García de Celis, Tesorero de Honduras a su Majestad el Emperador, Relación del estado de expedición y pacificación de Naco. Expedición de don Cristóbal de la Cueva por orden de Jorge de Alvarado
Fondo complementario
Signatura: 6508 CC

Documento 12

Carta del Cabildo de León a su Majestad, sobre el descubrimiento del Desaguadero, 25 de marzo 1540
Fondo complementario colonial
Signatura: 5317CC

Documento 13

Informe de Martin de Esquivel, Factor y veedor de Nicaragua sobre la situación de esa provincia, 30 de diciembre de 1545

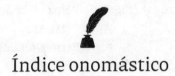

Índice onomástico

Agradecimientos

Doy las gracias a todos aquellos que —en este extraordinario país que es Francia— me han hecho sentir como en casa y me han enseñado el valor del Otro. Quisiera expresar mi gratitud en particular a quienes han marcado mi formación académica, Jacqueline Biard e Yves Thierry. Pienso también en los amigos que me han acompañado a lo largo de este proceso con sus comentarios y su ojo crítico. Mi agradecimiento especial a Yves Charles Zarka, sin el cual este libro no habría sido posible.